全国中等职业技术学校汽车维修专业教材

汽车底盘与车身电控技术

人力资源和社会保障部教材办公室组织编写

中国劳动社会保障出版社

简介

本书主要内容包括：绪论、汽车传动系电子控制系统、汽车行驶系电子控制系统、汽车转向系电子控制系统、汽车制动系电子控制系统、汽车车身安全性电子控制系统、汽车车身舒适性及其他电子控制系统等。

本书由辜明主编，王淑丽、刘佳妮、杨妮参编。

图书在版编目(CIP)数据

汽车底盘与车身电控技术/辜明主编．—北京：中国劳动社会保障出版社，2010
全国中等职业技术学校汽车维修专业教材
ISBN 978－7－5045－8457－1

Ⅰ．①汽…　Ⅱ．①辜…　Ⅲ．①汽车－底盘－电气控制系统②汽车－车体－电气控制系统　Ⅳ．①U463．6

中国版本图书馆 CIP 数据核字(2010)第 154341 号

中国劳动社会保障出版社出版发行
（北京市惠新东街 1 号　邮政编码：100029）
出 版 人：张梦欣

*

中国标准出版社秦皇岛印刷厂印刷装订　　新华书店经销
787 毫米×1092 毫米　16 开本　13 印张　305 千字
2010 年 8 月第 1 版　　2023 年 12 月第 12 次印刷
定价：21.00 元

营销中心电话：400-606-6496
出版社网址：http://www.class.com.cn
http://jg.class.com.cn

前 言

随着汽车的逐步普及和道路运输业的发展，汽车保有量大幅增加，社会对汽车维修专业技能人才的需求日益增大，对其知识和技能的要求也在不断提高，这就对相应的职业教育和培训提出了更高、更新的要求。为了更好地满足社会对汽车维修专业技能人才的需求，满足中等职业技术学校汽车维修专业的教学需要，我们在广泛调研的基础上，组织行业企业专家、职业教育研究人员、学校一线骨干教师共同开发了本套全国中等职业技术学校汽车维修专业教材。

本套教材包括：《汽车文化》《汽车结构》《汽车识图》《汽车维修基础》《钳工与焊工基本技能》《汽车电路知识与基本操作技能》《汽车发动机构造与维修》《汽车电控发动机构造与维修》《汽车发动机拆装与维修实训》《汽车底盘构造与维修》《汽车底盘拆装与维修实训》《汽车底盘与车身电控技术》《汽车电气设备构造与维修》《汽车电气设备拆装与维修实训》《汽车自动变速器构造与维修》《汽车维护实训》《汽车故障诊断》等。

本套教材具有以下特色：

第一，以国家职业标准《汽车修理工（中级）》为依据，结合企业的用人要求，科学定位教材内容，体现汽车维修的技术发展和时代特征。

第二，综合考虑专业能力培养和教学操作性。本套教材采用模块化的教学设置，分为基础、发动机、底盘、电气、维护和选修6大模块。在车型选择上，尽量选用具有代表性的常见车型，增强教学的适用性。

第三，注重综合职业能力的培养。一方面选取了大量来源于企业和工厂的实际案例，营造真实的工作情境；另一方面设置了较大篇幅的实训内容，针对发动机、底盘、电气、维护还开发了相应的实训教材，培养学生扎实的汽车维修技能。

第四，教材编写采取新的模式，注重激发学生的学习兴趣，引导学生自主学习。教材编写中制作和拍摄了大量高质量的图片，避免大段文字的罗列，实训教材采用图表化的编写体例，符合学生的认知规律。

第五，本套教材配套开发了完善的教辅资源，包括习题册、教学参考书、多媒体教学课件等。

本套教材的编写得到了广东、广西、山东、山西、江苏、河北、陕西、四川、内蒙古等省（自治区）人力资源和社会保障部门，以及众多职业技术学校的支持和帮助，对此我们表示衷心的感谢。

人力资源和社会保障部教材办公室

2010 年 7 月

目　录

绪　论

一、汽车电子控制技术的应用

随着汽车科技的发展，汽车电子控制系统已贯穿于汽车的每一部分。汽车电子控制技术在现代汽车中的应用如图 1 所示。

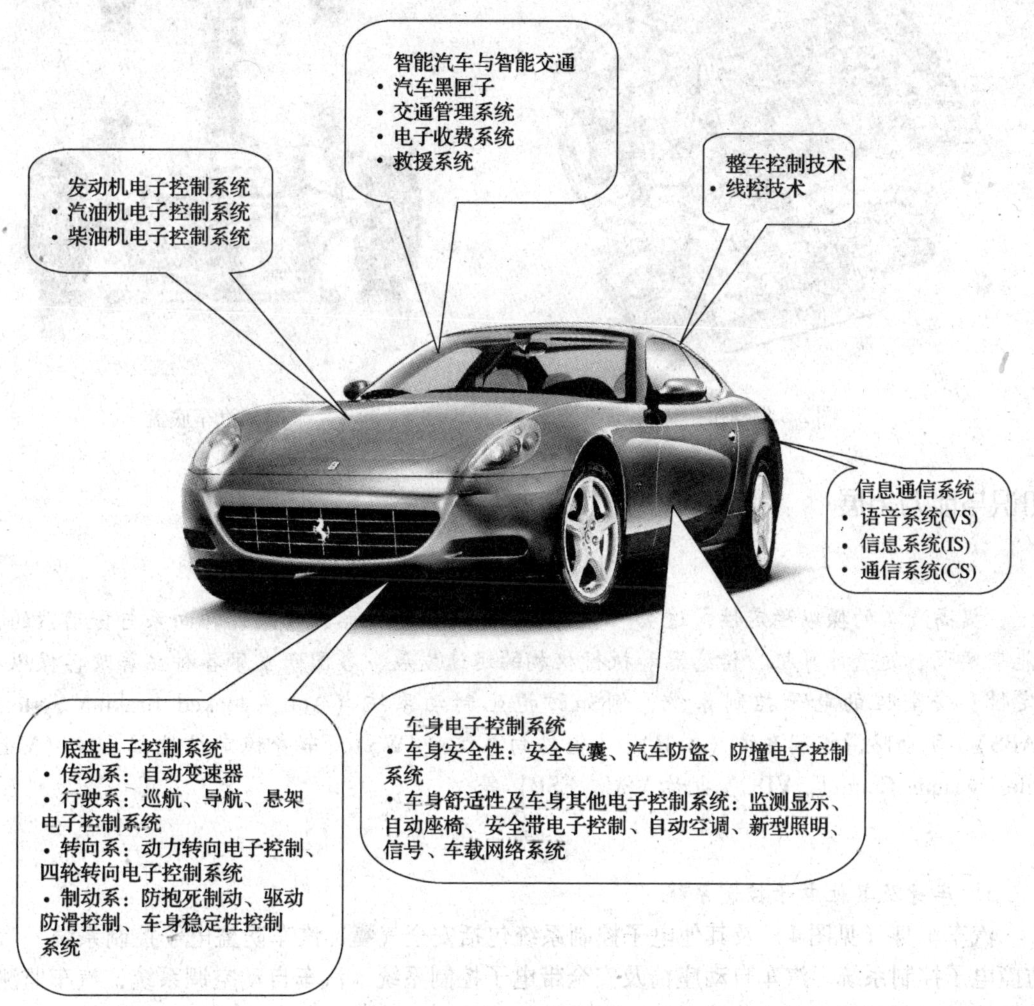

图 1　汽车电子控制系统

汽车各类电子控制系统主要有：发动机电子控制系统、底盘电子控制系统、车身及其他电子控制系统等。

1. 发动机电子控制系统

发动机（见图2）电子控制系统是通过对发动机点火、喷油、空气与燃油可燃混合气的比率、废气再循环等进行控制，使发动机在最佳工况状态下工作，以达到提高其整车性能、节约能源、降低废气排放的目的。

2. 底盘电子控制系统

汽车底盘（见图3）电子控制系统包括传动系电子控制系统、转向系电子控制系统、行驶系电子控制系统、制动系电子控制系统等。

图2 发动机

图3 汽车底盘

知识与能力拓展

提高汽车的操纵稳定性，过去一直局限于通过改进轮胎、悬架、转向系与传动系的性能来实现。随着计算机、传感器和执行机构的迅速发展，各国研发了各种显著改善操纵稳定性和安全性的电子控制系统，例如防抱死制动系统（Anti－locked Braking System，ABS)、驱动防滑控制系统（ASR)、4轮转向系统（4WS)、车身稳定性控制系统（Vehicle Dynamic Control，VDC，也称VSC，ESP）等。

3. 车身及其他电子控制系统

汽车车身（见图4）及其他电子控制系统包括安全气囊，汽车防盗电子控制系统，汽车防撞电子控制系统，汽车自动座椅及安全带电子控制系统，汽车自动空调系统，汽车监测显示系统，汽车新型灯光、信号系统，车载网络系统。

智能汽车是指运行于智能交通系统中的车辆。智能汽车是今后国内外汽车发展的热点领域，是未来汽车发展的必由之路。线控技术是整车控制技术的典型代表，信息通信系统是车载通信系统的发展方向。

本书主要讲述汽车底盘和车身电子控制系统。

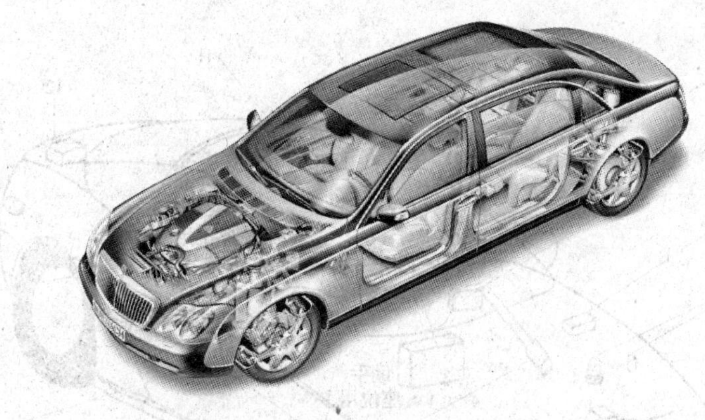

图4　汽车车身

二、汽车电子控制技术的发展趋势

随着集成控制技术、计算机技术和网络技术的发展，汽车电子技术已明显向集成化、智能化和网络化等方向发展。

1．集成化

近年来嵌入式系统、局域网控制和数据总线技术的成熟，使汽车电子控制系统的集成成为汽车技术发展的必然趋势。将发动机管理系统和自动变速器控制系统，集成为动力传动系统的综合控制；将防抱死制动控制系统、驱动防滑控制系统和其他制动辅助系统综合在一起进行制动控制；通过中央底盘控制器，将悬架、转向、动力传动等控制系统通过总线进行连接，控制器通过复杂的控制运算，对各子系统进行协调，将车辆行驶性能控制到最佳水平，形成了一体化底盘控制系统。

2．智能化

智能化传感技术和计算机技术的发展，加快了汽车的智能化进程。智能交通系统能根据驾驶员提供的目标资料，从全球定位卫星获取沿途天气、车流量、交通事故、交通堵塞等各种情况，自动筛选出最佳行车路线。

3．网络化

随着越来越多的电子控制器件应用在汽车上，车载电子设备间的数据通信变得越来越重要。以分布式控制系统为基础构建汽车车载电子网络系统是十分必要的。在该系统中，各子系统独立运行，控制改善汽车某一方面的性能。同时在其他子系统需要时，提供数据服务。主处理机收集整理各子系统的数据，并生成车况显示。

未来汽车及汽车电子技术的发展展望如图5、图6所示。

三、汽车电子控制系统的基本组成及原理

汽车的各电子控制系统都是由信号输入装置、电子控制单元（ECU）和执行器三大部分组成的。汽车电子控制系统又称为汽车计算机控制系统。它按照输入、信息处理、输出三个步骤运行。汽车电子控制系统的基本组成如图7所示。

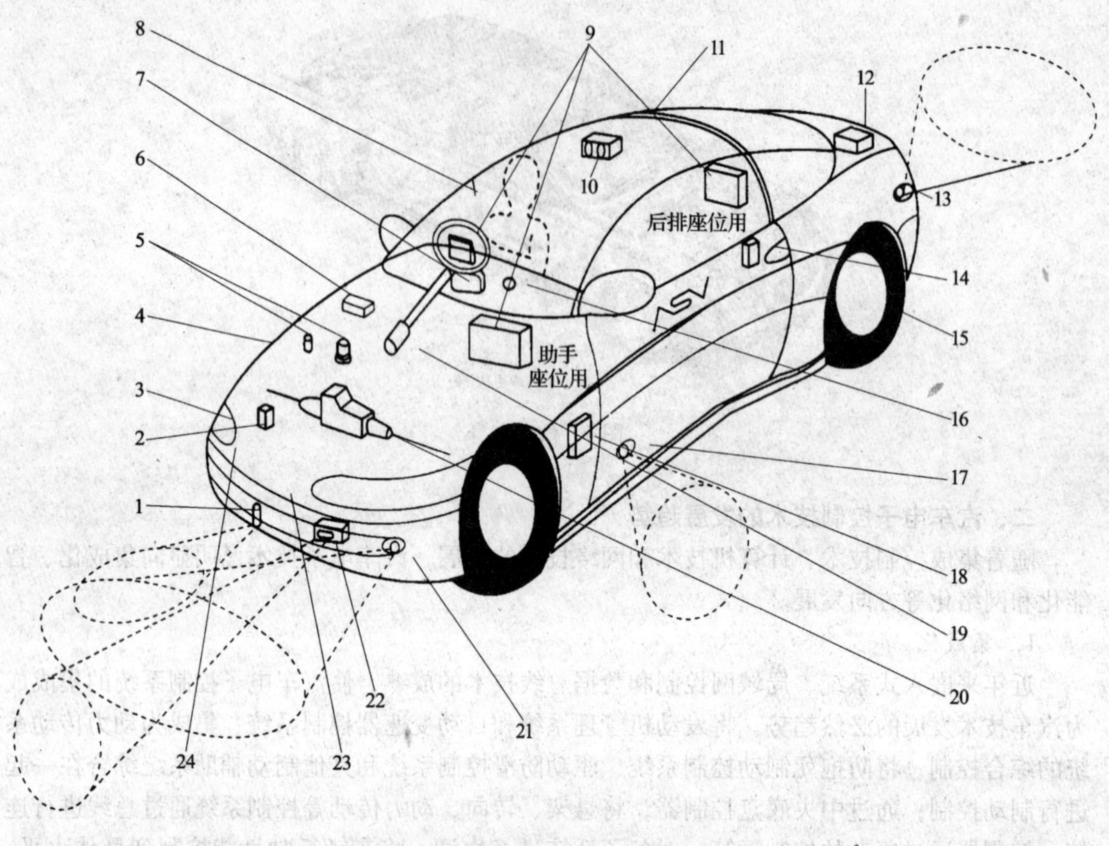

图5 面向未来的汽车

1—路面传感器 2—碰撞检测传感器 3—步行者冲击吸收车体结构 4—冲击时冲击吸收车体结构
5—车速传感器/加速传感器 6—火灾检测传感器 7—各种信息显示板（导航系统） 8—防水挡风玻璃
9—安全气囊 10—CCD 照相机 11—道路—车辆之间通信/车辆—道路之间通信 12—车辆位置传感器
13—后方障碍物传感器 14—车门内侧锁定解除装置 15—轮胎压力传感器 16—驾驶员状态传感器
17—侧边障碍物传感器 18—汽车黑匣子 19—转向角度传感器 20—自动操纵装置
21—前方障碍物传感器 22—车际之间距离传感器
23—步行者保护及防止撞倒前部结构 24—提高目视性/被目视性的照明系统

1. 输入

汽车电子控制系统的信号是通过各类传感器或其他控制装置将汽车运行工况转换成电信号传输给电子控制单元的。

对于模拟量输入装置（如热线式空气流量计，如图 8 所示；水温传感器等）来说，是将微机控制对象的各种被测参数（如空气流量、水温等）通过传感器变成模拟电信号，然后经过 A/D 转换器转换成数字量进入 ECU。

在汽车电子控制系统中有多种数字量输入装置，如开与关；高电平与低电平；发动机曲轴转速传感器，如图 9 所示；上止点脉冲信号发生器，这些都是数字量输入装置。

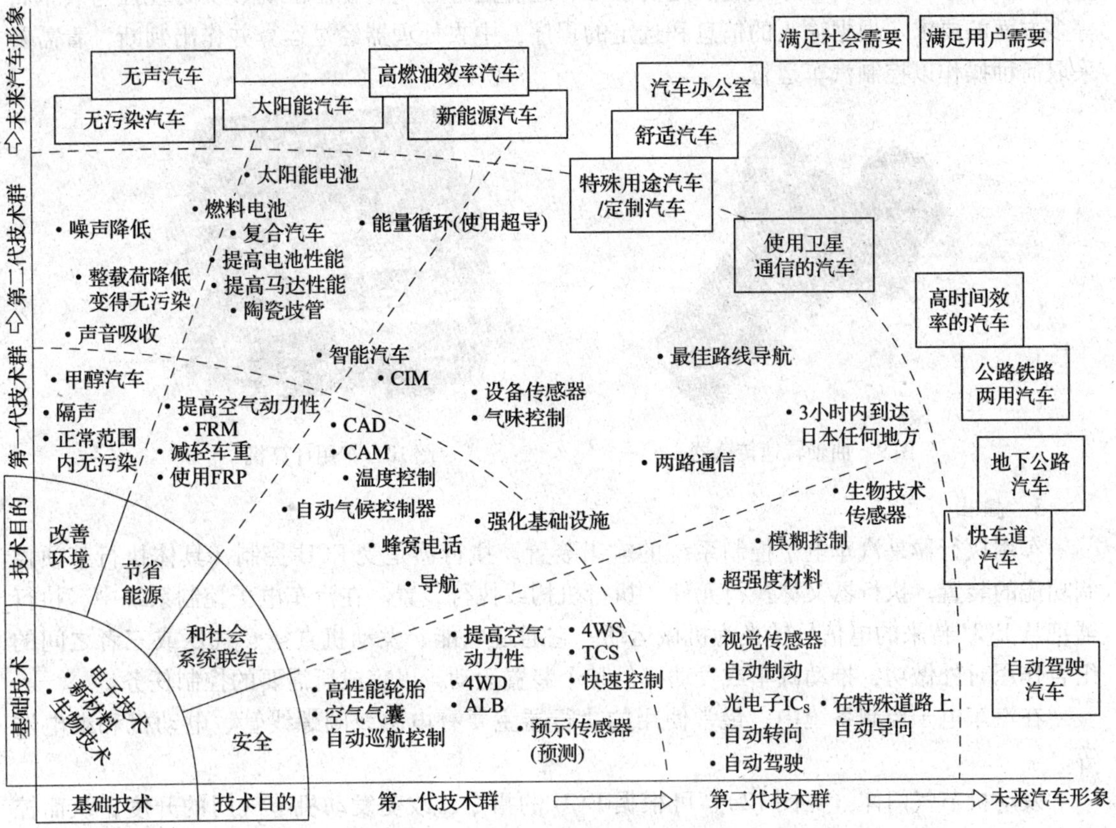

未来汽车形象 满足社会需要 满足用户需要
无声汽车 高燃油效率汽车 汽车办公室
无污染汽车 太阳能汽车 新能源汽车 舒适汽车
特殊用途汽车/定制汽车
使用卫星通信的汽车
高时间效率的汽车
公路铁路两用汽车
地下公路汽车
快车道汽车
自动驾驶汽车

第二代技术群
· 太阳能电池
· 噪声降低
· 燃料电池
· 复合汽车
· 能量循环(使用超导)
· 提高电池性能
· 整载荷降低变得无污染
· 提高马达性能
· 陶瓷歧管
· 声音吸收
· 最佳路线导航
· 3小时内到达日本任何地方
· 两路通信
· 生物技术传感器
· 模糊控制
· 超强度材料
· 视觉传感器
· 自动制动
· 光电子ICs
· 在特殊道路上自动导向
· 自动转向
· 自动驾驶

第一代技术群
· 甲醇汽车
· 智能汽车
· CIM
· 隔声
· 提高空气动力性
· 设备传感器
· 气味控制
· 正常范围内无污染
· FRM
· 减轻车重
· 使用FRP
· CAD
· CAM
· 温度控制
· 自动气候控制器
· 强化基础设施
· 蜂窝电话
· 导航
· 提高空气动力性
· 4WS
· TCS
· 快速控制
· 4WD
· ALB
· 高性能轮胎
· 空气气囊
· 自动巡航控制
· 预示传感器(预测)

技术目的：改善环境 节省能源 和社会系统联结 安全

基础技术：· 电子技术 · 新材料 · 生物技术

基础技术 技术目的 第一代技术群 ⇨ 第二代技术群 ⇨ 未来汽车形象

图6　未来汽车电子技术发展展望

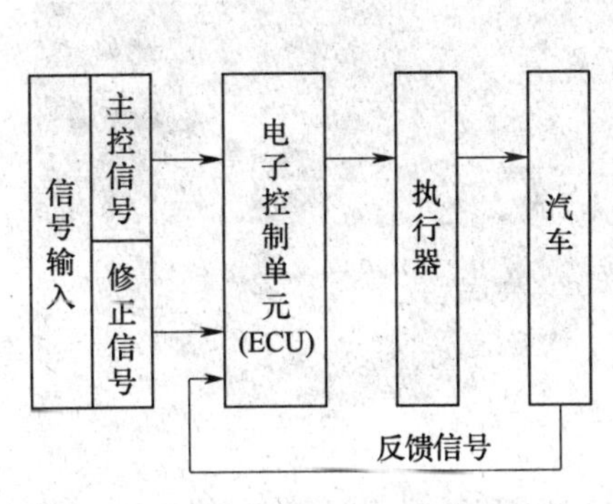

图7　汽车电子控制系统的基本组成

图8　热线式空气流量计

2. 信息处理

电子控制单元 ECU 是一种电子综合控制装置，又称车用计算机，如图 10 所示，它包括硬件与软件两部分。

硬件是计算机系统中所有实际装置的总称，它由输入接口、微型计算机（微机）、输出接口等构成。

软件（见图 11）主要包括 ECU 运行所需的各种程序、基本数据以及一些工况修正系数的数据储存等。基本数据是通过大量实验获得的，是满足微机控制汽车的各种性能的最重要保证。软件中的一系列程序应能满足功能强、运算处理迅速、控制准确、实时性强与效率高等多方面的要求。根据输入的信息和选定的程序，中央处理器经过运算并作出判断，看需要采取何种操作以控制汽车运行。

图9　曲轴转速传感器

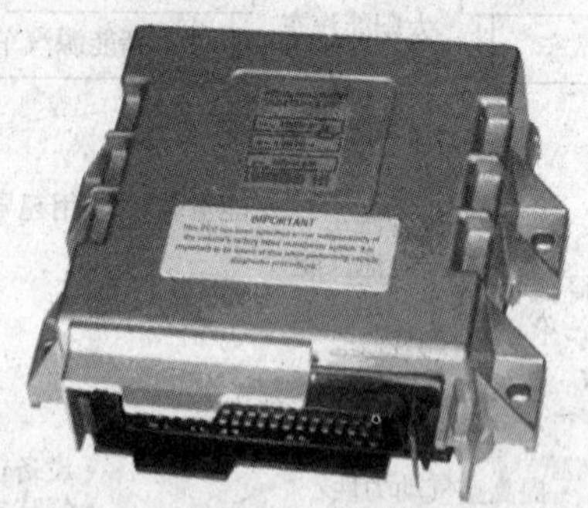

图10　车用计算机

3. 输出

车用执行器是汽车电子控制系统的输出装置。执行器是受 ECU 控制，具体执行某项控制功能的装置。执行器又称执行元件、执行机构或执行装置。在汽车电子控制系统中，执行器把从 ECU 传来的电信号转换为机械运动。它通过电能、发动机真空、气压或三者之间的组合作用对外做功，推动汽车或发动机的某个装置运动，以完成所需要的控制任务。

在汽车电子控制系统中，最常使用的执行器主要有电磁线圈螺线管、电动机和继电器等。

发动机节气门体（见图12），可根据 ECU 的指令，改变发动机节气门的开度，从而控制发动机的转速。

图11　汽车软件

图12　发动机节气门体

第一篇　汽车底盘电子控制系统

模块一　汽车传动系电子控制系统（自动变速器电子控制系统）

学习目标

1. 了解自动变速器电子控制系统的基本组成与结构。
2. 了解自动变速器电子控制系统的基本原理。
3. 了解无级变速器的基本组成与原理。
4. 掌握自动变速器电子控制系统的使用及检测方法。

一、自动变速器的基本组成与结构

目前电子控制自动变速器的使用越来越多，仅从自动变速器的挂挡机构（见图1—1—1）就可以看出自动变速器与手动变速器有许多不同。

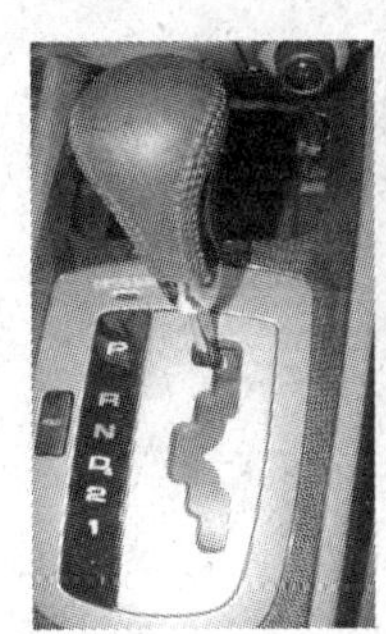
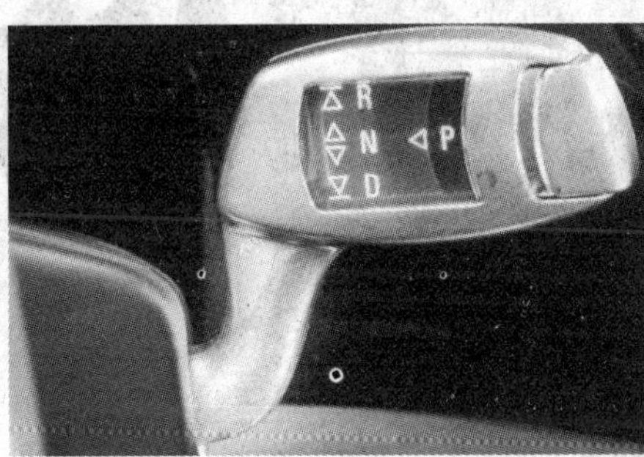

图1—1—1　自动变速器的电子控制挂挡机构

1. 自动变速器的分类及优点

变速器是一种满足汽车在不同工况需要不同转速和扭矩等要求的装置。自动变速器本身能够根据各种行驶条件进行自动适时的换挡，从而减轻驾驶员的劳动强度，达到舒适安全行驶的效果。

按照汽车驱动方式的不同，自动变速器可分为后驱自动变速器（见图1—1—2）和前驱自动变速器（见图1—1—3）。按照变速器控制方式的不同，可分为液压控制的自动变速器和电子控制的自动变速器。目前自动变速器都采用电子控制的自动变速器。

自动变速器具有如下优点。

（1）根据实际驾驶条件自动选择合适的挡位，提高发动机和传动系的使用寿命。

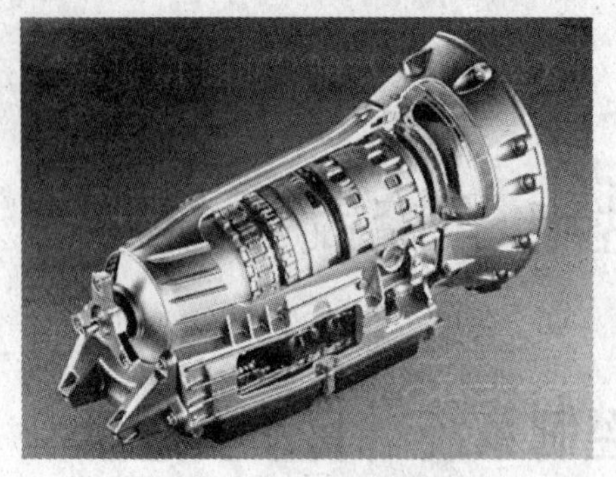
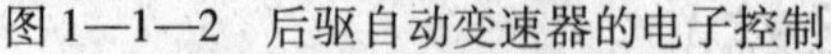

图 1—1—2　后驱自动变速器的电子控制

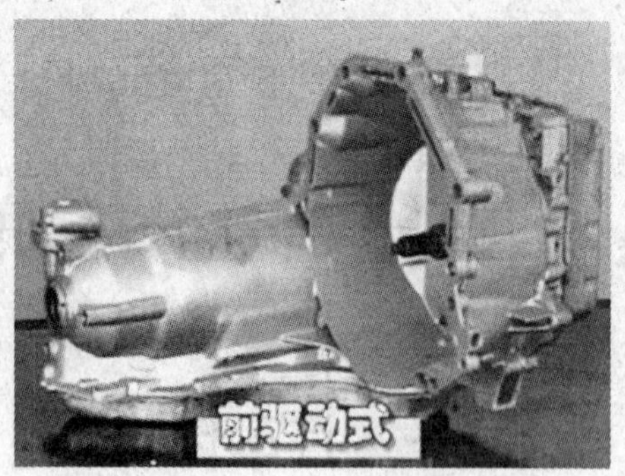

图 1—1—3　前驱自动变速器的电子控制

（2）操作轻便、换挡平滑、无冲击性，提高了行车安全。

（3）尽可能持续增大发动机产生的扭矩，提高汽车通过性。

（4）有效传递动力，提高生产率。

（5）减小振动和噪声，降低排放污染。

（6）发动机起动和怠速时无干扰。

2. 电子控制自动变速器的基本组成与结构

电子控制自动变速器主要由液力变矩器、机械变速器、液压控制系统和电子控制系统等几部分组成。如图 1—1—4 所示，为典型的四挡后轮驱动的电子控制自动变速器组成图。

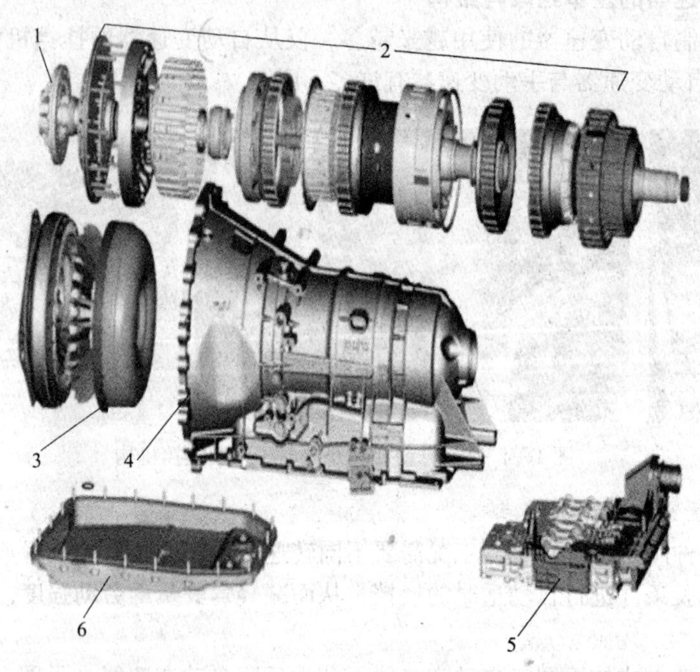

图 1—1—4　电子控制自动变速器的组成

1—输入轴　2—机械变速器（行星齿轮变速机构）　3—液力变矩器

4—外壳　5—液压控制阀总成　6—油底壳

（1）液力变矩器

液力变矩器，如图 1—1—5 所示，是汽车电子控制自动变速器的一个重要部件，它直接影响到电子控制自动变速器的传输功率、传动效率、平顺性、噪声及振动等。液力变矩器安装在变速器传动系的前面，并通过驱动端盖用螺栓固定在发动机的后端，如图 1—1—6 所示。

图 1—1—5　液力变矩器

图 1—1—6　液力变矩器安装位置

液力变矩器的作用如下：

1）增大由发动机产生的扭矩。

2）起到自动离合器作用，传递（或不传递）发动机扭矩到变速器。

3）缓冲发动机和变速器的扭振。

4）起到飞轮作用，使发动机转动平稳。

液力变矩器由泵轮、涡轮和导轮三元件组成，如图 1—1—7 所示。其特点是结构简单、工作可靠、性能良好，但传动效率低。

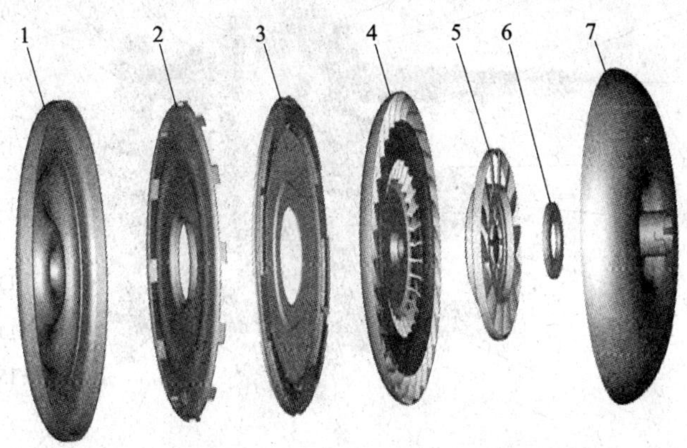

图 1—1—7　液力变矩器的组成

1—前盖　2—锁定离合器片　3—减振器　4—涡轮　5—导轮　6—推力轴承　7—泵轮

为了克服传动效率低的缺点，液力变矩器在上述三元件基础上又增加了锁定离合器。当到达某些运动工况时，锁定离合器接合，从而获得传动效率近 100% 的机械直接传动。锁定离合器的工作由电子控制系统控制，即由电子控制系统根据发动机转速传感器和车速传感器输入的信号，控制一个到两个电磁阀，而电磁阀则通过控制通向变矩器的油道中工作液（ATF）的流向，使锁定离合器接合或分离。

(2) 机械变速器

由于液力变矩器的扭矩变化范围窄，难以满足汽车的使用要求，所以在汽车上广泛采用机械变速器。发动机动力经液力变矩器传至机械变速器，经过机械变速器后输出至传动轴。机械变速器主要由齿轮变速机构和换挡执行机构组成。

电子控制自动变速器的齿轮变速机构主要有行星齿轮变速机构和平行轴式（定轴式）齿轮变速机构两种，如图1—1—8和图1—1—9所示。齿轮变速机构的作用是改变传动比和传动方向，即构成不同的挡位。

图1—1—8　行星齿轮变速机构

1—输入轴　2—离合器 C_1　3—制动器 B_1　4—单行离合器 F_1　5—后排行星齿轮
6—输出轴　7—前排行星齿轮　8—制动器 B_2　9—离合器 C_2

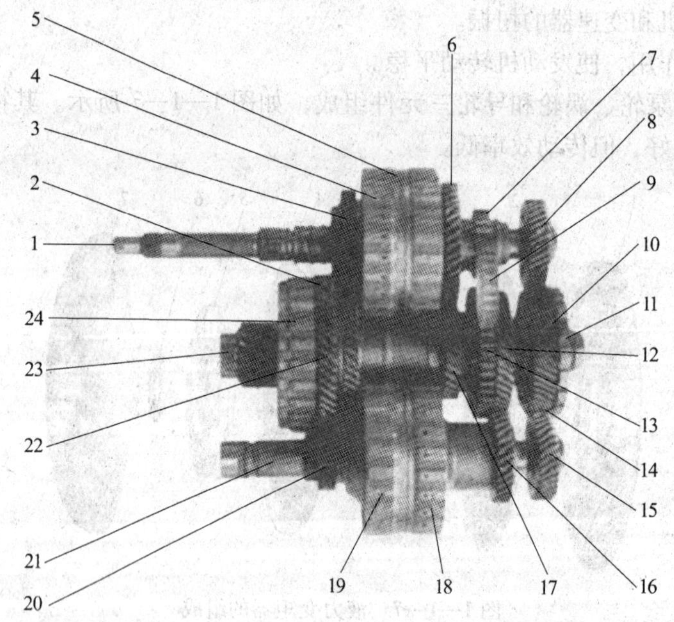

图1—1—9　平行轴式（定轴式）齿轮变速机构

1—输入轴　2—输入轴1挡常啮斜齿轮　3—输入轴3挡常啮斜齿轮　4—3挡离合器　5—4挡、R挡离合器
6—输入轴4挡、R挡常啮斜齿轮　7—输入轴R挡齿轮　8—输入轴常啮斜齿轮　9—倒挡轴R挡齿轮
10—输出轴常啮斜齿轮　11—P挡齿轮　12—输出轴2挡常啮斜齿轮　13—输出轴R挡齿轮　14—接合套
15—中间轴常啮斜齿轮　16—中间轴2挡常啮斜齿轮　17—输出轴4挡、R挡常啮斜齿轮
18—2挡离合器　19—1挡离合器　20—中间轴1挡常啮斜齿轮　21—中间轴
22—输出轴4挡、R挡常啮斜齿轮　23—输出轴　24—1挡固定离合器

换挡执行机构的作用是实现挡位的变换。换挡执行机构包括换挡离合器、换挡制动器和单向离合器3种：换挡离合器为多片湿式离合器，如图1—1—10所示，由液压来控制其接合与分离，通常由若干交错排列的主、从动离合器片组成；换挡制动器，如图1—1—11所示，是将齿轮变速机构中的某一元件固定，使其不能转动，从而构成新的动力传递路线，换上新的挡位，得到新的传动比；单向离合器，如图1—1—12所示，其作用是确保平顺的无冲击换挡。

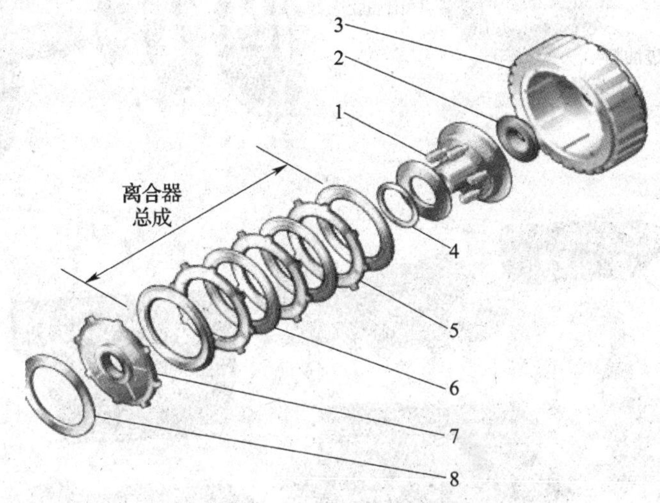

图1—1—10　多片湿式离合器

1—活塞和回动弹簧　2—密封圈　3—离合器从动鼓　4—扣环

5—离合器片　6—摩擦盘　7—压板　8—扣环

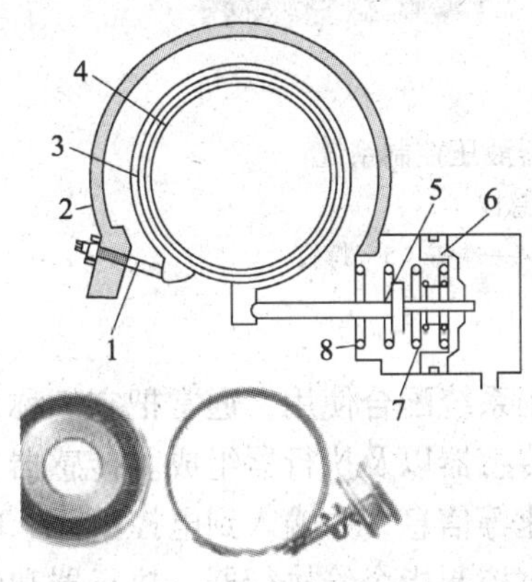

图1—1—11　带式换挡制动器

1—调整螺钉　2—壳体　3—制动带

4—转鼓　5—推杆　6—活塞

7—内弹簧　8—回位弹簧

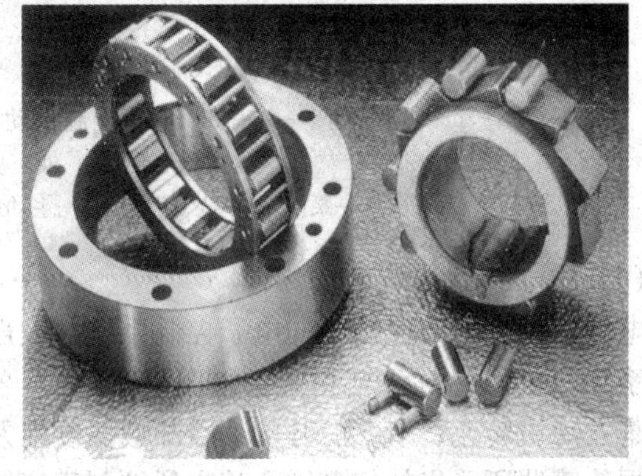

图1—1—12　单向离合器

(3) 液压控制系统

液压控制系统（见图1—1—13）主要由油泵、阀体和若干控制阀等组成。发动机驱动油泵运转，油泵将油以一定的压力输送到控制阀体。在控制阀体内有若干控制阀，控制阀起油路的“开关”作用，控制阀的移动将开通或切断某些油路，使液压油缸内活塞动作，从而使离合器接合或分离，使制动器制动或释放，达到换挡变速的目的。

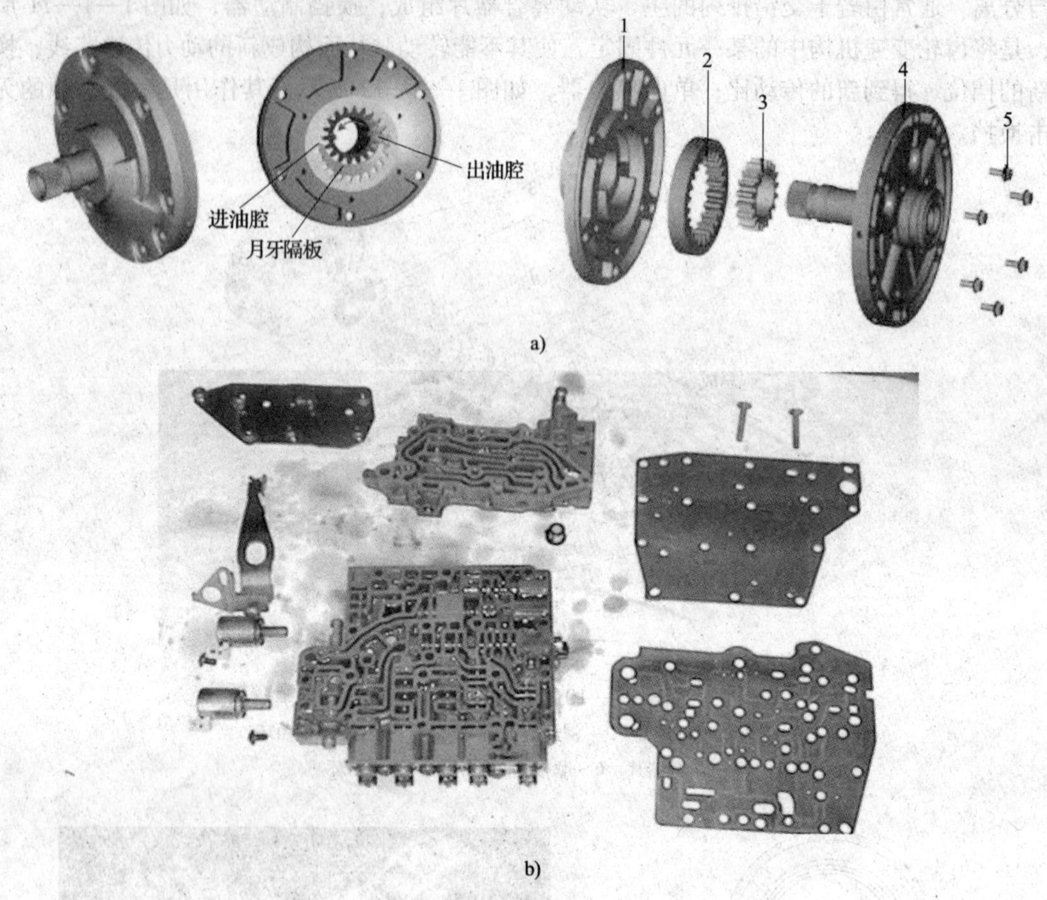

图 1—1—13　电子控制自动变速器液压控制系统

a）油泵　b）液压控制阀总成

1—泵体　2—从动齿轮　3—主动齿轮　4—端盖　5—螺钉

（4）电子控制系统

电子控制自动变速器中的电子控制系统与液压控制系统配合使用，通常把它们称为电液控制系统。电子控制系统主要由电子控制单元、各种传感器以及执行器组成。传感器主要负责采集发动机转速、节气门开度、冷却液温度以及车速等信息，并输入到电控单元。电控单元根据传感器所采集的信息结合相应的控制程序，发出控制指令给执行器，执行器和液压系统按照一定的规律控制换挡执行机构工作，实现电子控制自动变速器的自动换挡。

二、自动变速器电子控制系统的基本原理

在自动变速器电子控制系统中设有多个传感器来检测发动机工况和车辆行驶状况。ECU 根据各传感器的信号确定换挡和锁定离合器锁定的时刻及其他控制参数，发出电信号控制电磁阀的动作。电磁阀动作结果可以改变作用在控制阀上的油压力，使控制阀实现各种控制。电子控制系统基本控制原理如图 1—1—14 所示，换挡流程如图 1—1—15 所示。

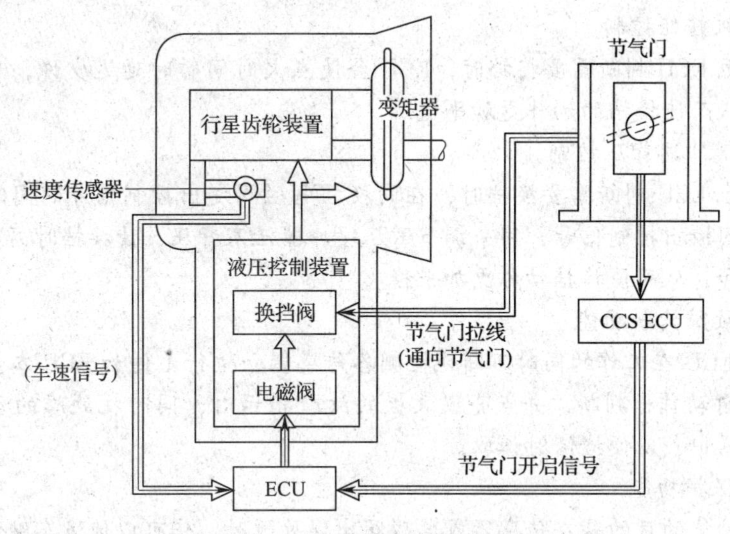

图 1—1—14　自动变速器控制原理

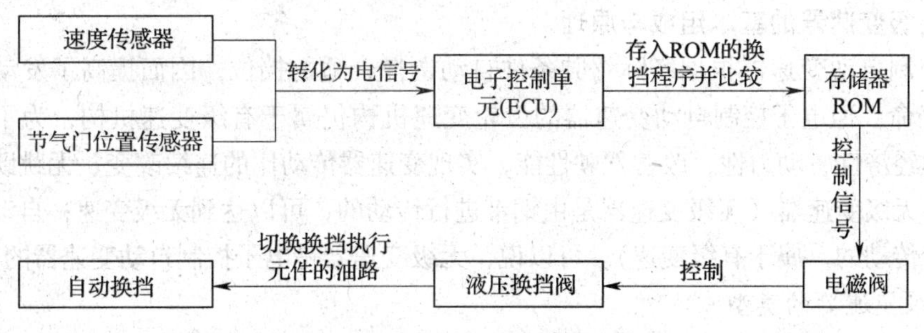

图 1—1—15　自动变速器换挡流程图

知识与能力拓展

不同车型的自动变速器电子控制系统的控制范围和功能有所不同，现将电子控制系统的有关功能简述如下。

(1) 换挡时刻控制

车辆行驶时，根据驾驶模式选择开关位置自动设定换挡模式。控制系统根据选定的换挡模式、车速和节气门开度，向电磁阀输出控制信号，实现换挡。

(2) 锁定时间和锁定压力的控制

在驾驶中，根据选定的换挡模式、车速和节气门开度向锁定电磁阀输出控制信号，使锁定离合器接合或分离。在换挡时，锁定离合器会暂时分离，使换挡冲击减少，换挡更加平顺，换挡后又会自动锁定。此外还利用锁定电磁阀锁定离合器的液压力，使锁定离合器接合和分离更为柔和、平顺。

(3) 油压控制

电控单元 ECU 根据节气门开度、选挡杆位置、车速等信号，控制油压电磁阀的通电和断电时间比，从而控制系统油路压力。

(4) 发动机转矩控制

当电控单元ECU判断需要换挡时，ECU会使点火时间暂时延迟少许，用以控制发动机输出转矩，从而使换挡的动作更加平稳。

(5) 蓄压缓冲器背压控制

当电控单元ECU判断需要换挡时，在向换挡电磁阀发出控制信号的同时也向蓄压缓冲器背压电磁阀输出控制信号，用来调节蓄压缓冲器活塞背压，使换挡时离合器与制动器的接合更加柔和，从而使换挡动作更加平稳。

(6) 自动故障诊断功能

电控单元ECU在工作的同时不断地检测各传感器、执行元件和ECU本身。当检测到故障时，ECU自动作出判断，并点亮仪表板的故障指示灯，同时把故障的元件以代码形式记忆在存储器中，以便检修时读取。

(7) 失效保护功能

失效保护功能的目的是在传感器或电磁阀出现故障时，仍可以使汽车继续行驶。

三、无级变速器的基本组成与原理

电子控制自动变速器根据实际驾驶条件自动选择合适的挡位，因而提高了发动机和传动系的使用寿命。但电子控制自动变速器的齿轮变速机构仍属于有级变速机构，为了进一步提高汽车燃油经济性、动力性，改善驾驶性能，实现变速器传动比的连续改变、无跳跃换挡，人们研制出了无级变速器（无级变速器是由钢带进行传动的，可以达到无级变速；自动变速器是由齿轮进行传动的，属于有级变速）。可以说，无级变速器是电子控制自动变速器的升级版本。

1. 无级变速器的类型

无级变速器主要有以下几种类型。

(1) 机械式

有多种形式，目前常见的是V形带轮、V形钢带式传动，使用在轿车上。

(2) 液压传动式

应用于工程车辆和农业机械中。

(3) 电力式

用于电动汽车。

2. 无级变速器的特点

(1) 提高燃油经济性

由于无级变速器可以在相当宽的范围内实现无级变速，从而可以获得传动系统与发动机工况的最佳匹配状态，可以有效地改善燃烧过程，降低废气的排放量，提高整车的燃油经济性。

(2) 提高动力性能

由于无级变速器的无级变速特性，能够获得较大的传动比，所以无级变速器的爬坡能力和加速能力明显优于机械变速器和电子控制自动变速器。

(3) 改善驾驶性能

安装了无级变速器系统以后，可以在保证发动机具有最佳动力性能的同时实现无级变速，使驾驶者能够真正享受轻松驾驶的感受，具有最佳的驾驶舒适性。

3. 无级变速器的组成

无级变速器系统主要由起步装置、无级变速装置组成。

(1) 起步装置

起步装置主要有以下三种形式。

1) 电磁离合器。质量和尺寸大,热负荷能力低,一般仅用于微型车辆上。

2) 电子控制湿式摩擦离合器。结构尺寸小,响应快,能量损失小,应用在轿车上。

3) 液力变矩器。起步扭矩大,坡道起步性能好,驾驶容易,蠕动性能好,而且能阻隔发动机扭矩不均匀所引起的振动和冲击,应用在轿车上。

(2) 无级变速装置

无级变速装置是由两个V形带轮和一条V形钢带组成的,钢带套在两个带轮上,如图1—1—16所示。

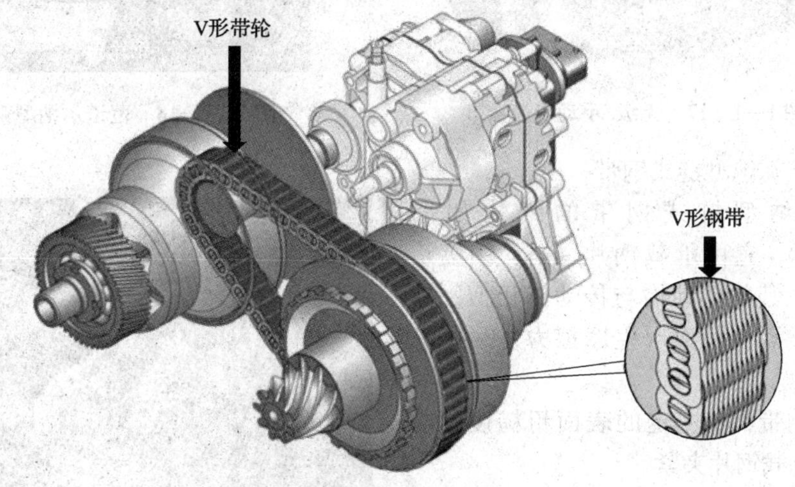

图1—1—16　无级变速装置

带轮由两块呈八字形的轮壁组成,两块轮壁中间的凹槽形成一个V形,其中一边的轮壁由液压控制机构操纵。工作时发动机输出轴输出的动力首先传递到无级变速器的主动钢带轮,然后通过V形传动钢带传递到从动钢带轮,最后经减速器和差速器传递给车轮来驱动汽车。工作时通过液压控制装置使主动钢带轮与从动钢带轮的可动轮壁作轴向移动来改变主动钢带轮、从动钢带轮锥面与V形传动带之间的啮合工作半径,从而达到改变传动比的目的。两个带轮可以实现反向调节,即当其中一个带轮V形槽逐渐变宽时,另一个带轮V形槽就会逐渐变窄。由于主动钢带轮和从动钢带轮的工作半径可以实现连续调节,从而实现了无级变速功能。

近来,某些汽车采用了无级/手动变速器,无级/手动变速器(见图1—1—17)在操控上完美地结合了自动挡的简单和手动挡的快捷。能精确地理解驾驶者的意图,发挥出最好的行驶性能。装备无级/手动变速器的轿车,其动力性、加速性比相应的手动变速器更好,油耗比手动变速器更低,实现了真正的无级变速。

4. 无级变速器的传动带

(1) 范道尔纳型钢带

范道尔纳型钢带，如图1—1—18 所示，传动带由约2 mm厚的钢片重叠组成，钢片由富有柔性的钢带环连接支撑。钢带环由若干条0.2 mm厚的钢带环叠合而成，由外向内钢带环的长度逐渐变短。钢片侧面与带轮的锥面接触，接触表面具有一定粗糙度，两锥形带轮也具有一定的表面粗糙度，带轮将钢片夹紧。

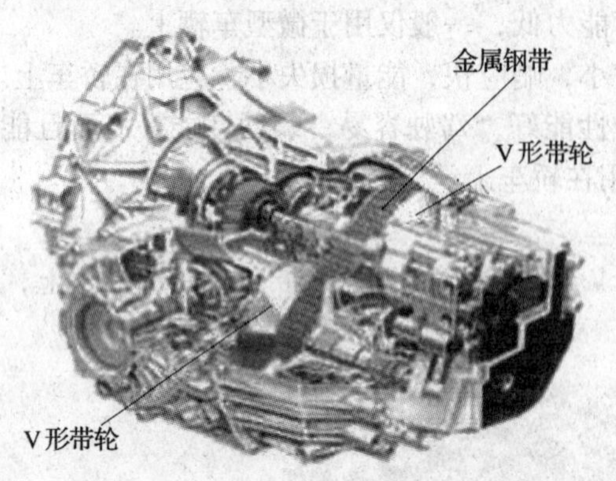

图1—1—17　无级/手动变速器

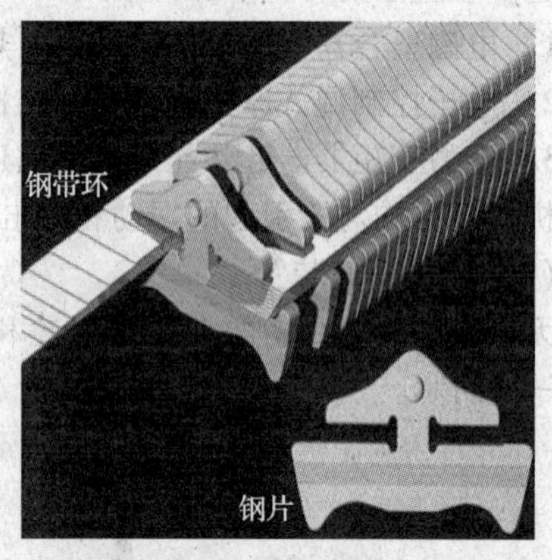

图1—1—18　范道尔纳型钢带

（2）鲍格瓦纳型链式钢带

鲍格瓦纳型链式钢带的结构如图1—1—19所示，它由承载钢片、销、铰接片等连接而成，其整体结构与传动链相似，其与带轮的锥形盘接触而产生摩擦力，利用摩擦来传递动力。

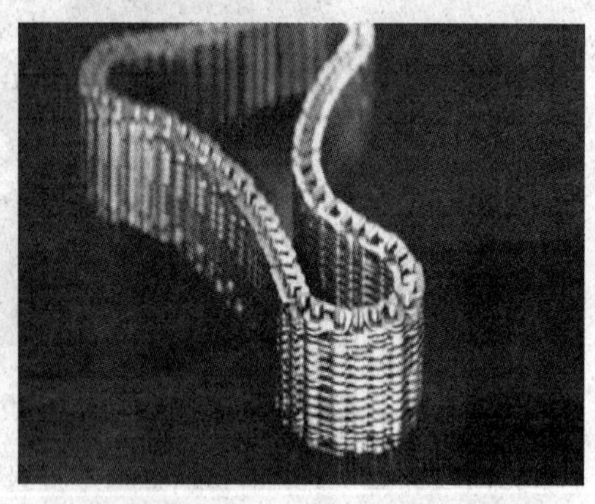
图1—1—19　鲍格瓦纳型链式钢带

带轮、钢带具有一定的表面粗糙度，两锥形带轮将承载钢片夹紧。

如图1—1—20 所示，是一种使用钢带的无级电子控制自动变速器。该变速器的输入装置使用电磁离合器。变速器通过改变带轮槽的轴向宽度来改变主动带轮和从动带轮的啮合工作半径，从而实现传动比的连续变化。带轮槽宽度调节由液压系统控制。

5．无级变速器电磁离合器

无级变速器使用的电磁离合器，其结构如图1—1—21 所示，由主动件、从动件、励磁线圈和扭转减振器等组成。电磁离合器的动作依汽车的设定模式而变化，当汽车起步时，随着加速踏板的动作和发动机转速的相应提高，电磁离合器的励磁电流会相应加大，接合力也相应增强。由于没有蠕动，为了在缓坡停住车，仍设定有少量的电流以维持部分转矩传递，以便汽车停止或缓进。

四、自动变速器电子控制系统的使用与检测

1．自动变速器电子控制系统的使用

（1）车辆的起动

装有自动变速器电子控制系统的汽车在起动时，要将变速杆置于P位或N位，起动发

图 1—1—20　无级变速器

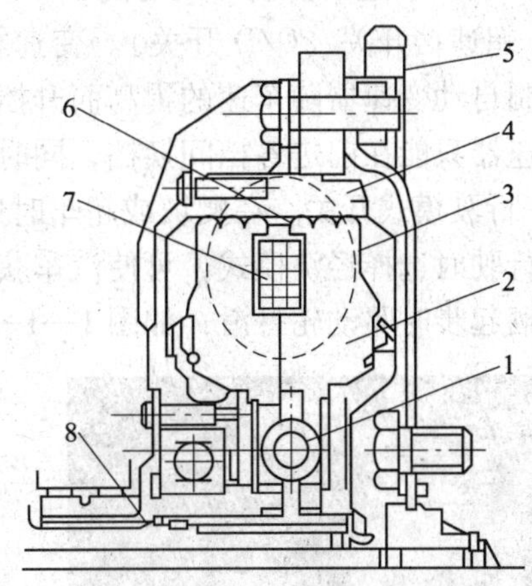

图 1—1—21　电磁离合器

1—扭转减振器　2—从动件　3—磁力线
4—主动件　5—驱动齿轮盘　6—电磁线圈
7—励磁线圈　8—变速器输入轴

动机。发动机起动后，按常规预热、升温，待冷却液温度及变速器油温达到正常值后再起步。

(2) 自动变速器各挡位的功用

自动变速器变速杆的布置如图 1—1—22 所示。

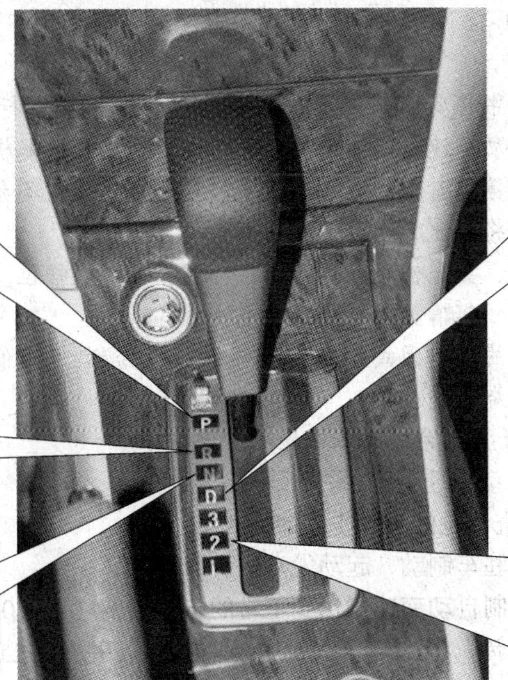

图 1—1—22　自动变速器变速杆的布置

（3）自动变速器控制开关的使用

1）超速挡开关（O/D 开关）。变速杆在 D 位时，打开超速挡开关（见图 1—1—23），电子控制自动变速器随车速的提高而升挡，最高可升至超速挡；关闭超速挡开关，电子控制自动变速器只能在前进各挡间换挡，同时仪表板上的“O/D OFF”指示灯点亮。

2）行驶模式开关。在爬坡或超车时选择动力模式，可使汽车获得最大的动力性；在良好路面行驶时选择经济模式，可使汽车获得最佳的经济性；在冰雪路面选择雪地模式，可以避免车辆起步时驱动轮打滑，如图 1—1—24 所示。

图 1—1—23　超速挡开关（O/D 开关）

图 1—1—24　雪地模式选择开关

【操作提示】

电子控制的自动变速器使用注意事项如下。

①在将变速杆从 P 位换至其他任何挡位或从其他任何挡位换至 P 位、从任何挡位换至 R 位、按“D 位—S 位—L 位”顺序换挡等任一情况时，必须按下变速杆手柄端部的锁止按钮，才能移动变速杆。

②禁止在汽车行驶中将变速杆换入 N 位或在下坡时空挡滑行。否则，由于发动机怠速运转，会使电子控制自动变速器的油泵泵油量减小，造成变速器机件润滑不良而损坏。

③当汽车没有完全停稳时，不允许从前进挡换至倒挡，也不允许从倒挡换至前进挡，一定要在汽车停稳后才能将变速杆换至 P 位。

④汽车行驶过程中，要根据路况和行驶条件选择合适的挡位。要充分发挥电子控制自动变速器的性能，不要在任何情况下都采用 D 位行驶。

⑤装有自动变速器的汽车因故障熄火不能行驶时，严禁用其他车辆牵引，否则会因油泵没有工作而造成零部件烧蚀。

2. 自动变速器电子控制系统的基础检测及调整

（1）检查和更换自动变速器油

1）检查油位。检查油位的正确步骤如下：

①车辆停平，拉上驻车制动，起动发动机。

②发动机和电子控制自动变速器达到正常的工作温度（$T = 70 \sim 80℃$）。

③使发动机怠速运转，将手柄依次推入所有挡位，并在各挡位停留片刻，最后推至 P 挡。

④从电子控制自动变速器加油管中拉出油尺（见图 1—1—25），擦拭干净，插入原位。

图1—1—25　油尺

⑤拉出油尺检查油位。(HOT：温度热态范围；COLD或C：温度冷态范围)。

2）检查油品质。判断自动变速器油（见图1—1—26）的品质可以从颜色、气味和是否含有杂质等方面入手。电子控制自动变速器油的颜色应当是鲜红色。但是某些Dexron－Ⅱ型电子控制自动变速器油在使用初期颜色会变暗，这是正常现象。如果呈棕色或黑色，说明油液中含有烧蚀的摩擦材料等大量杂质。若油液呈红色或白色，表明发动机散热器的油冷却器出现泄漏冷却液的故障。

合格的自动变速器油应该有类似新机油的气味。烧焦的味道意味着执行元件打滑或电子控制自动变速器过热。如果有清漆味则说明油液氧化或变质。若油液带有泡沫，可能是由于油泵进油道渗入空气而造成的。一旦电子控制自动变速器油出现上述现象中的任何一种，就应该立即更换。

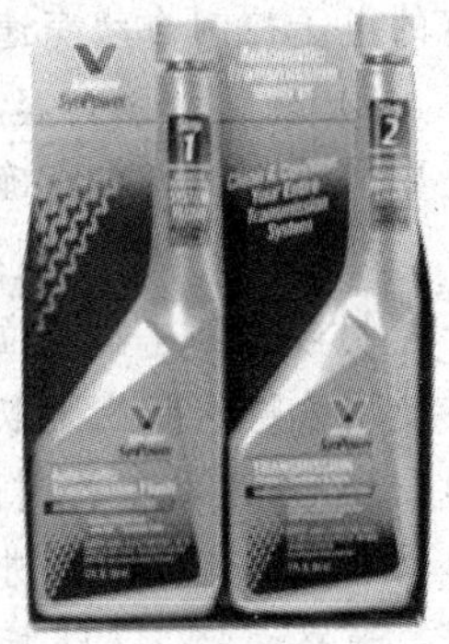

图1—1—26　电子控制自动变速器油

3）更换自动变速器油。自动变速器油主要存在于油底壳、液力变矩器、执行元件油缸及油道当中。在常规维护时通常只换油底壳的油液。

(2) 检查和调整节气门连杆机构

节气门连杆机构位于节气门与节气门阀之间，传递节气门开度信号，控制节气门阀的输出油压。如果节气门连杆机构不能提供正确反映发动机负荷的信号，会造成换挡点不符合自动换挡规律的故障，换挡品质也将受到影响。节气门阀有机械式和真空式两种类型。机械式主要调整节气门拉线，如图1—1—27所示，为某款汽车节气门拉线结构及调整间隙。真空式还要检查真空调节器。

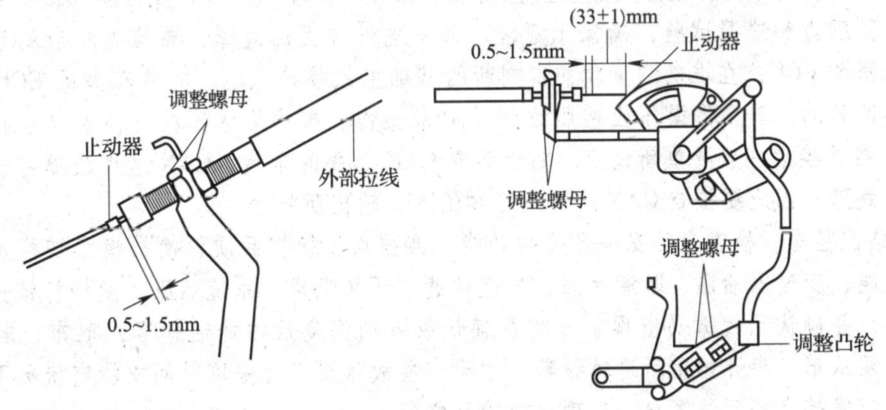

图1—1—27　机械式节气门拉线的调整

(3) 调整制动间隙

制动间隙的调整有内部调整和外部调整两种方式，调整原理基本相同。调整时先将制动带支撑座上的调整螺钉旋入，完全消除制动间隙，再旋出若干圈，使制动间隙调整到规定范围（一般内部调整为旋出 2.5 圈，外部调整为旋出 3.5 圈）。

（4）检查发动机怠速

不同型号发动机的怠速转速各不相同，怠速过高会造成换挡冲击，当汽车换至前进挡时，车辆出现蠕动现象。如果怠速过低，当选挡操纵手柄从 N 位或 P 位换到其他位置时，车身将振动，甚至熄火。因此必须检查发动机怠速。

【操作提示】

自动变速器的故障诊断步骤如下。

自动变速器的结构和原理相对比较复杂，必须在掌握原理和了解具体变速器结构的基础上，对照准确的维修数据，按照科学的步骤进行诊断，这样才能保证准确地查找出故障部位并予以修复。下面给出了电子控制自动变速器故障诊断的一般步骤。（它可能并不适用于所有的电子控制自动变速器。）

1）确认故障内容。维修技术人员要通过与用户的沟通来了解报修的故障内容，必要时还要通过路试等手段确认报修故障。

2）初步检查与调整。可用的测试手段包括目测检查和测量（检查胎压、怠速转速、电子控制自动变速器油位和状况、节气门拉线、换挡连杆机构、启动安全开关等），同时也需要使用故障诊断仪读取故障码。

3）通过必要的测试进行诊断分析。首先通过故障诊断仪读取电子控制自动变速器的故障码、数据流。其次进行电子控制自动变速器常规测试，如时滞试验、失速试验、压力试验、道路试验、人工换挡试验等（有些电子控制自动变速器规定有特殊的测试或规定某些测试不能做，具体请参照相应维修手册，例如，装配了电子油门的汽车就不能做失速试验）。最后根据故障码、数据流和常规检测的结果进行初步诊断，便可确定故障的类型和范围。

4）确定故障类型并进行检测维修。若是机械方面的故障，应按照规范做相应的调整和换油，必要时要进一步拆解检查，查找故障原因。对于发现故障的分总成，要进行分总成压力试验和修理；对于阀体故障要进行阀体清洗和修理。修理完毕后，要按规范进行装配，并在装配后做压力和泄漏试验，确保无泄漏。若是电气方面的故障，要检查相应的线路、接头、传感器和 ECU，在准确测量和初步判断的基础上做替换试验。有些车型的 ECU 是不可以做替换试验的，其具体操作应按照维修手册来操作。有些传感器在更换后要做相应的调整，ECU 在更换后一般要重新设定。对于装有 CAN 总线的车辆，CAN 总线故障可能也会引起变速器故障，因此要检查 CAN 总线线路和输入、输出阻抗。

5）路试验车。检查启动安全开关的功能、换挡点、换挡品质、换挡模式切换功能、强制降挡功能、变速器油温、时滞时间、失速转速、运转噪声、系统油压、换挡杆锁止功能等是否正常，并确认无故障码出现。只有在确认故障已修复后才能通知客户取车，若仍有问题，则必须从第一步开始重新进行诊断。由于有些故障要经过一段时间或特定状况下才能显现，因此应保持定期回访客户，以确保故障已修复。

模块二　汽车行驶系电子控制系统

单元1　汽车巡航控制系统

学习目标

1. 了解汽车巡航控制系统的作用及优点。
2. 了解汽车巡航控制系统的组成及各部分的作用。
3. 掌握汽车巡航控制系统的使用及检测方法。

一、汽车巡航控制系统的作用及优点

汽车巡航控制系统（CCS）又称车速自动控制系统，是指利用电子技术对汽车行驶速度进行自动调节，使汽车以恒速或接近于恒速行驶的一套电子控制装置。

汽车巡航控制系统常用控制开关，如图2—1—1所示。驾驶员启动巡航系统控制开关，无须再控制加速踏板，汽车便以恒速行驶。汽车巡航控制系统现已全部采用微型计算机数字速度控制系统。

汽车巡航控制系统主要具有以下优点。

1. 保持汽车行驶的稳定性

在发动机功率允许的范围内，无论汽车上坡、下坡或在路上行驶，汽车巡航控制系统均能使汽车的行驶速度保持稳定。

2. 提高汽车驾驶的舒适性

驾驶员不需频繁地踩加速踏板，提高驾驶的舒适性。

图2—1—1　汽车巡航系统控制开关

3. 提高汽车的经济性和环保性

巡航控制系统中的速度稳定器可使发动机燃料的供给与功率之间处于最佳配合，在提高了经济性的同时也减少了废气中有害成分的排放。

二、汽车巡航控制系统的组成及各部分的作用

汽车巡航控制系统由传感器、操作开关、巡航ECU和执行器组成。传感器和开关信号送入巡航ECU，ECU根据这些信号计算节气门适当的开度，并给执行器发出信号，自动调节节气门开度。

1. 操作开关

操作开关主要用于设置巡航车速、提升巡航速度及取消巡航状态等。主要包括主开关、

控制开关和取消巡航状态开关。如图 2—1—2 所示，为某款汽车电子控制巡航主开关及控制开关。

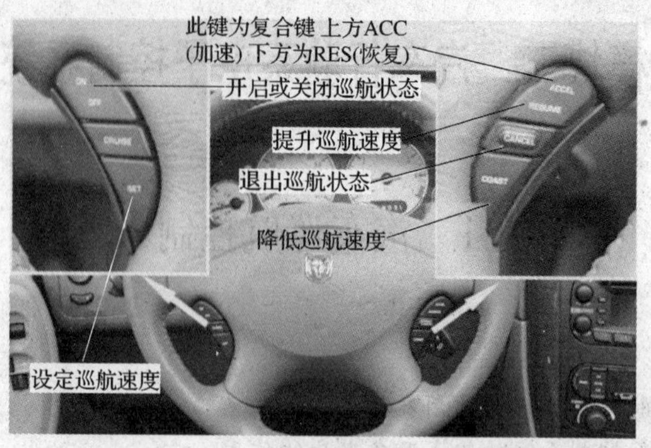

图 2—1—2 巡航系统主开关及控制开关

主开关（MAIN 或 ON/OFF）是巡航控制系统的主电源开关，采用按键方式，每次将其推入或按下，该系统的电源就接通或关闭。主开关接通时，如将点火开关关闭，主开关也关闭，即使点火开关再次接通，主开关仍保持关闭。

巡航系统操作开关具有 SET（设置）、COAST（减速）、RES（恢复）、ACC（加速）和 CANCEL（取消）5 种控制功能。

取消巡航状态开关包括取消开关、停车灯开关、驻车制动开关、离合器开关和空挡起动开关（见图 2—1—3，图 2—1—4）。当其中任一开关接通时，巡航状态将自动取消。但当 CCS 取消瞬间的车速不低于 40 km/h 时，此车速就将存储于巡航 ECU 中。当接通 RES 开关时，最后存储的车速就会自动恢复。

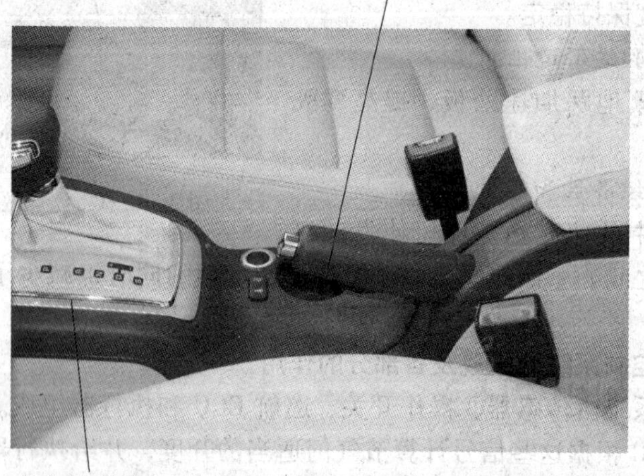

图 2—1—3 取消巡航状态开关（1）

图2—1—4　取消巡航状态开关（2）

2. 传感器

（1）车速传感器

车速传感器（见图2—1—5）用于提供一个与汽车实际车速成比例的交变振荡脉冲信号，巡航 ECU 将对此信号进行处理。车速传感器类型有磁脉冲式、霍尔式、光电式、磁阻式等，该传感器与其他系统共用。

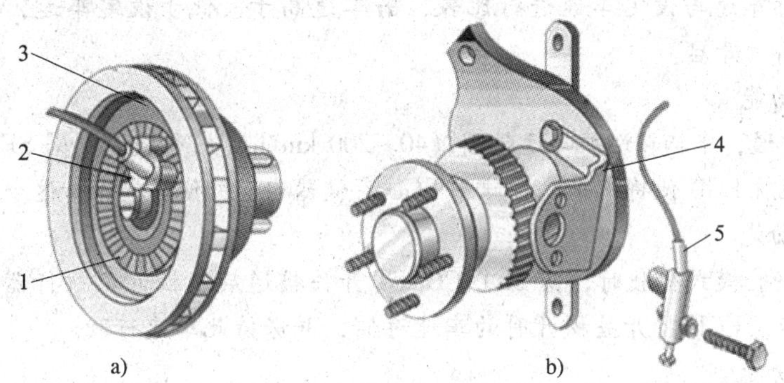

图2—1—5　车速传感器

a）前轮　b）后轮

1—齿圈　2，5—传感器　3—制动盘　4—支架

（2）节气门位置传感器

节气门位置传感器（见图3—1—6）给巡航 ECU 提供一个与节气门位置成正比的电信号，该传感器与发动机电子控制系统共用。

（3）节气门控制摇臂传感器

节气门控制摇臂传感器可对巡航 ECU 提供节气门摇臂位置的电信号，目前采用较多的是滑线电位计式。当节气门控制摇臂转动时，电位计随之转动，便输出一个与控制摇臂位置成比例且连续变化的电信号。

a)

b)

图 2—1—6 节气门位置传感器

a）节气门位置传感器 b）节气门体

3. 巡航系统 ECU

一般当车速低于 40 km/h 时，ECU 将取消巡航状态；当车速超过设定巡航车速 6 ~ 8 km/h时，ECU 将取消巡航状态；当汽车的减速度大于 2 m/s^2，或汽车的制动灯开关动作等情况时，ECU 也将自动取消巡航状态，以确保行车安全。

知识与能力拓展

巡航系统 ECU 的功能

(1) 匀速控制功能

ECU 将实际车速与设定车速进行比较，若车速高于、低于设定车速，控制执行器将节气门适当关闭、开启。

(2) 设定功能

当主开关接通，车辆在巡航车速范围（40 ~ 200 km/h）内行驶时，若 SET/COAST 开关接通后松开，巡航 ECU 便将此车速存储于 ECU 存储器内，并使车辆保持这个速度行驶。

(3) 滑行功能

当车辆以巡航模式行驶时，若 SET/COAST 开关接通后不松开，执行器就会关闭节气门，使车辆减速。ECU 将开关松开时的车速存储，并保持此车速行驶。

(4) 加速功能

当车辆以巡航模式行驶时，若 RES/ACC 开关接通，执行器就会将节气门适当开启，使车辆加速。ECU 将开关松开时的车速存储，并保持此车速行驶。

(5) 恢复功能

只要车速没有降至 40 km/h 以下，若用任一个取消开关以手动的方法将巡航模式取消后，接通 RES/ACC 开关，即可恢复设定车速。

(6) 车速下限控制功能

车速下限是巡航所能设定的最低车速，约为 40 km/h，若车速降至 40 km/h 以下，巡航就会自动取消，设置在存储器内的车速也被清除。不能恢复设定车速。

(7) 车速上限控制功能车速上限是巡航所能设定的最高车速，约为 200 km/h，操作 ACC 开关，也不能使车速超过 200 km/h。

(8) 手动取消功能

当车辆以巡航模式行驶时，将取消巡航信号中的任一个传送至巡航 ECU，巡航就会取消。

(9) 自动取消功能

当车辆以巡航模式行驶时，若出现伺服调速电动机或安全电磁阀晶体管驱动电流过大，伺服电动机始终朝节气门打开方向转动时，存储器中设置的车速被清除，安全电磁阀离合器断电，巡航方式取消，主控开关同时关闭。在巡航行驶期间，巡航系统的电源中断时间超过 5 ms，巡航也会取消，但存储器中设定的速度尚未取消，巡航功能可用 SET 或 RES 开关恢复。

(10) 自动变速器控制功能

在车辆以超速挡上坡行驶时，车速降至超速挡切断速度（设定车速减去 4 km/h）时，ECU 自动取消超速挡并增加驱动力，防止车速进一步降低。当车速升至超速挡恢复速度（设定车速减去 2 km/h）时，约 6 s 后巡航 ECU 恢复超速挡。

(11) 迅速降速和迅速升速控制功能

当实际车速与设定车速相差不足 5 km/h 时，每次迅速（在 0.6 s 以内）操纵 SET/COAST 开关，可将设定车速降低约1.65 km/h；每次迅速（在 0.6 s 以内）操纵 RES/ACC 开关，可将设定车速升高约1.65 km/h。

(12) 诊断功能

巡航系统发生故障时，ECU 确认故障并使组合仪表上的电源指示灯闪烁，以提示驾驶员。同时，ECU 存储相应的故障码，故障码可通过电源指示灯读取。

4. 执行器

执行器将 ECU 输出的电流或电压信号转变为机械运动，进而控制节气门的开度，最终达到控制车速的目的。目前使用的执行器有两种类型：一种是真空驱动型，另一种是电动机驱动型。前者由负压操纵节气门，后者由电动机操纵节气门。

(1) 真空驱动型

巡航系统的真空驱动型执行器依靠真空力驱动节气门。真空源有两种取得方式：一是仅从发动机进气歧管（见图 2—1—7）取得，二是从发动机进气歧管和真空泵两个真空源取得。当进气歧管真空度较低时，真空泵参与工作，提高真空度。真空驱动型执行器主要由控制阀、释放阀、两个电磁线圈、膜片、回位弹簧和空气滤清器等组成。

图 2—1—7 发动机进气歧管

控制阀用来控制膜片后方的真空度，以改变膜片的位置，从而控制节气门，如图 2—1—8 所示。当 ECU 给控制阀电磁线圈供电时，通大气的空气通道关闭，通进气歧管的真空通道打开，执行器内的真空度增加。膜片左移将弹簧压缩，与膜片相连

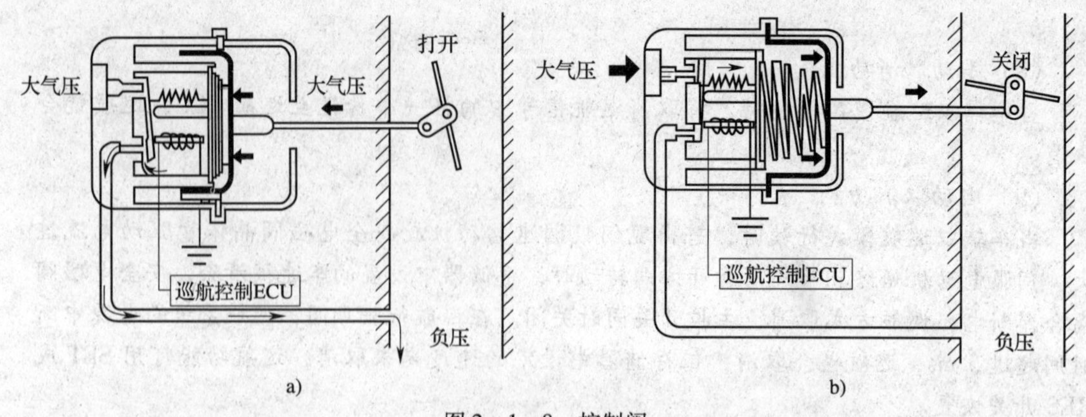

图 2—1—8　控制阀

a）控制线圈通电　b）控制线圈断电

的拉杆将节气门开大。当控制阀电磁线圈断电时，通进气歧管的真空通道关闭，通大气的空气通道打开，大气进入执行器，膜片右移，节气门关小。ECU 通过占空比信号控制电磁线圈的通电与断电，通过改变占空比控制执行器内的真空度，从而控制节气门的开度。

（2）电动机驱动型

巡航系统的电动执行机构主要由驱动电动机、电磁离合器、减速机构和电位计组成，如图2—1—9所示。

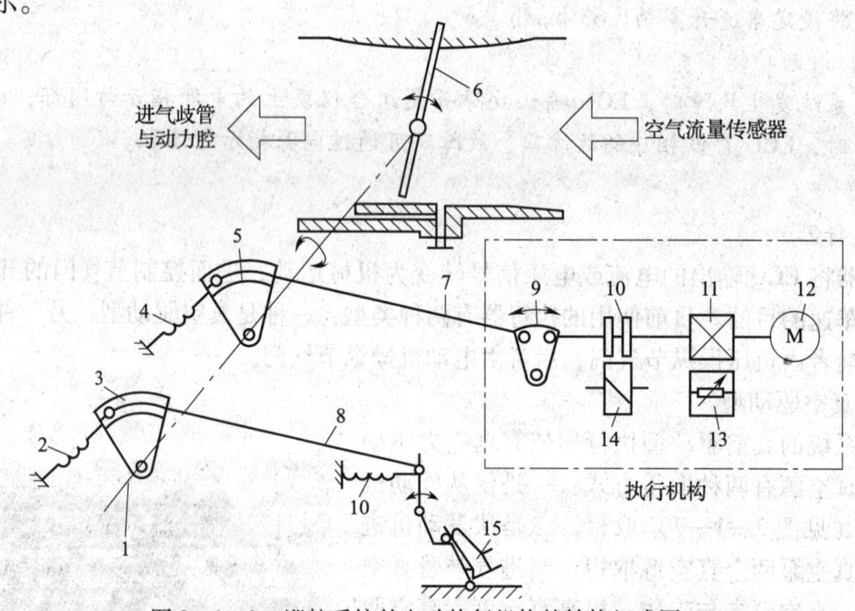

图 2—1—9　巡航系统的电动执行机构的结构组成图

1—节气门轴　2，4，16—复位弹簧　3，5—节气门摇臂　6—节气门　7，8—传动缆索　9—控制臂
10—电磁离合器　11—减速机构　12—电动机　13—电位计　14—电磁线圈　15—加速踏板

安装电子节气门的发动机无节气门控制线，节气门由其驱动电动机直接驱动。

1）驱动电动机。电动机转动时通过减速机构和电磁离合器带动控制臂转动，控制臂又通过专用节气门拉索（钢缆缆索）拉动节气门摇臂转动。改变流过电动机电枢绕组电流的方向，可以改变电动机电枢轴的转动方向，从而调节节气门摇臂转动角度的大小，为了限定控制臂的转动角度，防止发动机发生飞车事故，在电动机电路中安装有限位开关。

当电动式执行机构采用步进电动机作为动力源时，因为步进电动机能将 CCS ECU 发出的数字信号指令转变为一定角度的位移量。CCS ECU 每发出一个控制脉冲，步进电动机就可带动节气门摇臂转过一个微小角度，这样能够保证节气门开度平稳准确地进行调节。

节气门摇臂转过的角度与步进电动机转过的角度成正比，步进电动机转过的角度与 CCS ECU 发出的控制脉冲个数成正比。节气门摇臂的转动方向由步进电动机的步进方向决定。

2）电磁离合器。电磁离合器安装在驱动电动机与控制臂之间。在巡航行驶过程中，当驾驶员踩下制动踏板或实际车速超过设定巡航车速一定值（一般为 15 km/h 左右）或车速传感器发生故障时，CCS ECU 将发出控制指令首先使离合器分离，防止发生事故，故又称为安全电磁离合器。

当未进入电子控制巡航状态时，将电磁离合器线圈电路设计为接通状态，使离合器初始状态为接合状态，提高巡航执行机构的响应速度，防止车速突然变化而发生游车（发动机转速忽高忽低）现象。

3）电位计。在电动式执行机构中，一般都装有由一只滑动变阻器构成的电位计（即转角或位移传感器），其功用是检测执行机构中控制臂转动的角度或拉索的位移量，并将信号输入 CCS ECU。该信号主要用于 CCS ECU 诊断执行机构是否发生故障。当 CCS ECU 向执行机构发出控制指令后，如果电位计信号没有变化或变化超过预先设定值，CCS ECU 就会判定执行机构有故障，同时记录故障代码，点亮故障指示灯。

三、汽车巡航控制系统的使用及检测

1. 汽车巡航控制系统的使用

巡航控制系统的操纵手柄（见图 2—1—10）有 4 挡，手柄的端部有按钮，这个按钮是巡航控制系统的总开关。按下按钮时，仪表板上巡航控制系统的 CRUISE ON—OFF 指示灯亮，表示巡航控制系统进入运行状态；如再按一下，则按钮弹起，指示灯熄灭，表示巡航控制系统处于关闭状态。操纵手柄朝下扳动是巡航速度的设定开关，向上推则是巡航速度取消开关，朝转向盘方向扳起是恢复。

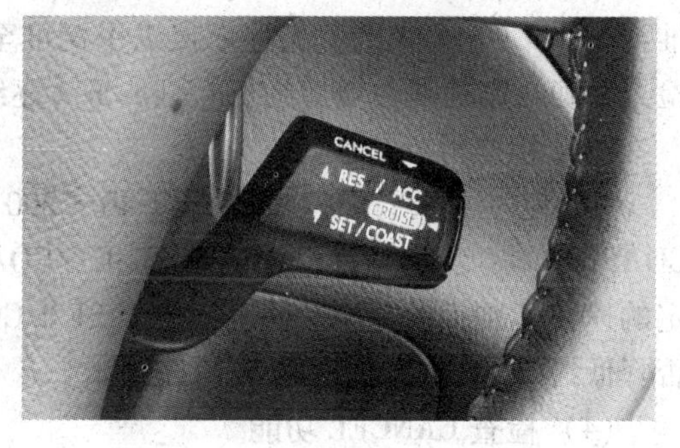

图 2—1—10　巡航控制系统的操纵手柄

【操作提示】

巡航控制系统的使用方法如下。

（1）设定巡航速度

车速低于 40 km/h 时，按下巡航控制按钮，踩下加速踏板，使车辆加速。当车速达到设定值时，将巡航控制系统手柄置于 SET/COAST 位置并释放，即进入自动行驶状态。若驾驶员想加速，超越前方车辆时，只要踩下加速踏板，超车完毕后再释放加速踏板，汽车便又恢复到已设定的巡航速度行驶。

（2）取消设定的巡航速度

取消设定的巡航速度有几种方法可供选择：第一，将巡航控制系统操纵手柄置于 CANCEL 位置并释放；第二，踩下制动踏板使汽车减速；第三，装备手动变速器的汽车，踩下离合器踏板即可。装备自动变速器的汽车，将变速杆置于空挡。

此外，汽车行驶时设定的巡航速度如不是由上述原因而自动取消，或仪表板上的巡航控制系统 CRUISE ON—OFF 开关指示灯出现闪烁现象，则表明系统出现故障。

(3) 设定装备手动变速器的汽车加速

将巡航控制系统的操纵手柄置于 RES/ACC 位置并保持手柄不动，此时车速将逐渐加快，当车速达到要重新设定的巡航速度时释放手柄。这种加速方法与踩加速踏板加速相比，所用时间较长。

(4) 设定装备手动变速器的汽车减速

将巡航控制系统的操纵手柄置于 SET/COAST 的位置并保持手柄不动，此时车速将逐渐减慢，当车速降至所要求的设定速度时释放操纵手柄。这种减速方法与踩制动踏板减速相比，减速度要小。

(5) 恢复到原来设定的巡航速度

将巡航控制系统操纵手柄置于 RES/ACC 位置，汽车可恢复到原来设定的速度行驶。当车速降至 40 km/h 以下或低于设定速度的差值在 16 km/h 以上时，巡航控制系统自动停止工作。

2. 汽车巡航控制系统的基础检测

(1) 检查 SET 功能

将巡航控制系统的主开关打开，汽车以 40 ~ 200 km/h 的速度行驶；将巡航操纵手柄推至 SET/COAST 位置，松开后，检查并确认车辆是否以设定车速巡航行驶。

(2) 检查加速功能

将巡航控制系统的主开关打开，按要求以 40 ~ 200 km/h 的速度行驶；将巡航操纵手柄推至 SET/COAST 位置，当巡航操纵手柄推至 RES/ACC 位置不动时，车速提高；立即松开，检查并确认车速是否增加约 1.65 km/h（逐级加速控制）。

(3) 检查滑行功能

将巡航主开关打开，按要求以 40 ~ 200 km/h 的速度行驶；将巡航操纵手柄推至 SET/COAST 位置；当巡航操纵手柄推至 SET/COAST 位置不动，车速减小；松开时，车辆以新设定的速度巡航；将巡航操纵手柄推至 SET/COAST 位置，然后立即松开，检查并确认车速是否降低约 1.65 km/h（逐级减速控制）。

(4) 检查 CANCEL 功能

将巡航主开关打开，按要求以 40 ~ 200 km/h 的速度行驶；将巡航操纵手柄推至 SET/COAST 位置，进行下列任何一项操作时，检查并确认是否已取消巡航控制系统，并恢复正常驾驶模式：踩下制动踏板，踩下离合器踏板，自动变速器换挡杆从 D 位置或 3 位置换到 N 位置、2 位置或 1 位置，关闭巡航主开关，将巡航主开关拉回 CANCEL 位置。

(5) 检查 RES（恢复）功能

将巡航主开关打开，汽车以 40 ~ 200 km/h 的速度行驶；将巡航操纵手柄推至 SET/COAST 位置，通过完成上述的任何一项操作（不包括关闭巡航主开关），取消巡航控制系统；然后当车辆以高于 40 km/h 的速度行驶时，将巡航主开关推至 RES/ACC 位置，检查并确认车速是否恢复到取消巡航控制前设定的速度。

(6) 故障症状表

故障症状表（见表 2—1—1）以递减的顺序表示故障原因的可能性。按顺序检查每个可疑部位，必要时维修或更换有故障的零件或进行调整。

检查下列可疑部位前，先检查与该系统相关的熔丝和继电器，并注意检查蓄电池电压是否正常。

表 2—1—1　　巡航控制系统故障症状表

症　状	可疑部位
车速不能设置（主指示灯亮）	巡航主开关电路
	车速传感器电路
	组合仪表
	刹车灯开关电路
	变速器挡位传感器电路
	离合器开关电路
	如果上述部件检查完毕且能证明各部件均正常，但症状仍然出现，则更换 ECU
巡航控制系统在工作时被取消	刹车灯开关电路
	离合器开关电路
	变速器挡位传感器电路
	巡航主开关电路
	车速传感器电路
	组合仪表
	如果上述部件检查完毕且能证明各部件均正常，但症状仍然出现，则更换 ECU
可以设置车速（主指示灯不亮）	主指示灯电路
	如果上述部件检查完毕且能证明各部件均正常，但症状仍然出现，则更换 ECU
拉回巡航主开关，不能取消巡航控制（主指示灯一直亮）	巡航主开关电路
	如果上述部件检查完毕且能证明各部件均正常，但症状仍然出现，则更换 ECU
拉回巡航主开关，不能取消巡航控制（主指示灯熄灭）	更换 ECU
当车速低于速度下限时，巡航控制没有取消（主指示灯一直亮）	车速传感器电路
	如果上述部件检查完毕且能证明各部件均正常，但症状仍然出现，则更换 ECU
当车速低于速度下限时，巡航控制没有取消（主指示灯熄灭）	更换 ECU
踩下制动踏板，不能取消巡航控制（主指示灯一直亮）	刹车灯开关电路
	如果上述部件检查完毕且能证明各部件均正常，但症状仍然出现，则更换 ECU
踩下制动踏板，不能取消巡航控制（主指示灯熄灭）	更换 ECU

续表

症　状	可疑部位
踩下离合器踏板，不能取消巡航控制（主指示灯一直亮）	离合器开关电路
	如果上述部件检查完毕且能证明各部件均正常，但症状仍然出现，则更换 ECU
踩下离合器踏板，不能取消巡航控制（主指示灯熄灭）	更换 ECU
移动换挡杆，不能取消巡航控制	变速器挡位传感器电路
	如果上述部件检查完毕且能证明各部件均正常，但症状仍然出现，则更换 ECU
抖动（车速不恒定）	车速传感器电路
	组合仪表
	如果上述部件检查完毕且能证明各部件均正常，但症状仍然出现，则更换 ECU
主指示灯始终闪烁	指示灯电路
	如果上述部件检查完毕且能证明各部件均正常，但症状仍然出现，则更换 ECU

单元2　汽车导航控制系统

学习目标

1. 掌握汽车导航控制系统的种类。
2. 掌握 GPS 汽车导航控制系统的原理及功能。
3. 了解汽车导航控制系统的发展趋势。
4. 掌握汽车导航控制系统的使用方法。

一、汽车导航控制系统的种类

驾驶出行往往需要记忆道路，观看地图、交通标志才能到达目的地。现代汽车导航控制系统（见图 2—2—1）的应用改善了汽车行驶的安全性及行驶效率，提高了道路通行能力，有利于缓解交通拥堵、平衡交通调度及管制。

从功能上看，最早的汽车导航控制系统只具有简单的“示向”功能，它只能显示汽车行驶的方向及到达目的地的距离。目前比较先进的汽车导航控制系统是具有汽车导航控制、防盗、调度、汽车主要工况的监测报警等功能的综合系统。汽车导航控制系统按控制信息反馈分为汽车开环和闭环导航系统；按控制方式分为内部信息导航和 GPS 汽车导航控制系统，内部信息导航又可分为地磁导航系统和惯性导航系统。

1. 汽车开环和闭环导航系统

汽车开环导航系统（见图 2—2—2）是从控制中心或电台、卫星、传感器等得到定位、方向等信息，根据这些信息和电子地图可以定出起点到终点的最短行驶距离，但汽车的信息不能返回控制中心。

图 2—2—1　汽车导航控制系统

图 2—2—2　汽车开环导航控制系统

汽车闭环导航系统不但有开环系统所有的导向功能，而且可以把行车的实时信息、汽车本身情况不断向控制中心反馈。控制中心根据掌握的交通及气候等综合信息及时通知汽车应如何行驶、处理突发事件。

2. 内部信息导航系统

内部信息导航系统主要由微处理器、距离传感器、方向传感器、显示屏等组成。根据所用传感器不同，内部信息导航系统分为地磁导航系统和惯性导航系统。任何汽车导航控制系统装置基本的功能就是把汽车的地理位置实时地告诉给驾驶员。距离传感器主要检测距目的地的距离，方向传感器主要检测汽车要行驶的方向，这两个传感器的信号通过微处理器的数据处理后显示在显示屏上，如图 2—2—3 所示。

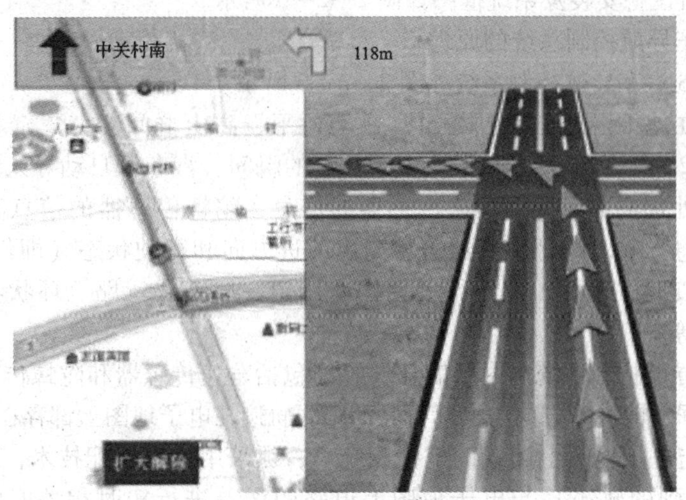

图 2—2—3　汽车导航控制系统显示

知识与能力拓展

汽车导航系统还包括：

（1）地磁导航系统（又称汽车导向行驶系统）

利用地磁传感器可随时测出汽车行驶方向，利用距离传感器测出距离，然后用微处理器计算出汽车的行驶轨迹，及到达目的地的方向、所剩距离等，并可以在显示器上显示出来，以达到导航的作用。

（2）惯性导航系统

该系统的方向传感器是利用电子陀螺制成的，其他设备及功能和地磁导航系统相同。

二、GPS 汽车导航控制系统的原理及功能

GPS 汽车导航控制系统是利用全球卫星定位系统（见图 2—2—4），接收定位卫星信号，经过微处理器计算出车辆所在准确经度和纬度以及速度和方向，并在显示器上显示出来的一种装置。如果参照电子地图，驾驶员就可以知道自己在地图上的确切位置，指挥中心则能随时掌握每辆汽车的动态并进行调度。

图 2—2—4　GPS 全球卫星定位系统

GPS 全球卫星定位装置具有测量、测绘、精确时间和定位导航的功能。

1．GPS 汽车导航控制系统的组成及原理

（1）GPS 汽车导航控制系统的组成

GPS 汽车导航控制系统由接收天线、接收机、微处理器、车速传感器、陀螺传感器、显示器等组成。导航设备安装及系统框图如图 2—2—5 所示。

（2）GPS 汽车导航控制系统的原理

汽车利用 GPS 汽车导航控制系统如图 2—2—6 所示。

当汽车行驶在地下隧道、高层楼群、高架桥下、高山群间、密集森林等地段时会与 GPS 卫星（见图 2—2—7）失去联系。中断信号的瞬间，汽车可自动导入内部信息导航系统，此时汽车微处理器单元根据车速传感器的信息，陀螺传感器的信息直接求出前进距离，进行内部信息导航。陀螺传感器可检测出前进方向和行驶状态（即汽车前进的角度、速度变化值）的变化，例如，汽车行驶在沟状山道、发夹式弯路、环状盘形桥上、雪道原地打滑、停车等。

由 GPS 汽车导航控制系统与内部信息导航（包括车速传感器和陀螺传感器）所测到的汽车坐标位置数据、前进的方向与实际行驶的路线轨迹在电子地图上都存在一定误差。为修正这两个误差，与电子地图上路线的坐标相统一，须采用地图匹配技术，对汽车行驶路线（各处传感器检测到的轨迹）与电子地图上道路的误差进行实时相关匹配，并作出自动修正。

有了汽车行驶中接收到的 GPS 信息、陀螺传感器检测到的正确前进方向及车速传感器检测出的前进距离这三组数据，且经过地图匹配器得到自动修正，从而可完成高精度导航，如图 2—2—8 所示。

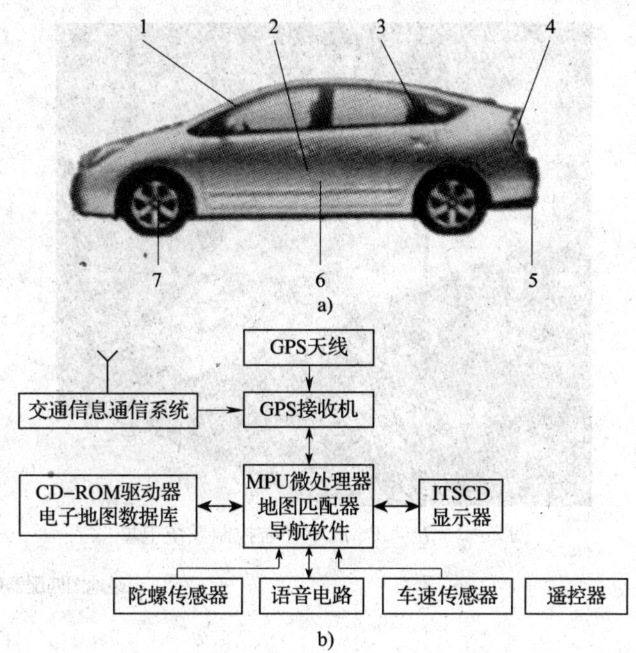

图 2—2—5　GPS 系统设备安装及系统框图

a）车载导航设备安装示意图　b）汽车导航系统框图

1—LCD 显示器　2—遥控器　3—GPS 天线　4—CD－ROM 驱动器　5—陀螺传感器

6—LCD 视盘机　7—车速传感器

图 2—2—6　汽车利用 GPS 汽车导航控制系统

2. GPS 汽车导航控制系统的功能

（1）对目的地进行最佳路线检索。该系统可以直接输入地名、经纬度、电话号码进行路线检索，并能快捷地提供一条到达目的地的最佳路线，还能实时获得汽车自身所在位置和目的地的坐标，以及全部行驶的直线距离、速度、时间和前进的方向。

（2）具有瞬时再检索功能。由于道路堵塞、路段施工或走错了路等意外情况，要有瞬时自动再检索功能，舍去堵塞、施工、错误路线而提供出新的可行性路线。

（3）提供丰富的菜单和记录功能。

图 2—2—7　GPS 汽车导航控制系统卫星

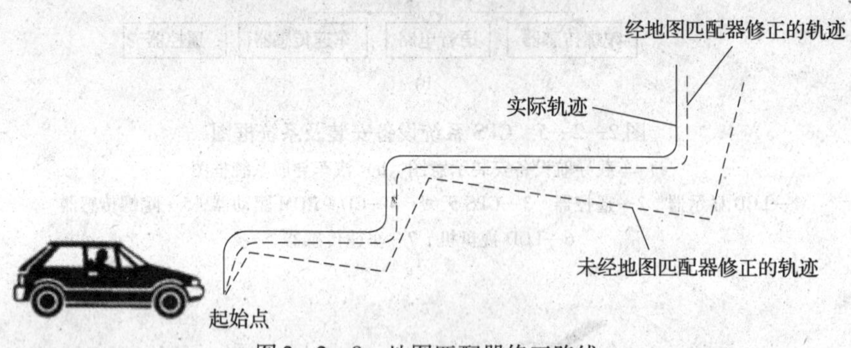

图 2—2—8　地图匹配器修正路线

（4）在适当时间内提供实时语音提示。

（5）扩大十字路口周围建筑物和交通标志功能。凡行驶在交叉十字路口前 300 m 处，高速公路进出口前 300 m 处，都要自动显示扩大了的十字路口附近全画面图，指出汽车位置、交叉点的名称、拐弯后的道路名及方向、交叉点的距离。这种通过开窗程序自动表示交叉路口全画面的扩大图是汽车导航控制系统中的一项最主要功能。

为了及时了解路面车辆情况，某些导航系统设有多种扩展接口，以便与交通管理部门、邮电部门、建筑部门的 VICS，ATIS，IIS 联网。

VICS 专门收集和处理各方面交通信息和停车场空缺的信息，并不断地生成新的信息，通过多路调频发射和在一般道路上设置的远红外光标的发射、在高速公路上设置的无线电波光标发射三种手段，提供道路上每一时刻的实时交通信息，然后由 VICS 的专用接收机接收，在地图画面上用红色和橙色线路的亮灭表示道路的堵塞和拥挤状况，用绿色线路表示没有汽车拥堵的道路（通畅的路线），从而供行驶的汽车回避堵塞和拥挤的路段，实现自动选择道路和无阻挡行驶。如图 2—2—9 所示，为交通信息通信系统框图。

三、汽车导航控制系统的发展趋势

1. 小型化、技术集成化

为适应市场激烈竞争的需要，国外厂家不断推出具有多功能的导航系统新机型，小型化、技术集成化是导航系统（见图 2—2—10）今后的发展趋势。

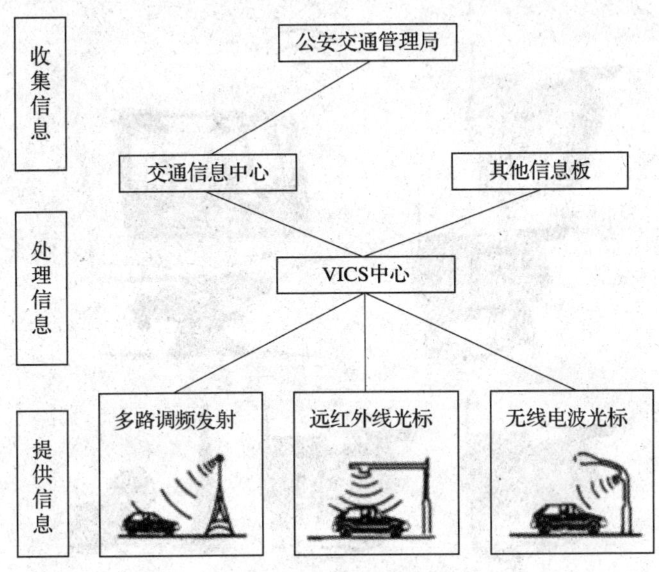

图 2—2—9　交通信息通信系统框图

图 2—2—10　小型化、集成化导航系统

2. 车辆向交通管理及监控中心双向传播信息

随着计算机技术和卫星技术的迅速发展、多媒体传播时代的到来，车辆可实现向交通管理及监控中心双向传播信息。

3. 实现车辆自动定位

汽车导航控制系统采用固定、顶置安装的摄像机，视角为 360°，每秒能多次将图像传给车载计算机，通过将图像与以前街道及高速公路录像带上的图像进行对比，计算机即能找出对应景点，确定车辆位置，如图 2—2—11 所示。

四、汽车导航控制系统的使用

1. 输入目的地

在出发前，驾驶员通过系统的输入方法将目的地输入到导航控制系统中。除了在系统显示的电子地图上直接点击选取地点外，更多时候是借某种输入方法，将目的地名称输入到系统中。国内汽车自主导航产品基本上都是基于 PC 结构，或者借助于外接键盘，以类似 PC 机

图 2—2—11　固定、顶置安装的摄像头及图像显示

的中文输入法作为地名输入方法的汽车导航控制系统，或者利用触摸屏借助日益成熟的手写识别技术进行中文输入。依靠键盘或触摸屏同时也可以实现几乎所有的按键功能。目前人们也在开发基于语音技术的产品。

2. 行驶路线的计算

汽车导航主机从 GPS 接收机得到经过计算确定的当前经纬度，通过与电子地图数据的对比，就可以随时确定车辆当前所在的地点。一般汽车导航控制系统将车辆当前的位置默认为出发点，在用户输入了目的地之后，汽车导航控制系统根据电子地图上存储的地图信息，就可以自动算出一条最合适的路线作为新的路线。

3. 行驶中的导航

汽车导航控制系统的输出设备包括显示屏幕和语音输出设备。在行驶过程中，驾驶员必须全神贯注于驾驶，而不能经常查看显示屏幕，因此，一个实用而人性化的车辆导航控制系统利用语音输出设备，在必要时刻向驾驶员提示信息。如车辆按照系统推荐路线行驶到应该转弯的路口前，语音输出设备提示驾驶员："200 m 后请向左转"，这样驾驶员根本不必要关注屏幕的显示信息，也可以按照推荐路线正确快捷地到达目的地。

单元 3　汽车电子控制悬架系统

学习目标

1. 了解汽车悬架系统的组成与分类。
2. 掌握汽车电子控制半主动悬架系统的工作原理。
3. 掌握汽车电子控制空气弹簧悬架系统的结构与原理。
4. 掌握汽车电子控制油气弹簧悬架系统的结构与原理。
5. 掌握汽车电子控制悬架系统的使用及检测方法。

一、汽车悬架系统的组成与分类

悬架系统是车架（或车身）与车桥（车轮）之间一切传力装置的总称。悬架系统（见图2—3—1）的功用是把作用于车轮上的垂直反力（支承力）、纵向反力（牵引力和制动力）、侧向反力以及这些反力所造成的力矩都传到车架（或车身）上，在保证汽车正常稳定行驶的同时，改善汽车行驶的平顺性。

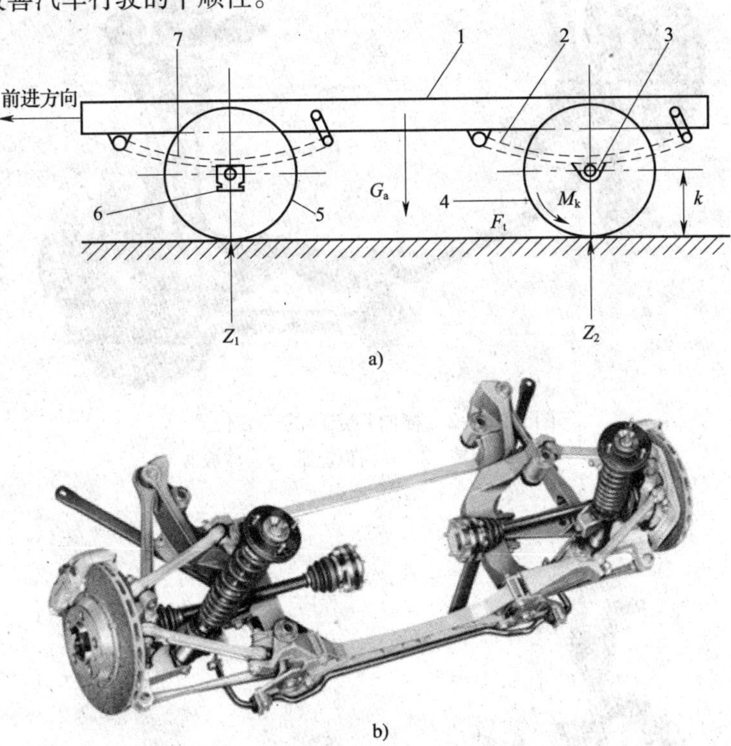

图2—3—1　汽车悬架系统组成示意图（货车、轿车）

a）货车悬架系统　b）轿车悬架系统

1—车架　2—后悬架　3—驱动桥　4—后轮　5—前轮　6—从动桥　7—前悬架

汽车悬架系统一般都由弹性元件（如钢板弹簧、螺旋弹簧、扭杆弹簧等）、减振器和导向机构3部分组成。

有些轿车和大客车为了防止汽车在转向行驶等情况下车身发生过大的横向倾斜，在悬架系统中还设置了横向稳定器，如图2—3—2所示。

当汽车在不同的路面上行驶时，由于悬架系统实现了车身和车轮之间的弹性支承，有效地降低了车身与车轮的振动，从而改善了汽车行驶的平顺性和操纵稳定性。

汽车行驶的平顺性和操纵稳定性是衡量悬架系统性能好坏的主要指标，理想的悬架系统在不同的行驶条件下应有不同的性能表现，平顺性要求悬架系统“柔软”，稳定性则要求悬架系统“坚硬”。悬架系统设计参数一旦确定，也就确定了悬架系统的性能，被动式悬架系统不能同时满足经常变化而又相互矛盾的使用要求。只有电子控制的悬架系统（见图2—3—3）能解决这一问题。

悬架系统可以分为被动悬架系统和电子控制悬架系统，电子控制的悬架系统又分为半主动悬架系统和主动悬架系统。被动悬架系统各元件的特性不可调整，只能被动地吸收能量，缓和冲击；半主动悬架系统仅对减振器的阻尼力进行调节，有些也对横向稳定器的刚度进行

图 2—3—2　横向稳定器的安装位置

1—螺旋弹簧　2—横向稳定器　3—减振器

图 2—3—3　电子控制的悬架系统

调节；主动悬架系统能根据行驶条件和运行状况随时对悬架系统的刚度、减振器的阻尼力以及车身的高度和姿势进行调节。

二、电子控制半主动悬架系统（见图 2—3—4）工作原理

半主动悬架系统又分为有级式和无级式两种。在有级式半主动悬架系统中，将减振器的阻尼分为 3 级，由驾驶员根据道路条件和汽车行驶状况选择所需要的阻尼级。

3 级阻尼可调减振器（见图 2—3—5）的阻尼力大小的调整是通过改变减振器油液流通孔的截面积来实现的。控制阀上具有关闭、部分开启和全开 3 个位置，相应地可以产生 3 种阻尼值，以适应不同的行驶条件。

图 2—3—4　半主动悬架系统

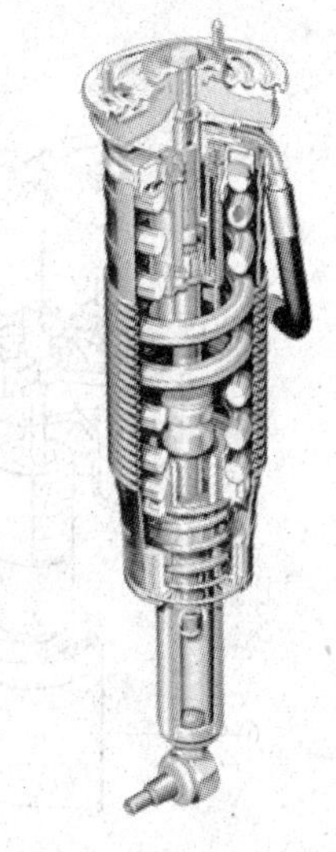

图 2—3—5　3 级阻尼可调减振器

无级式半主动悬架系统又称为电子控制半主动悬架系统，它可以根据道路条件和汽车行驶状况自动地调整减振器的阻尼值，以提高汽车的安全性、操纵稳定性和舒适性。该系统主要由模式选择开关（见图 2—3—6）、传感器、ECU、执行器和阻尼可调减振器组成。模式选择开关由驾驶员手动进行选择。执行器装在减振器上部，由步进电动机、小齿轮和扇形齿轮组成，如图 2—3—7 所示。系统的 ECU 根据传感器送入的汽车起步、加速和转向等信号进行计算，然后向执行器发出控制信号。执行器得到控制信号后，使步进电动机转动并通过扇形齿轮驱动控制杆旋转一定的角度，从而改变控制阀节流孔的流通面积，使减振器的阻尼力实现无级变化。无级减振器阻尼力的控制原理如图 2—3—8 所示。当汽车车轮滚上凸起和滚出凹坑时，车轮移近车架（车身），减振器受压缩，减振器活塞下移。活塞下面的腔室（下腔）容积减小，油压升高。油液经上、下节流孔流回上腔。这些节流孔对油液的节流便造成对悬架压缩运动的阻尼力。当车轮滚进凹坑或滚离凸起时，车轮相对车身移开，减振器受拉伸。此时减振器活塞向上移动，活塞上腔油压升高。上腔内的油液经上、下节流孔流回下腔，这些节流孔的节流作用造成对悬架伸张运动的阻尼力，节流孔的大小决定阻尼力的大小。

图 2—3—6　模式选择开关

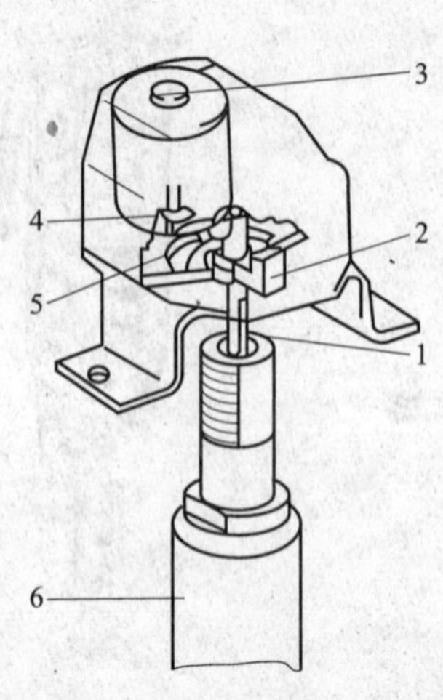

图 2—3—7　执行器的结构

1—控制杆　2—止动块　3—步进电动机
4—小齿轮　5—扇形齿轮　6—减振器

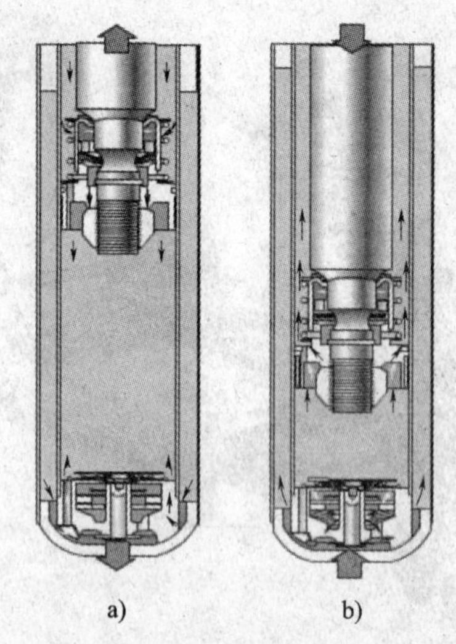

图 2—3—8　无级减振器阻尼力的控制原理

a）减振器受拉伸　b）减振器受压缩

三、电子控制空气弹簧悬架系统结构与原理

电子控制主动悬架系统（见图 2—3—9）是一种具有做功能力的悬架系统，当汽车载荷、行驶速度、路面状况等行驶条件发生变化时，电子控制主动悬架系统能自动调整悬架系统的性能，从而同时满足乘坐舒适性和操纵稳定性等各方面的要求。电子控制的主动悬架系统分为电子控制的空气弹簧悬架系统和电子控制的油气弹簧悬架系统。

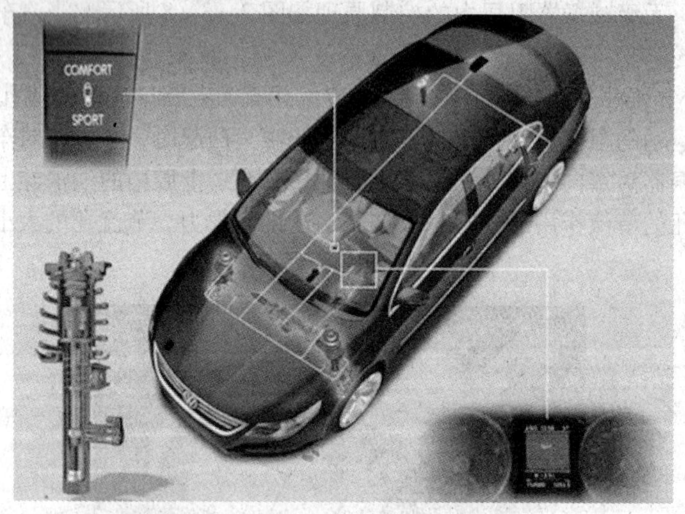

图 2—3—9　电子控制的主动悬架系统

电子控制的空气弹簧悬架系统（见图 2—3—10）主要由模式选择开关、车速传感器、转向传感器、车身高度传感器、节气门位置传感器、制动灯开关、门控灯开关、空挡起动开关、ECU、执行器、阻尼可调减振器、空气压缩机总成、高度控制阀、空气弹簧、空气弹簧悬架系统开关及悬架系统指示灯或显示屏等组成。

图 2—3—10　电子控制的空气弹簧悬架系统

1. 模式选择开关

模式选择开关由驾驶员根据行驶条件进行选择，可控制减振器阻尼大小；有些车型还设有高度控制开关（见图 2—3—11）。开关接通后有些车型汽车状态在仪表板上进行显示，如图 2—3—12 所示。

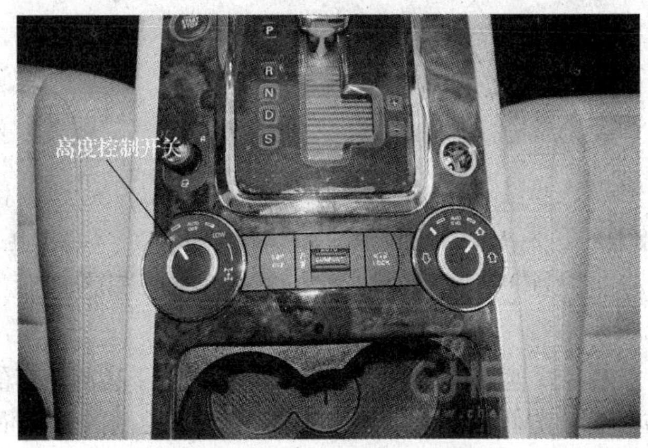

图 2—3—11　高度控制开关

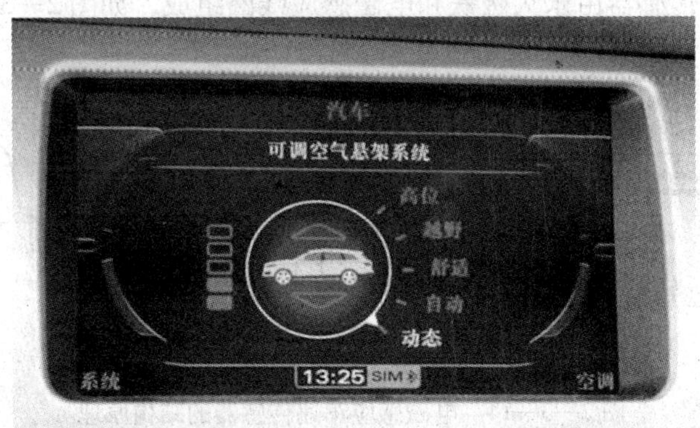

图 2—3—12　显示汽车状态

2. 空气弹簧悬架系统开关

该开关又称为高度控制 ON/OFF 开关或车高控制通/断开关，一般位于行李箱的右侧或左侧，其作用是接通或断开悬架系统 ECU 的电源。在顶起或吊起汽车、拖动汽车、跨接起动之前，必须先将该开关置于断开（OFF）位置，否则可能造成人身伤害、零部件损坏和不必要的维修操作。

3. 转向传感器

转向传感器安装在转向柱上，如图 2—3—13 所示，用于检测转向盘的转动速度和转动方向。ECU 根据转向和车速信号作出判断，以抑制车身侧倾。

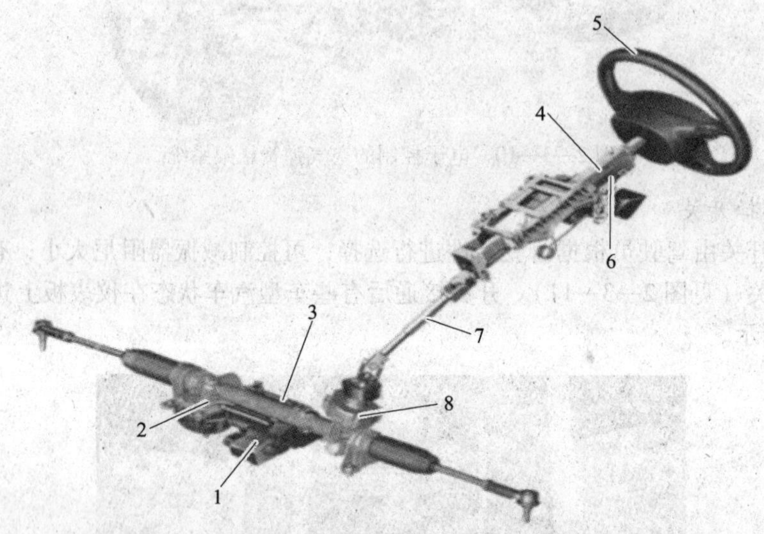

图 2—3—13　转向传感器安装位置

1—转向助力控制单元　2—转向齿轮　3—电子机械转向助力电动机　4—转向柱　5—转向盘
6—转向角传感器　7—万向节传动轴　8—转向力矩传感器

4. 车速传感器

车速传感器通常安装在变速器输出轴附近的壳体上，用于检测汽车的行驶速度，并将信号传给 ECU，作为防后坐、防侧倾、防点头控制以及高速控制的一个依据。常用的车速传感器有电磁感应式和可变磁阻式两种。

电磁感应式车速传感器由永久磁铁和电磁感应线圈组成，如图 2—3—14 所示。

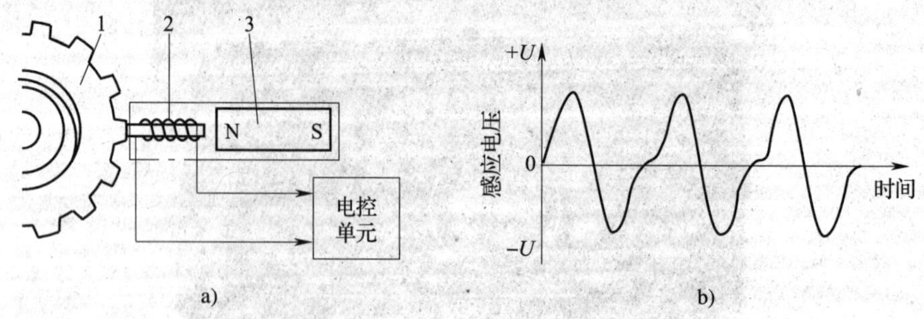

图 2—3—14　电磁感应车速传感器的结构原理

a）结构原理　b）感应电压波形

1—驻车锁止齿轮　2—感应线圈　3—永久磁铁

可变磁阻式车速传感器由带磁感应元件的集成电路、磁环、传动齿轮和齿轮轴组成（见图 2—3—15），它由变速器输出轴通过传动齿轮和齿轮轴来驱动。

5. 车身高度传感器

车身高度传感器安装在车身与车桥之间，用来把车身高度的变化转换为电信号，并传送给悬架系统控制装置（ECU）。ECU 根据车身高度传感器输入的信号，控制空气压缩机工作或排气阀的开启，以增加或减少空气弹簧悬架系统主气室中的空气量，保持车身高度为一定值。车身高度传感器有光电式和霍尔效应式两种。

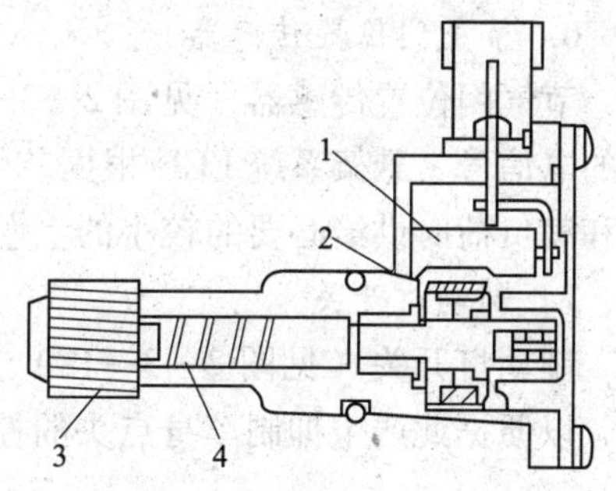

图 2—3—15 可变磁阻式车速传感器
1—带磁感应元件的集成电路 2—磁环
3—传动齿轮 4—齿轮轴

如图 2—3—16 所示，为车身高度传感器的安装位置及工作状态。图中拉紧螺栓的上端与传感器的连杆铰链连接，下端与后悬架系统臂相连。当车身上下振动时，拉紧螺栓带动连杆使传感器的轴左右旋转，信号发生器（光电耦合元件）将这一旋转动作转换成车身高度信号并传送给悬架系统 ECU。

如果要改变车身高度的设定值，则拆下拉紧螺栓，拧松拉紧螺栓的锁紧螺母，旋转拉紧螺栓的螺旋接头，调整拉紧螺栓长度即可实现。

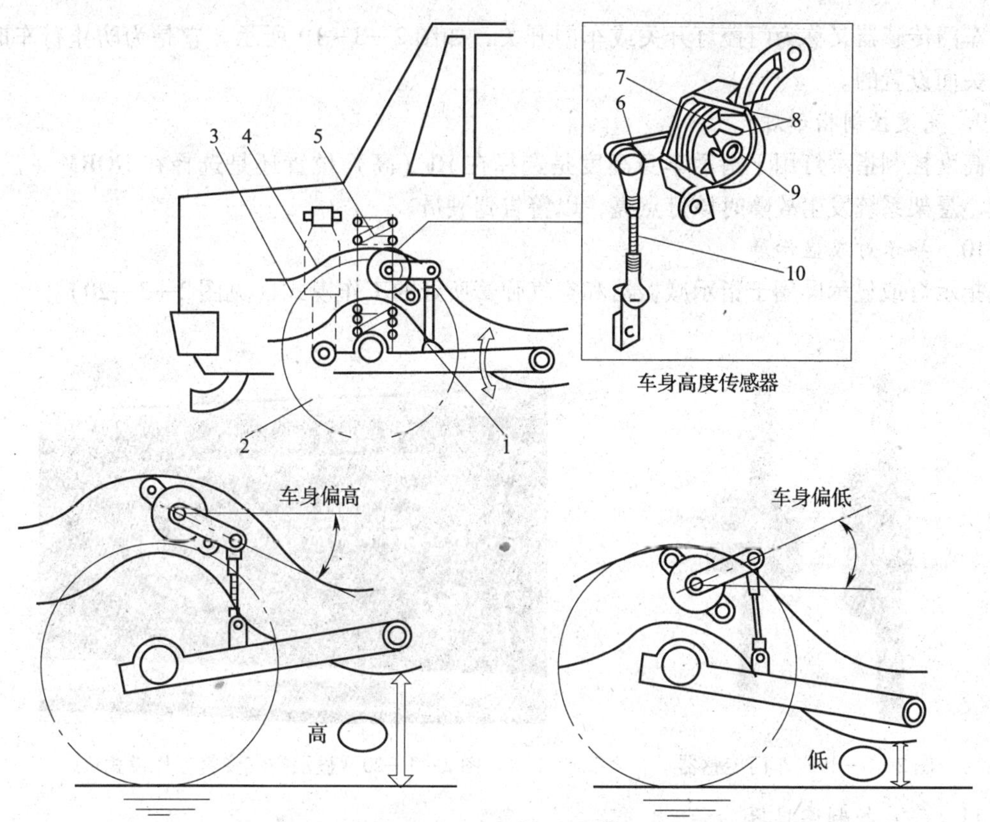

图 2—3—16 车身高度传感器安装位置及工作状态
1—后悬架系统臂 2—轮胎 3—车架 4—减振器 5—螺旋弹簧 6—连杆
7—槽 8—信号发生器（光电耦合元件） 9—遮光盘 10—拉紧螺栓

6. 节气门位置传感器

节气门位置传感器（见图 2—3—17）安装在节气门体上，它向 ECU 提供有关节气门位置的电信号。悬架系统 ECU 根据节气门开度信号和车速信号进行防后坐控制并在汽车加速时和满负荷时供给必要的较小的空燃比。

7. 制动灯开关

制动灯开关（见图 2—3—18）用于检测汽车是否进行制动，向 ECU 提供汽车制动信号，以便据此产生抑制车身点头的控制信号。

图 2—3—17　节气门位置传感器

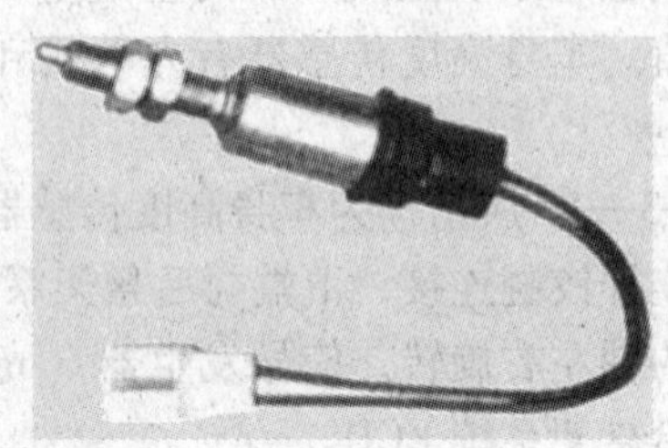

图 2—3—18　制动灯开关

8. 车门传感器

车门传感器又称为门控灯开关或车门开关，如图 2—3—19 所示。它是为防止行车时车门未关而设置的。

9. 高度控制指示灯

高度控制指示灯用于指示车身高度是选择在 HI（高）位置还是选择在 NORM（正常）位置。悬架系统发生故障时该灯点亮，以警告驾驶员。

10. 指示灯或显示屏

指示灯或显示屏用于指示减振器和空气弹簧所处的工作模式（见图 2—3—20）。

图 2—3—19　车门传感器

图 2—3—20　显示空气弹簧工作模式

11. 高度控制连接器

如果使高度控制连接器上的相应端子连接，可不通过悬架系统控制装置（ECU）而直接控制空气压缩机电动机、高度控制阀、排气阀，从而为检修提供方便。

12．高度控制阀

高度控制阀的功能是根据 ECU 的控制信号，控制空气弹簧悬架系统的充气和排气。

13．控制装置

控制装置又称为控制模块或悬架系统 ECU。

14．执行器

悬架系统控制执行器安装在空气弹簧和减振器的上方，它不仅控制减振器的回转阀进行阻尼力调节，同时还驱动空气弹簧气压缸主、辅气室的阀芯进行刚度调节。

悬架系统控制执行器的结构如图 2—3—21 所示。步进电动机作为驱动元件，它带动小齿轮驱动扇形齿轮转动，与扇形齿轮同轴的减振器阻尼调节杆带动减振器回转阀转动，使阻尼孔开闭的数量或大小发生变化，从而调节减振器的阻尼。在调节阻尼力的同时，齿轮系带动与空气弹簧气室阀芯相连的气阀控制杆转动，随着气室阀芯角度的改变，悬架系统的刚度也得到调节。

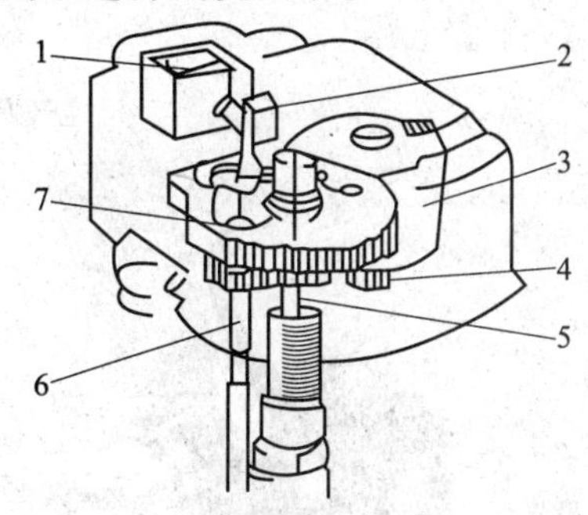

图 2—3—21　悬架系统控制执行器的结构
1—电磁线圈　2—挡块　3—步进电动机
4—小齿轮　5—阻尼调节杆
6—气阀控制杆　7—扇形齿轮

15．空气弹簧

空气弹簧上端与车架（车身）连接，下端安装在悬架摆臂上，如图 2—3—22 所示。空气弹簧由主气室和副气室组成，主、副气室之间有大小两个通道，执行器带动连通气阀控制杆转动，使阀芯转过一个角度，以改变主、副气室之间通道的大小，即改变主、副气室之间的空气流量，使空气弹簧的有效容积改变，从而使悬架系统刚度（空气弹簧的弹性系数）发生变化。空气弹簧和减振器总成的位置如图 2—3—23 所示。

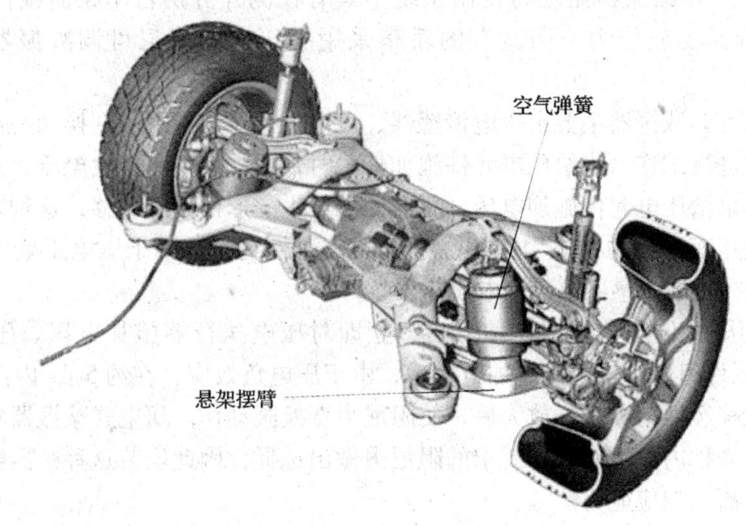

图 2—3—22　空气弹簧安装位置

空气弹簧悬架系统刚度可在低、中、高三种状态之间调整。当阀芯的开口转到低位置时，大空气通道被打开，两气室之间的流量大，相当于参与工作的气体容积增大，悬架系统刚度处于“低状态”；当阀芯的开口转到中位置时，小气体通道被打开，两气室之间的空气流量小，悬架系统刚度处在“中状态”；当阀芯开口转到高位置时，两气室的气体通道全关闭，两气室之间的气体不能流动，此时只有主气室的气体参加工作，悬架系统刚度处在“高状态”。

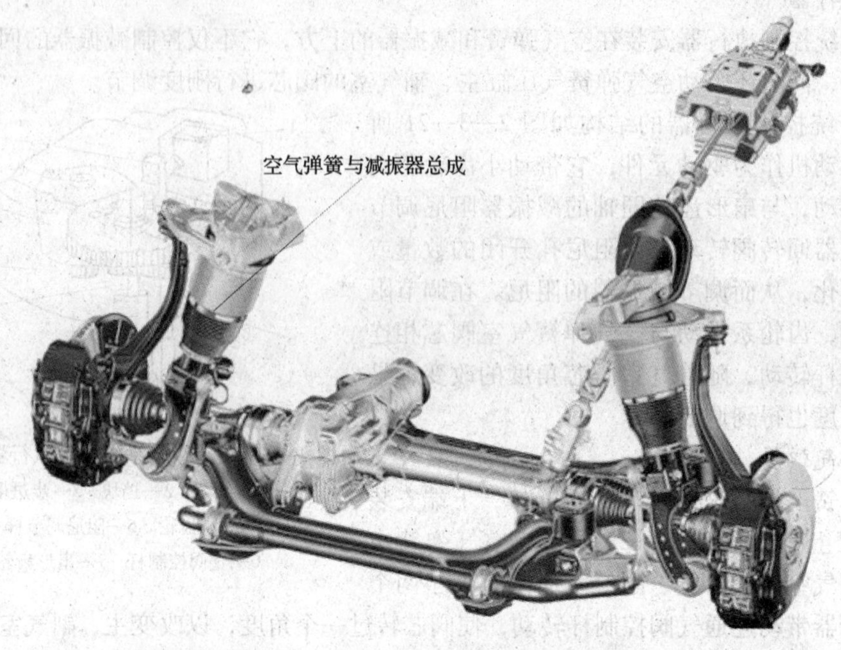

图 2—3—23　空气弹簧和减振器总成

16. 阻尼可调减振器

液力式阻尼可调减振器阻尼力控制系统不具有检测并分辨行车路面条件的能力以及较高的阻尼力选择响应能力，因此有的轿车采用了压电式阻尼可调减振器（见图 2—3—24）。

压电式阻尼可调减振器主要由压电传感器、压电执行器和阻尼力变换阀三部分组成。利用压电效应原理进行工作。当给压电元件施加外力时，压电元件将产生电压，这种现象称为压电正效应；如果给压电元件施加电压，压电元件产生变形而呈现位移，这种现象称为压电负效应。当颠簸路面引起的冲击力作用在减振器支撑杆上时，由于压电正效应的作用，约 2 μs时间内，会在压电传感器上产生电压信号。

ECU 接收到压电传感器的电压信号后，立即对压电执行器施加电压。压电执行器由 88 ~ 100个压电元件组成。当它被施加电压后，由于压电负效应，在约 5 μs 内产生 50 μm 左右的位移。此位移经活塞和推杆放大后，使阻尼力变换阀动作。压电式减振器在压电执行器被施加电压后几毫秒内就可以对所要求的阻尼力做出选择，因此安装这种减振器的电子控制悬架系统具有很高的响应能力。

17. 空气压缩机总成

空气压缩机总成包括电动机、空气压缩机（见图 2—3—25）、排气电磁阀和干燥器等。

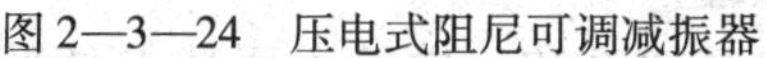

图 2—3—24　压电式阻尼可调减振器

图 2—3—25　空气压缩机

18. 空气压缩机继电器

空气压缩机继电器的作用是控制空气压缩机电动机的接通和断开。

19. 悬架系统指示灯

悬架系统指示灯位于仪表板上，用于显示减振器的阻尼状态，并在系统发生故障时点亮，以便提醒驾驶员。

知识与能力拓展

电子控制的悬架系统 ECU 具体控制内容

（1）弹簧刚度和减振器阻尼力控制

1）抗后坐、抗点头、抗侧倾。通过车速传感器、制动灯开关、转向传感器信号，ECU 通过执行器将弹簧刚度和减振器阻尼力调高。

2）高速感应。当车速较高时，不管驾驶员选择了何种状态，电子控制装置（ECU）都会通过执行元件自动使悬架系统转入“高速行驶时自动控制”状态。

3）前、后关联控制。车速在 30 ~ 80 km/h 范围内时，如果前轮车身高度传感器检测出路面有小凸起（例如，前轮通过混凝土路面接缝等），则在后轮越过该凸起之前，系统将使弹簧刚度和减振器阻尼力调至低（软）值，从而提高汽车乘坐舒适性。

4）坏路、俯仰、振动感应。当前轮车身高度传感器检测出路面有较大凸起时（例如，汽车通过损坏的铺砌路面等），系统将弹簧刚度和减振器阻尼力调高，以抑制车体的前后颠簸、振动等大动作。从而提高汽车的乘坐舒适性和通过性，而不管驾驶员选择了何种控制状态。

5）良好路面正常行驶。这种情况下系统的弹簧刚度和减振器阻尼力由驾驶员选择，如果选择了“常规值自动控制”状态，则刚度和阻尼力处于低（软）值；如果选择了

"高速行驶时自动控制"状态，则刚度和阻尼力为中间值。

(2) 车身高度控制

当需要增加车身高度时，直流电动机带动空气压缩机工作，压缩空气通过空气干燥器后，经高度控制阀进入空气弹簧主气室。主气室充气后，车身高度增加，达到规定高度时，高度控制阀断电关闭，车身维持某一高度不变。

当需要降低车身高度时，高度控制阀和排气阀同时通电打开，使空气弹簧主气室的空气排出，车身高度下降。

1) 高速感应。当车速高于 90 km/h 时，系统将车身高度降低一级，以减小风阻，提高行驶稳定性。

2) 连续坏路面感应。汽车在坏路面上连续行驶，车身高度信号持续 2.5 s 以上有较大变化，且超过规定值时，系统将车高升高二级，使来自路面的突然抬起感减弱，并提高汽车的通过性能。

四、电子控制的油气弹簧悬架系统结构与原理

电子控制的油气弹簧悬架系统属于主动式悬架系统，它的主要特点是采用了油气弹簧。油气弹簧以气体（一般是氮气）作为弹性介质，而用油液作为传力介质。油气弹簧一般由气体弹簧和相当于液力减振器的液压缸组成。它通过油液压缩气室中的空气实现变刚度特性，而通过电磁阀控制油液管路中的小孔节流实现变阻尼特性（见图 2—3—26）。油气弹簧的形式主要有带隔膜式、不带隔膜式和带反压气室式三种，如图 2—3—27 所示。

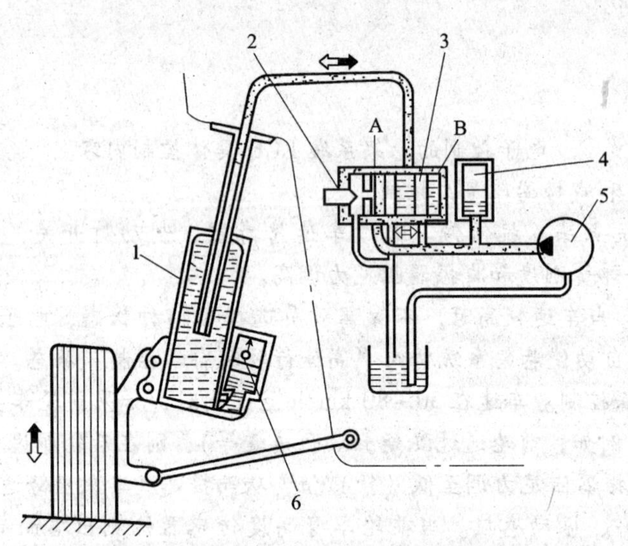

图 2—3—26　油气弹簧悬架系统基本原理

1—液控油缸　2—电子控制液压比例阀　3—机械式伺服滑阀　4—蓄能器
5—液压泵　6—气体弹簧

电子控制的油气弹簧悬架系统主要由悬架系统 ECU、转向传感器、加速度传感器、制动压力传感器、车速传感器、车身高度传感器、油气弹簧刚度调节器和电磁阀等部件组成，

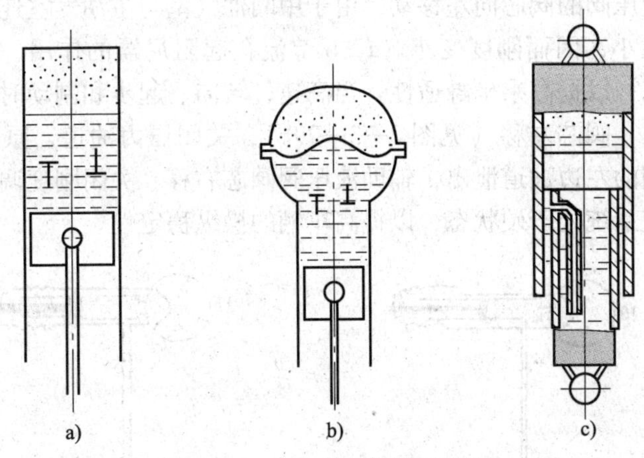

图 2—3—27　油气弹簧示意图

a）不带隔膜式　b）带隔膜式　c）带反压气室式

各部件在车上的布置如图 2—3—28 所示。

转向传感器安装在转向柱上，用于测量转向盘的转角信号，并将信号传送给 ECU。

加速度传感器与加速踏板相连接，将测得的加速动作信号传送给 ECU。

制动压力传感器安装于制动管路中，当汽车制动时，它向 ECU 发送一个阶跃信号来表示制动，使 ECU 输出抑制汽车点头的信号。

车速传感器安装在车轮上，用于产生与转速成正比的脉冲信号，ECU 利用车速传感器和转向传感器的转角信号，可以计算出车身的侧倾程度。

车身高度传感器安装在车身与车桥之间，用于测量车身与车桥的相对高度，其变化频率和幅度可反映车身的平顺性，同时还用于车身高度自动调节。

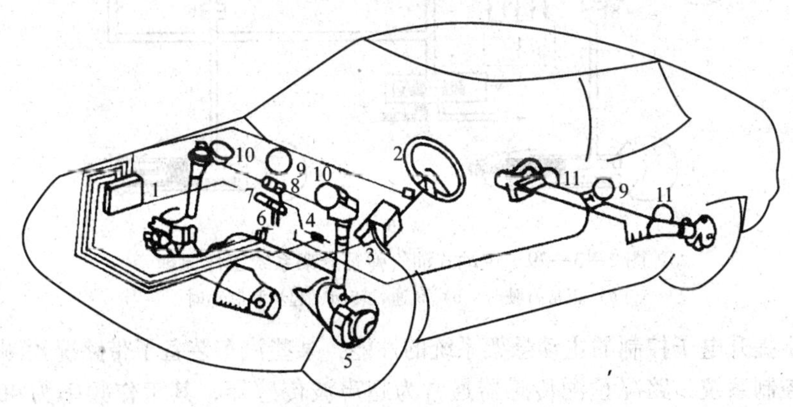

图 2—3—28　雪铁龙主动式油气弹簧悬架系统

1—悬架系统 ECU　2—转向传感器　3—加速度传感器　4—制动压力传感器

5—车速传感器　6—车身高度传感器　7—电磁阀　8—辅助液压阀

9—刚度调节器　10—前油气室　11—后油气室

油气弹簧悬架系统在各车轴上均使用了中间氮气弹簧，系统的工作原理如图 2—3—29 所示。该系统能提供两种弹簧刚度（运动和舒适）和两种悬架系统阻尼力（软和硬）。在汽车正常行驶时，悬架系统 ECU 发出控制信号，使电磁阀向右移动（见图 2—3—29a），接通压力油道，使辅助液压阀的阀芯向左移动，由于中间油气室与主油气室连通，从而使总的气室容积增加，气压减小，因而刚度变小。a，b 节流孔起阻尼器的作用，在图 2—3—29a 位置，系统处于软状态，以提高乘坐舒适性。当高速、转向、起步和制动时，电磁阀中无电流通过，在弹簧作用下，阀芯左移（见图 2—3—29b），关闭压力油道，原来用于推动液压阀的压力油通过电磁阀的左边油道泄出，辅助液压阀阀芯右移，关闭刚度调节器，气室总容积减小，刚度增大，使系统处于硬状态，以提高车辆的操纵稳定性。

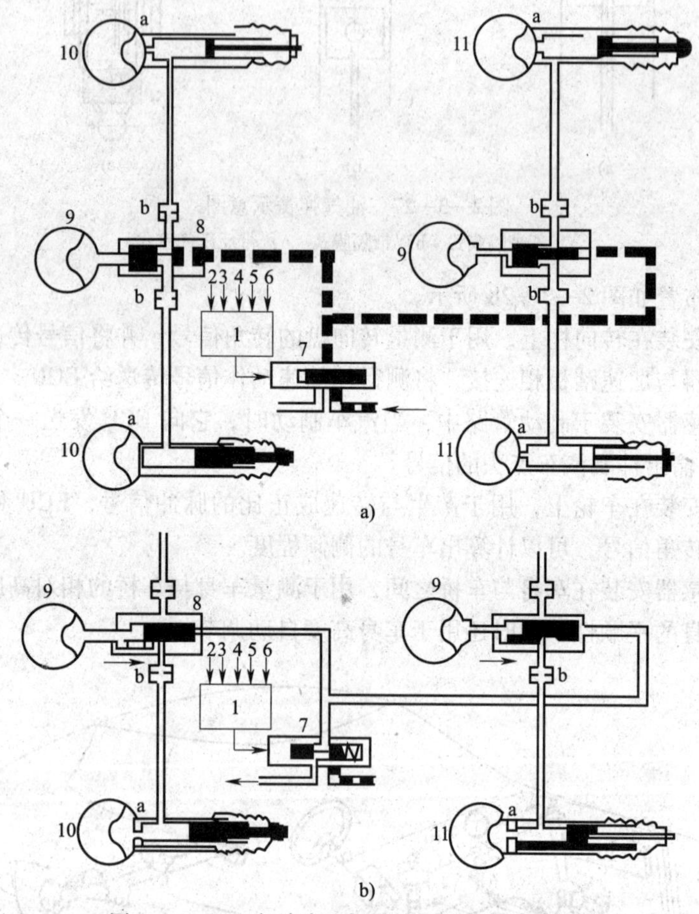

图 2—3—29　主动式油气弹簧悬架系统工作原理

a）正常行驶时　b）高速、转向、起步和制动时

为进一步提升电子控制的主动悬架系统的性能，某些汽车装备了带路况预测传感器的主动悬架电子控制系统，路况预测传感器通常为超声波传感器，其工作频率为 40 kHz 左右。该传感器安装在车身前面（见图 2—3—30），以便对其下方的路面状况进行检测。

悬架系统 ECU 在检测路况预测传感器输出信号的同时，也不断地检测车速。ECU 能够根据车速估算出测得的凸起物和实际车轮通过凸起物之间的滞后时间，在车轮通过凸起物时，悬架系统的阻尼系数只作短暂变化。

带有路况预测传感器的主动悬架系统可以使汽车提前对路面情况进行预测和处理，因而大大改善了悬架系统的工作性能。

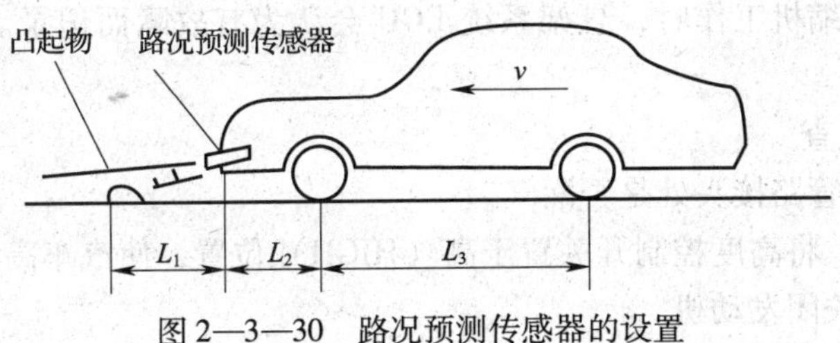

图 2—3—30　路况预测传感器的设置

五、电子控制悬架系统的检测（以雷克萨斯 LS400 轿车为例）

1．功能检查

（1）高度调整功能的检查

1）检查轮胎气压是否正常。不足时予以充气。

2）起动发动机，将高度控制开关从正常（NORM）位置转换到高（HIGH）位置，检查完成高度调整所需的时间和汽车高度的变化量。

调整时间应为：从高度控制开关置于高（HIGH）位置到压缩机启动约需 2 s，从压缩机开始工作到完成车身高度调整需 20～40 s。

汽车高度变化量应为：10～30 mm。

3）在汽车处于高的状态（高度控制开关在 HIGH 位置）下，起动发动机并将高度控制开关从高（HIGH）位置转换到正常（NORM）位置，检查完成车身高度调整所需的时间和汽车高度的变化量。

调整时间应为：从高度控制开关置于正常（NORM）位置到排气阀开始排气约需 28 s，从排气阀开始排气到完成车身高度调整需 20～40 s。

车身高度变化量应为：10～30 mm。

如果不符合要求，则应对车身高度调节系统进行检查。

（2）溢流阀的检查

检查溢流阀时，应按以下方法迫使压缩机工作，检查溢流阀是否动作。

1）用跨接线将高度控制连接器（见图 2—3—31）的 1 号和 7 号端子连接起来，并将点火开关转至 ON 位置，以迫使压缩机工作。待压缩机工作一段时间后，检查溢流阀是否放气（见图 2—3—32）。如果不能放气，则应检查管路中是否有漏气，压缩机工作是否正常，溢流阀是否堵塞或有其他故障。

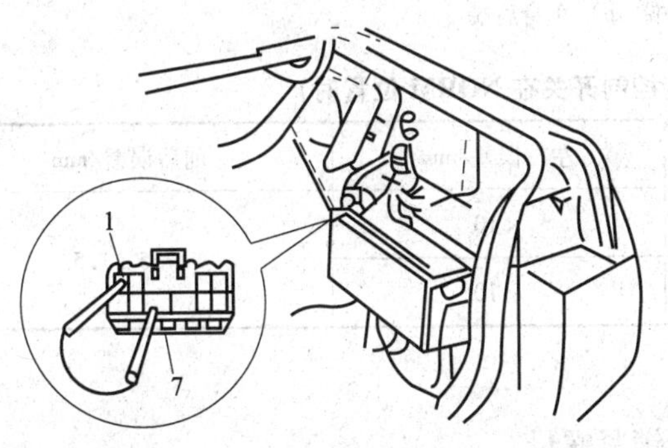

图 2—3—31　跨接高度控制连接器

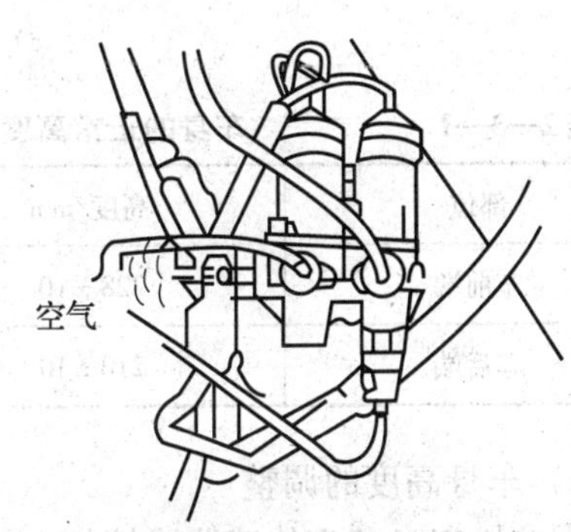

图 2—3—32　溢流阀放气

2）检查后关闭点火开关（置于 OFF 位置），并清除故障码。

注意：当迫使压缩机工作时，悬架系统 ECU 会认为有故障而记录。因此，检查完后应清除这个故障码。

（3）管路漏气检查

按以下方法检查管路接头处是否漏气。

1）起动发动机，将高度控制开关置于高（HIGH）位置，使汽车高度上升。

2）车身升高后关闭发动机。

3）在管路接头处涂上肥皂水，检查是否漏气。

（4）车身高度的检查与调整

在进行车身高度检查与调整时，应在水平路面上，并使高度控制开关置于正常（NORM）位置。

1）车身高度的检查

①模式选择开关置于正常位置。

②使车身上下跳动几次，以便使悬架系统处于稳定状态。

③向前、向后推动汽车，使车轮处于稳定状态。

④将变速杆置于 N 位，然后塞住车轮，松开驻车制动器。

⑤起动发动机，然后将车身高度控制开关置于高（HIGH）位置，车身升高后，等待 60 s，再将车身高度控制开关置于正常（NORM）位置，使车身下降。待车身下降后等待 50 s，然后重复上述操作，以便使悬架系统各部件处于稳定状态。

⑥在汽车前端测量地面与下悬架系统臂安装螺栓中心之间的高度，如图 2—3—33a 所示；在汽车后端测量地面与 2 号下悬架系统臂安装螺栓之间的高度，如图 2—3—33b 所示。正常的车身高度值见表 2—3—1。

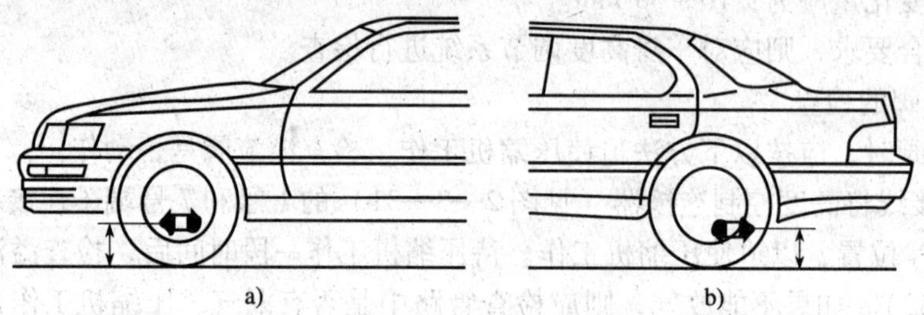

图 2—3—33　车身高度的测量

a）车身前端　b）车身后端

表 2—3—1　　车身的正常高度（高度控制开关在 NORM 位置时）

部位	高度/mm	左右误差/mm	前后误差/mm
车前端	228 ± 10	<10	17.5 ± 1.5
车后端	210 ± 10	<10	

2）车身高度的调整

①拧松车身高度传感器连接杆上的两个锁紧螺母。

②转动车身高度传感器连接杆以调节其长度。连接杆每转一圈能使汽车高度改变约4 mm。

③检查车身高度传感器连接杆的尺寸是否小于极限值。极限值：前端和后端均为13 mm。

④暂时拧紧两个锁紧螺母，复查车身高度。

⑤车身高度调整正常后，以4.4 N·m的拧紧力矩拧紧锁紧螺母。在拧紧锁紧螺母时应确保球节与托架平行。

⑥检查车轮定位。

【操作提示】

故障诊断的基本步骤如下：

(1) 用户意见分析。填写悬架系统控制系统检查表，向用户询问故障的细节。

(2) 检查和清除诊断编码（顺序检查）。首先检查诊断编码，看看存储器里是否存在故障编码。如果存在故障编码，记录下来然后清除。

(3) 证实确有故障。

(4) 故障模拟试验。如果不能证明确有故障，可根据第二步提取的故障编码确定的电路，用模拟有故障电路的方法检查电路。

(5) 诊断编码的检查。检查诊断编码，检查传感器或电线束是否正常。如果显示故障编码，进入第六步“诊断编码表”。如果显示正常编码，进入第七步“故障征兆行列表”。一定要完成第二步和第三步以后再进入第六步。如果只凭存储器中的故障编码试图诊断故障，将会造成误诊。

(6) 诊断编码表。如果检查诊断编码时发现了故障编码，则按“诊断编码表”对故障编码确定的故障进行检查。

(7) 故障征兆表。如果检查诊断编码时显示正常编码，则按照“故障征兆行列表”的检查顺序查找故障。

(8) 电路检查。根据第六步和第七步确定的检查顺序检查相关电路。确定故障是在信息输入部分，还是在执行部分；是在电线束和插头，还是在ECU。

(9) 输入信号检查。通过转向传感器电路、LRC开关电路等，判断信号是否正确输入到计算机。按电路检查所述的方法进行检查。

(10) 修理。找到故障原因以后，按照书中给出的检查和更换步骤进行修理。

(11) 验证试验。修理结束以后，不仅要证实已消除了故障，而且还要进行路试，证明悬架控制系统工作正常。

2. 故障诊断流程图

悬架系统的电子控制系统的故障诊断流程图如图2—3—34所示。

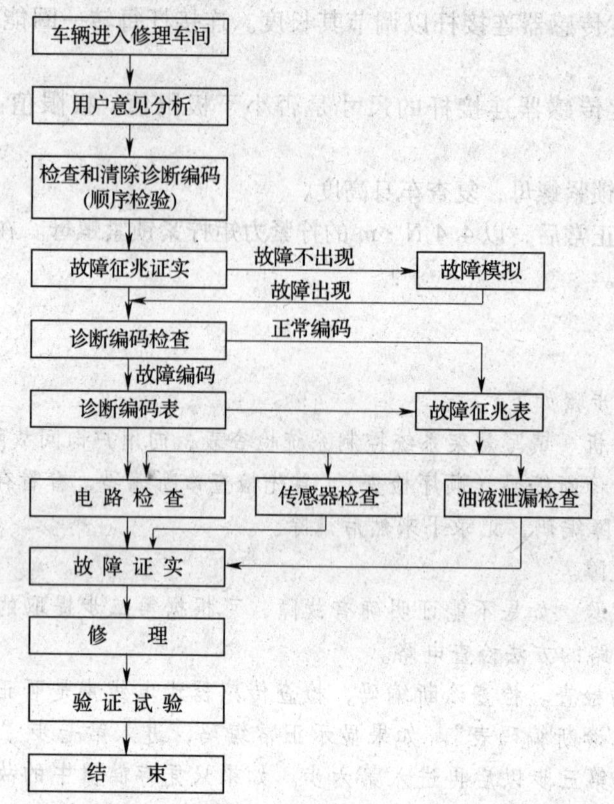

图2—3—34 雷克萨斯 LS400 悬架系统的电子控制系统诊断流程图

【操作提示】

每当维修装有电子控制的空气悬架系统车型时，应注意以下事项。

(1) 在顶起或吊起汽车之前，应将位于后行李箱的空气悬架系统开关（高度控制 ON/OFF 开关）置于 OFF 位置。否则，有可能造成人员伤害或不必要的部件损坏。

(2) 前安全气囊传感器安装在空气悬架系统压缩机和高度控制阀上面。不要触及这个传感器。如果必须触及，则应查找到 SRS 安全气囊的安全注意事项并严格按照其要求进行操作。

(3) 维修结束要开动汽车之前，应将汽车的高度调整到正常状态。

模块三　汽车转向系电子控制系统

单元1　动力转向电子控制系统

学习目标

1. 了解汽车转向系统种类及结构特点。
2. 了解液压动力转向电子控制系统的结构与原理。
3. 了解电动转向系统的结构与原理。
4. 掌握动力转向电子控制系统的检测与维护方法。

一、汽车转向系统的种类及结构特点

汽车转向系统按转向能源的不同分为机械转向系统（见图3—1—1）和动力转向系统（见图3—1—2）两大类，动力转向系统又分为普通的动力转向系统和电子控制的动力转向系统。动力转向系统将发动机输出的部分机械能转化为压力能（液压能或气压能），并在驾驶员控制下，对转向传动装置或转向器中某一传动件施加不同方向的液压或气压作用力，以减轻驾驶员的转向操纵力。

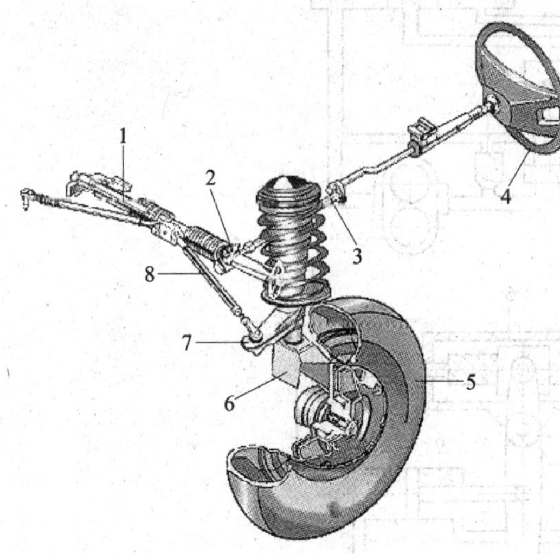

图3—1—1　机械转向系示意图

1—转向减振器　2—机械转向器　3—安全转向柱
4—转向盘　5—转向轮　6—转向节
7—转向节臂　8—转向横拉杆

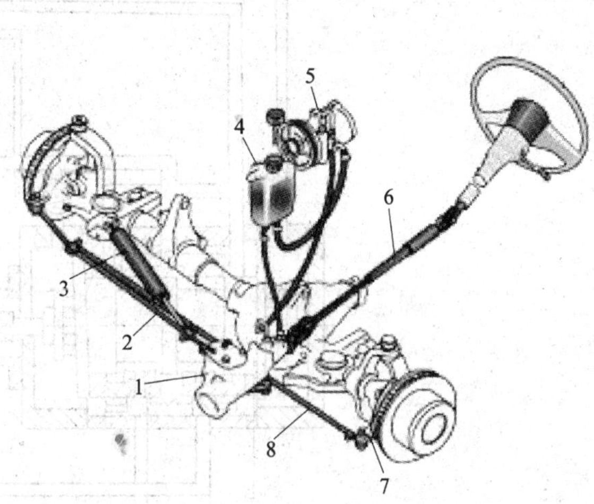

图3—1—2　动力转向系示意图

1—动力转向器　2—转向直拉杆　3—减振器
4—油罐　5—油泵　6—转向柱
7—转向节臂　8—转向横拉杆

按传能介质不同，普通动力转向系统有气压式和液压式两种。气压动力转向系统主要应用于前轴最大轴载质量为3~7 t并采用气压制动系的货车和客车。液压系统工作时无噪声，工作滞后时间短，部件尺寸小，工作压力大，而且能吸收来自不平路面的冲击。因此，液压动力转向系统已在各类各级汽车上获得广泛应用。对于普通液压动力转向系统按系统内部的压力状态分为常压式（见图3—1—3）和常流式（见图3—1—4）两种，其原理如图3—1—5所示。

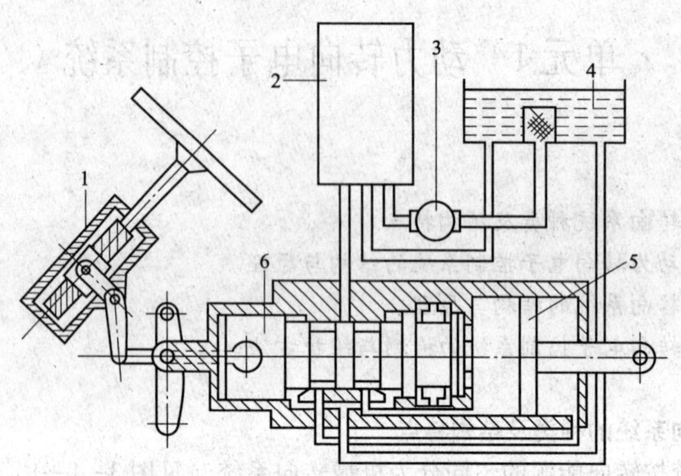

图3—1—3　常压式液压转向加力装置示意图

1—机械转向器　2—储能器　3—转向液压泵　4—转向油罐　5—转向动力缸　6—转向控制阀

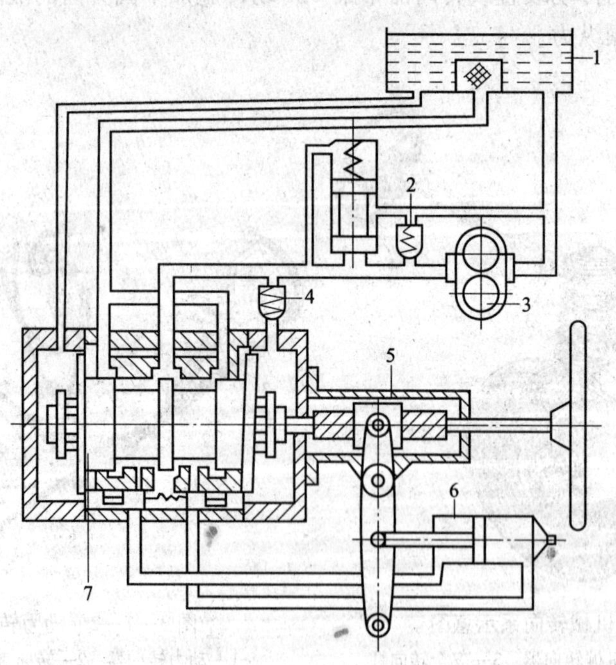

图3—1—4　常流式液压转向加力装置示意图

1—转向油罐　2—安全阀　3—转向液压泵　4—单向阀　5—机械转向器　6—转向动力缸　7—转向控制阀

汽车普通动力转向系统可以减轻驾驶员的转向操纵力，但不能根据汽车车速合理调节转向助力的大小。现代汽车电子控制的动力转向系统是根据车速、转向等情况对转向助力实施控制，使动力转向系统在不同的行驶条件下都处于最佳的助力状态。低速时，助力较大，可以减轻转向操纵力，使转向轻便、灵活、省力；在高速时，可适当减少助力，以稳定转向手感，提高高速行驶的操纵稳定性。电子控制的动力转向系统可分为液压动力转向电子控制系统和电动助力转向电子控制系统。

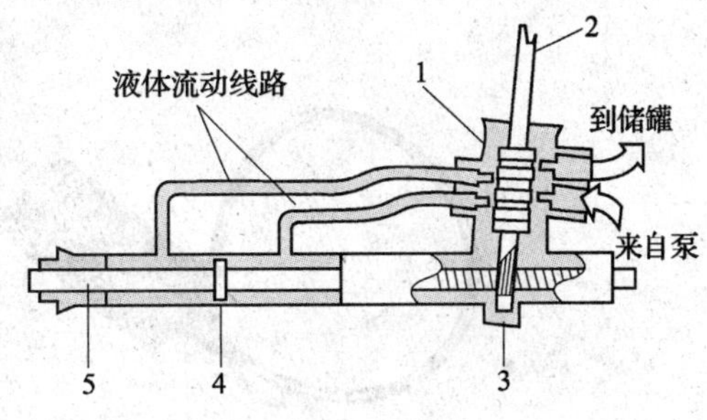

图 3—1—5　液压式动力转向工作原理
1—旋转阀　2—转向柱　3—小齿轮
4—活塞　5—齿条

二、液压动力转向电子控制系统结构与原理

液压动力转向电子控制系统（见图 3—1—6）由电子控制系统（ECU）、液压转向助力系统和机械转向机构三部分组成。它主要由车速传感器、电子控制系统（ECU）、电磁阀、分流阀以及储液罐、动力转向油泵、转阀和动力缸等组成。

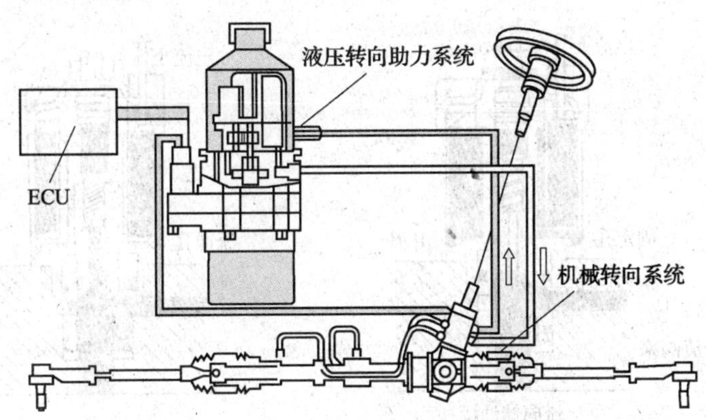

图 3—1—6　液压动力转向电子控制系统

液压动力转向电子控制系统是按照车速的变化，由电子控制油压反力，调整动力转向器，从而使汽车在各种行驶条件下转向盘上所需的转向操纵力达到最佳状态。所以，有时也把这种液压动力转向电子控制系统称为反力式动力转向电子控制系统。

1．车速传感器

车速传感器（见图 3—1—7）的主要功用是检测汽车行驶速度，通常安装在变速器输出轴上，动力转向电子控制系统所用的车速传感器多为磁阻元件传感器，主要由磁阻元件和磁性转子等组成。

2．电磁阀

电磁阀（见图 3—1—8）一般安装在转向齿轮箱体上，主要由电磁线圈、铁心及电磁阀体等组成。其阀的开度由 ECU 的输出电流控制，而该输出电流又取决于车速的高低。通常改变其通电时间所占的比例即可控制此电流值的大小，而电磁阀的开度又可控制齿轮箱中油压反力室的油压。

图 3—1—7　车速传感器

图 3—1—8　电磁阀

如图 3—1—9 所示，为电磁阀的工作状态。当车速较高时，流入电磁线圈的电流减小，电磁阀的节流面积（即开度）也减小，返回储油罐的回流量减少，而使分流阀分到油压反力室的流量增加，油压增大，使转向“沉重”；当车速较低时，流入电磁线圈的电流增大，分到油压反力室的液流量减少，油压减小，使转向“轻便”，如图 3—1—10 所示，为电磁阀工作特性曲线。

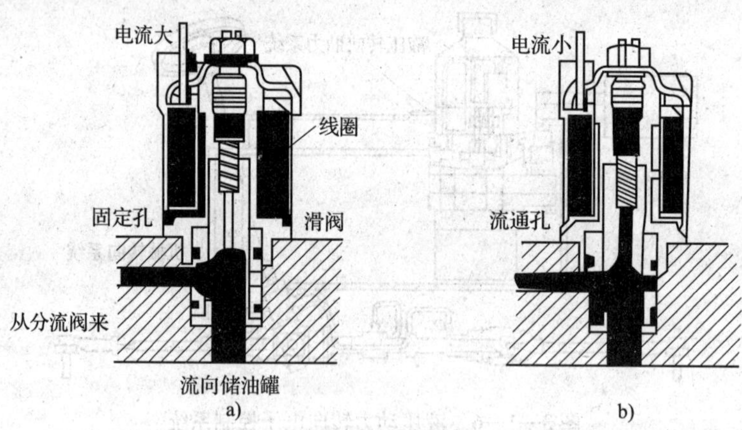

图 3—1—9　电磁阀工作状态

a）车速低：电流大，开度大　b）车速高：电流小，开度小

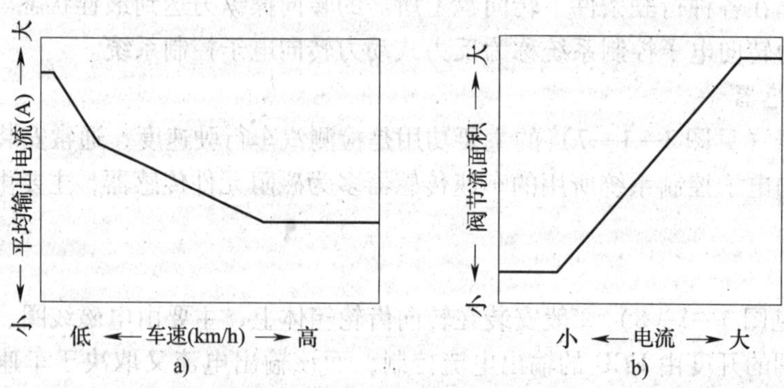

图 3—1—10　电磁阀工作特性曲线

a）电磁线圈的电流与车速的关系　b）阀的开度（节流面积）与电磁线圈电流的关系

3. 分流阀

分流阀（见图3—1—11）主要由阀门、弹簧及出油口等构成。

分流阀的主要功用是将来自转向油泵的液流分送到转阀、油压反力室和电磁阀。送到电磁阀和油压反力室中的液流流量是由转阀中的油压来调整的，当转动转向盘时，转阀中的油压增大，此时，分配到电磁阀和油压反力室中的液流流量随转阀中的油压增大而增加；当转阀中的油压达到一定值后，转阀中的油压便不再升高，而分配给电磁阀和油压反力室的液流流量则保持不变。

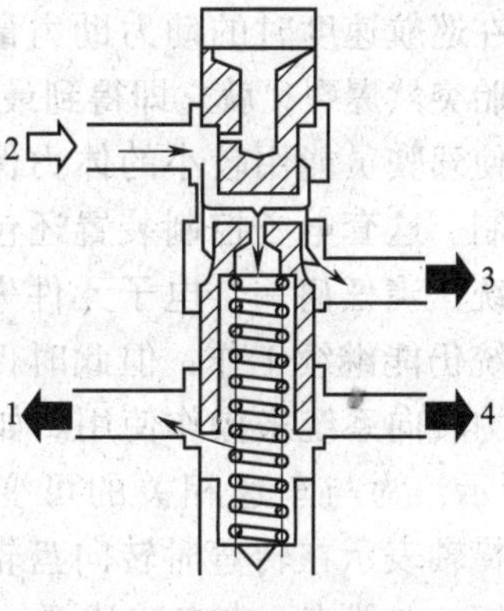

图3—1—11　分流阀的结构
1—至电磁阀　2—来自转向油泵
3—至转阀　4—至油压反力室

4. 电子控制器（ECU）

动力转向系统中的电子控制器（ECU），其输入信号为车速传感器提供的车速信号，执行器为电磁阀；ECU 担负控制通入电磁阀电流的任务。车速提高时，为了增大转向的操纵力，需要加大流入电磁阀的电流；而当车速超过 120 km/h 时，为了防止电流过大而造成过载，ECU 则控制保持着恒定的电流值。

5. 典型液压式动力转向电子控制系统

（1）反力式动力转向电子控制系统工作过程

反力式动力转向电子控制系统的作用原理是利用液压反作用的直接性，由电子转速表所发出的脉冲为微处理机的控制模块提供一个输入信号，而控制模块上则编写着与汽车转向特性相适应的程序。该信号被输至装在整体式动力转向器（见图3—1—12）或齿轮齿条式动力转向器（见图3—1—13）旁边的电磁阀，这样布置的目的是为了控制液压反馈，并使液压反作用力成为输入速度脉冲的函数。该系统极其灵敏，转向盘轮缘上只需 0. 25 mm 的移动量就足以使助力器分流阀起作用并改变其助力的大小。

图3—1—12　整体式动力转向器

图3—1—13　齿轮齿条式动力转向器

动力转向器能在低速调头和停车时提供95%的助力，以后随着车速提高为提供路感和精确的手动控制而逐渐地减少至65%。并可根据行驶状态和需要而精确地进行调节，不会因温度的改变而引起油量或黏度的变化。

在巡航速度时的动力助力最小。此时如轮胎突然爆裂，就立即得到最大的流量，从而使驾驶员能用较小的体力保证对转向的控制。这套电子控制装置还包括一套监控系统，当任何一个电子元件失效时，转向系统仍能继续工作，但此时仅可作为一般动力转向系统来操作使用。如图 3—1—14 所示，为与车速相关的可变助力曲线图，横轴表示在转弯时转向盘轮缘上施加的力矩，曲线表示在车速从 V_0（静止）至 V_6（最大）时助力的变化情况。

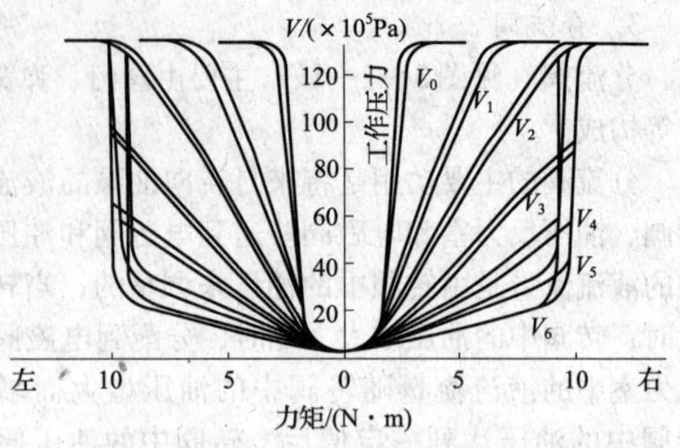

图 3—1—14　不同车速时助力变化曲线

(2) 电子可变量孔转向系统

该电子可变量孔转向系统的特点是在动力转向油泵或齿轮齿条转向器上装有一个电磁阀（EVO 作动阀），电子控制模块可根据车速信号和给定的特性，操纵电磁阀量针在量孔中上、下移动，以控制油泵的流量。这样，当车速增加时流量将随之减少，即在停车时使驾驶员能获得较大的助力，而在高速状态下又能获得较大的转向手力（助力较小），以提供足够的路感，如图 3—1—15 所示。

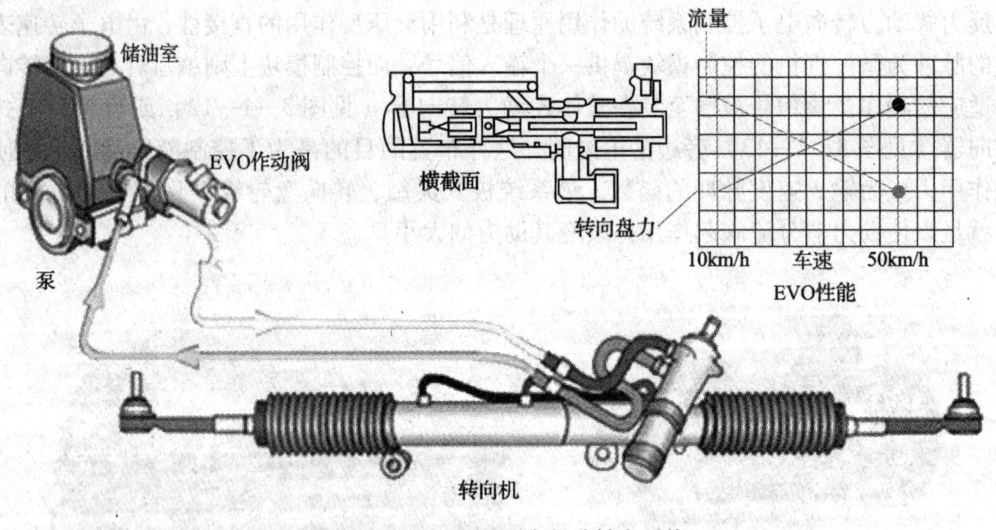

图 3—1—15　电子可变量孔转向系统

液压动力转向系统中，在转向阻力矩及转向速度一定的情况下，转向盘上的手力与油泵的流量成反比，即流量越大，转向越轻。电子控制装置也接收装在转向柱上用以检测转向盘角速度的传感器所发出的信号。当转角速度大时，系统恢复到全动力转向，以帮助驾驶员操纵。

当系统失效而使电子信号消失时，量孔中量针立即被油压推向一旁，系统就恢复到在所有速度下的全动力转向。

三、电动式动力转向电子控制系统的结构与原理

1. 电动式动力转向电子控制系统（见图 3—1—16）的特点

电动式动力转向电子控制系统用电动机代替了液压缸，电动机由汽车电源供电。当驾驶员转动转向盘时，电动式转向电子控制系统中的传感器检测出其运动情况，使电动机产生足够的动力带动转向轮做适当的偏转。电动式转向电子控制系统中用电子控制器代替了液压式动力转向系统中的电磁阀。

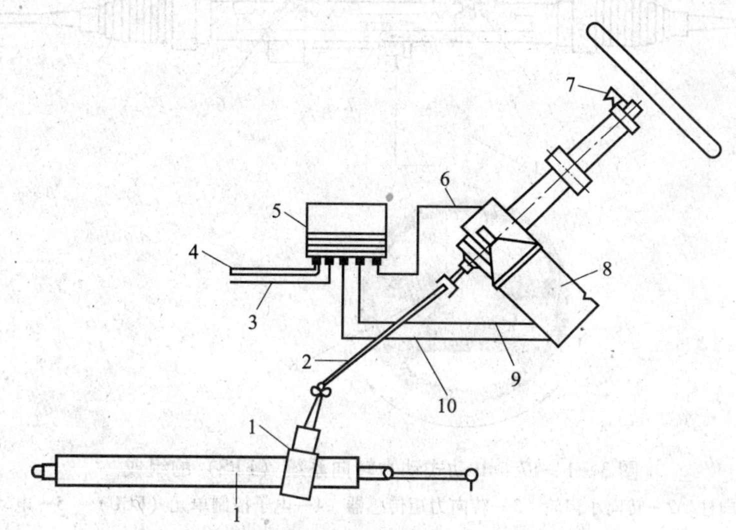

图 3—1—16　汽车电动式动力转向电子控制系统的组成

1—小齿轮　2—中间轴　3—接车速信号　4—接蓄电池　5—控制器　6—转向传感器信号　7—转向输入轴　8—电动机　9—电磁离合器控制信号　10—电动机控制信号　11—齿轮齿条

电动式转向电子控制系统能根据不同的情况产生适合各种车速的动力转向，不受发动机停止运转的影响，在停车时，驾驶员也可获得最大的转向动力；车在行驶过程中，电子控制装置可调整电动机的助力以改善路感；零部件少，质量轻，电动式转向系统的质量可比液压式转向系统轻 25%；设计紧凑，所占空间较小；电动机只是在转向时才接通，故可节省燃油。同时电动式转向系统有助于汽车四轮转向的实现，并能促进悬架系统的发展。

2. 电动式动力转向电子控制系统工作原理与基本组成

（1）工作原理

电动式动力转向电子控制系统的基本工作原理是根据汽车行驶速度（车速传感器输出信号）、转矩及转向盘转角信号，由 ECU 控制电动机及减速机构产生助力转矩，使汽车行驶在低、中车速下都能获得最佳的转向。

电动式动力转向电子控制系统主要由车速传感器、转向力矩传感器、转向盘转角传感器、电子控制装置（ECU）、电动机及减速机构等组成。电子控制的电动式动力转向系统的组成及转向器布置如图 3—1—17，图 3—1—18 所示。

电动机连同离合器和减速齿轮一起，通过一个橡胶底座安装在左车架上。电动机的输出转矩由减速齿轮增大，并通过万向节、转向器中的助力小齿轮把输出转矩送至齿条，向转向轮提供助推转矩。

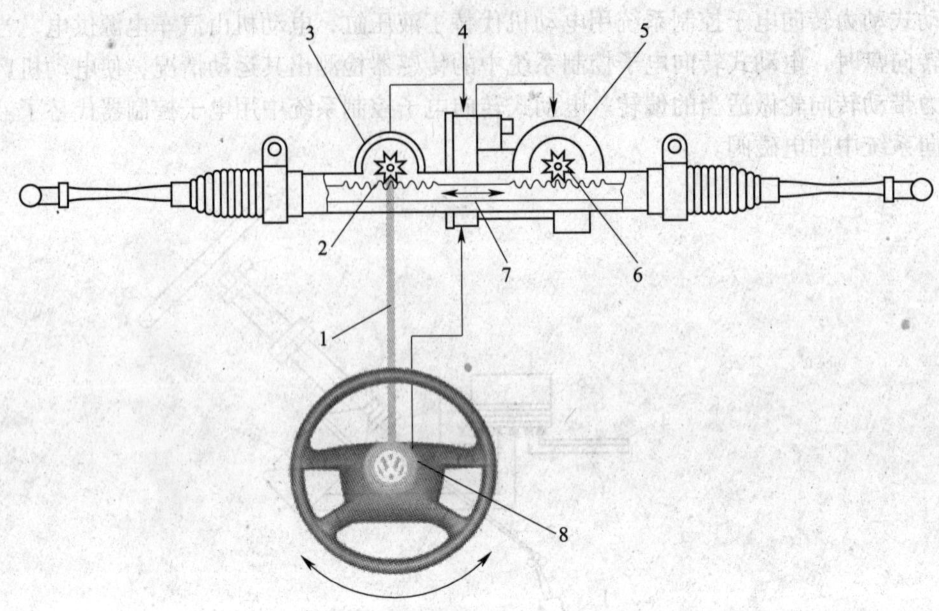

图 3—1—17　电动式动力转向系统（EPS）的组成

1—转向柱　2—转向小齿轮　3—转向力矩传感器　4—电子控制单元（ECU）　5—电动机
6—驱动小齿轮　7—纵向齿条　8—转向盘转角传感器

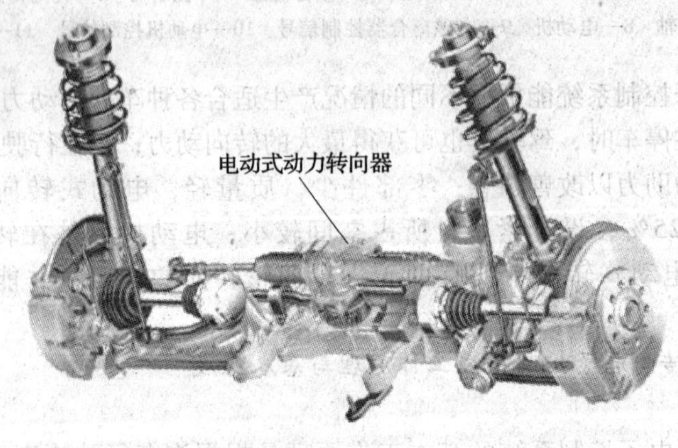

图 3—1—18　电动式动力转向系统转向器

ECU 根据各传感器的输入信号，确定助力转矩的幅值和方向，并且直接控制驱动电路去驱动电动机。

转向力矩传感器、转向盘转角传感器和汽车速度传感器为助力转矩的信号源。安全保护装置由一个在主电源电路中能切断电动机电源的继电器和一个安装在电动机与减速齿轮之间并能把它们断开的电磁离合器组成。只要系统发生故障，安全保护装置就会开始工作，确保安全。

（2）执行器

电动式动力转向系统的执行器由直流电动机、电磁离合器和减速机构组成。

直流电动机通常采用永磁磁场，最大电流一般为 30 A 左右，电压为 12 V，额定转矩为 10 N · m 左右，要求能正反转控制。如图 3—1—19 所示，给出了直流电动机的结构组成图。

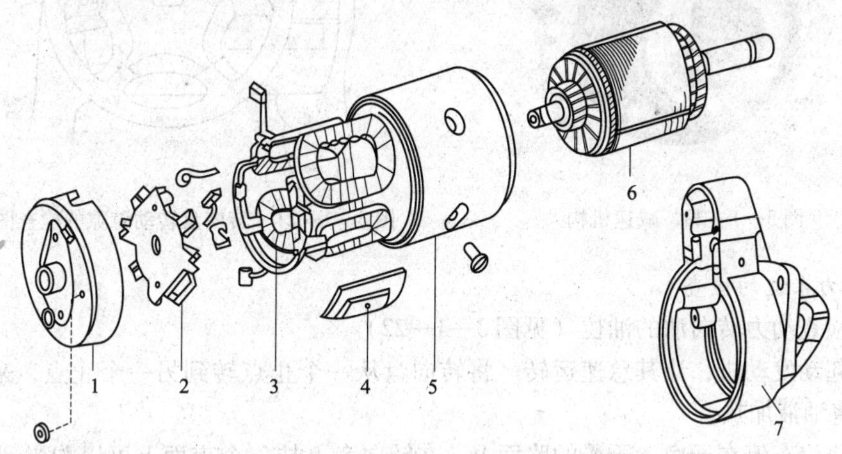

图 3—1—19　直流电动机结构组成图

1—端盖　2—电刷和刷架　3—磁场绕组　4—磁极铁心　5—机壳　6—电枢　7—后端盖

电磁离合器的主要功用是保证电动助力只有在预定的车速范围内起作用。当汽车行驶速度超过系统限定的最大值时，电磁离合器便切断电动机的电源，使电动机停转，离合器分离，不起传递转向助力的作用。另外，在不传递助力的情况下，离合器还能消除电动机的惯性对转向的影响；当该动力转向系统发生故障时，离合器还会自动分离，此时又可恢复手动控制转向。

减速机构主要由蜗轮和蜗杆构成（见图 3—1—20），蜗杆的动力来自于电磁离合器和电动机，经蜗轮减速增扭后，传送给转向柱，然后再通过其他部件传送给转向轮，以实现转向助力。

（3）电子控制器（ECU）

电动式动力转向电子控制系统电子控制器（ECU）作用与液压动力转向电子控制系统电子控制器（ECU）基本相同。

（4）传感器

此传感器与液压动力转向电子控制系统传感器基本相同，这里不再赘述。

四、动力转向电子控制系统的检测与维护方法

1．转向盘转动游隙的检查

（1）将前轮旋转至正前方位置。

（2）如图 3—1—21 所示，保持前轮不动，测量转向盘左右转动的最大距离。

1）如果游隙在极限范围内，则转向器和连杆正常。

2）如果游隙超出极限范围，则调整齿条导承。如果齿条导承调整后，游隙仍然超出极限范围，则检查转向连杆和转向器。

图 3—1—20　减速机构

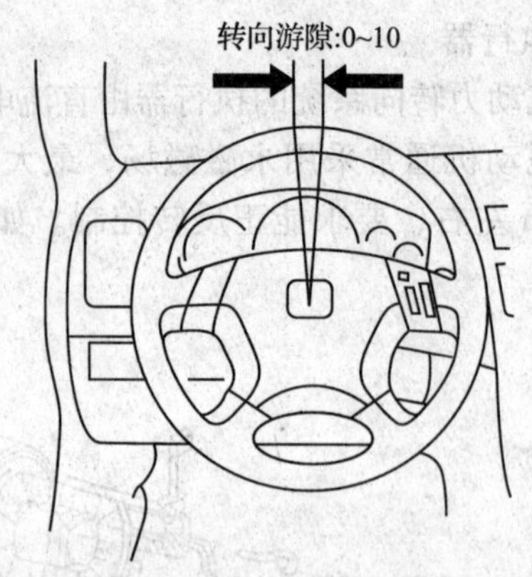

图 3—1—21　转向盘转动游隙的检查图

2. 助力系统的检查

(1) 检查动力转向油的油位（见图 3—1—22）。

(2) 起动发动机，让其怠速运转。将转向盘从一个止点转到另一个止点，来回转动几次，以便将油液加热。

(3) 将汽车停在干净、干燥的路面上，在转向盘上挂一个市面上可以购买到的弹簧秤，让发动机怠速运转，读出轮胎开始旋转时的数据，如图 3—1—23 所示。初始转向负荷：29 N。

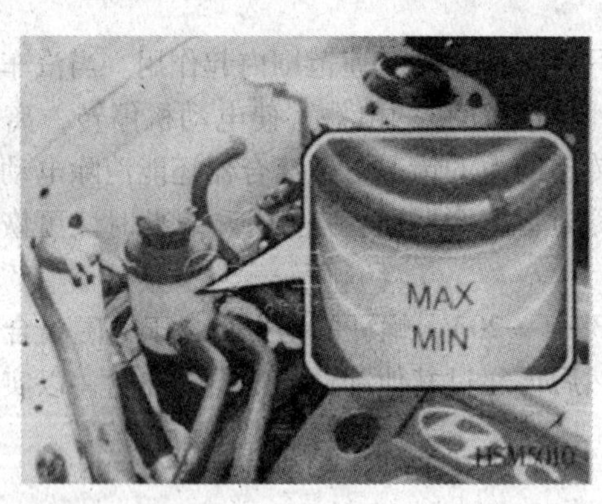

图 3—1—22　检查动力转向油的油位

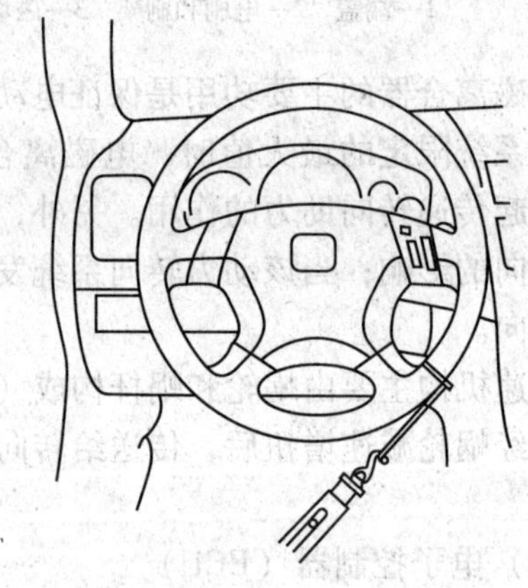

图 3—1—23　助力系统的检测

1）如果弹簧秤读数没有超出技术要求，则转向器和油泵正常。

2）如果弹簧秤读数超出技术要求，则对转向系统进行故障检修。

3. 电子控制系统的检查

皇冠 3.0 轿车动力转向电子控制系统常见故障有：低速或发动机怠速时转向沉重和高速行驶时转向过度灵敏。在检查电子控制系统前，应先察看胎压、悬架和转向杆件及球形销的润滑情况；并检查前轮定位，动力转向泵油压是否正常；各导线插接器是否连接牢靠，转向柱是否弯曲等。

(1) 接通点火开关，查看 ECU—IG 熔丝是否正常。如果烧毁，并且在重新更换后又烧毁，表明此熔丝与 ECU 的 + B 端子间短路。若熔丝正常或重新更换后正常，则再进行下面第 (2) 步检查。

（2）拔下 ECU 插接器，将电压表正表笔接插接器 + B（从背面插入，以下同），负表笔搭铁，电压应为 10 ~ 14 V（蓄电池电压）。如果无电压，表明 ECU—IC 熔丝与 ECU 的 + B 端子间有断路。如果电压值为蓄电池电压，再进行以下第（3）步检查。

（3）将电阻表（万用表的欧姆挡）正表笔接插接器 GND 端子，负表笔仍搭铁，此时电阻值应为零。否则，ECU 的 GND 端子与车身搭铁处之间有断路或接触不良。如果电阻值为零，应进行以下第（4）步的检查。

（4）支撑起一侧前轮，将电阻表的正表笔接插接器 SPD 端子，负表笔接 GND 端子。然后转动支撑起的车轮，电阻表阻值应在 0 ~ ∞ 之间交替变化。否则说明 ECU 的 SPD 端子与车速传感器之间有断路或短路，或车速传感器有故障。如果电阻表指示正常，则再进行如下第（5）步检查。

（5）将电阻表的正表笔接插接器的 SOL - 端子，负表笔接 GND 端子。电阻表所指示的电阻值应为∞；否则 SOL + 或 SOL - 端子与 GND 端子间的线路有短路，或电磁阀有故障。如果指示正常，应进行如下第（6）步检查。

（6）将电阻表的正表笔接插接器的 SOL + 端子，负表笔接 SOL - 端子。两端子间的电阻应为 6.0 ~ 11 Ω。否则这两端子之间的线路有断路或电磁阀有故障。如果电阻正常，应检查 ECU。如果 ECU 损坏应更换。

4. 电子控制元件的检查与维护

（1）电磁阀的检查（见图 3—1—24）

拔开插接器，用电阻表测量电磁线圈的电阻，电阻应为 6.0 ~ 11 Ω。从转向机内拆下电磁阀，将蓄电池正极接电磁线圈的 SOL + 端子，负极接 SOL - 端子，此时针阀应缩回约 2 mm，否则应更换电磁阀。

（2）ECU 的检查（见图 3—1—25）

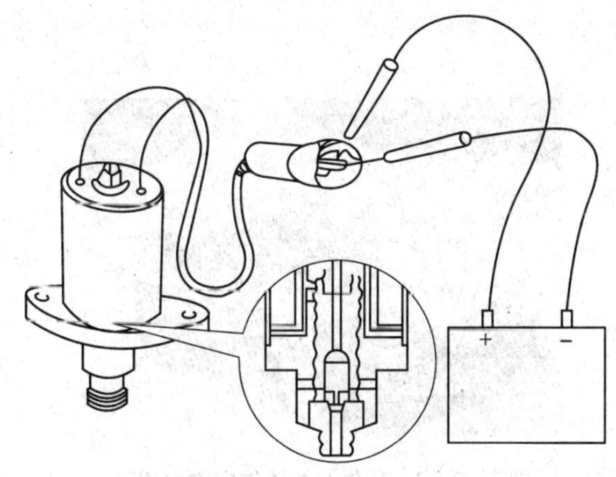

图 3—1—24　电磁阀的检查

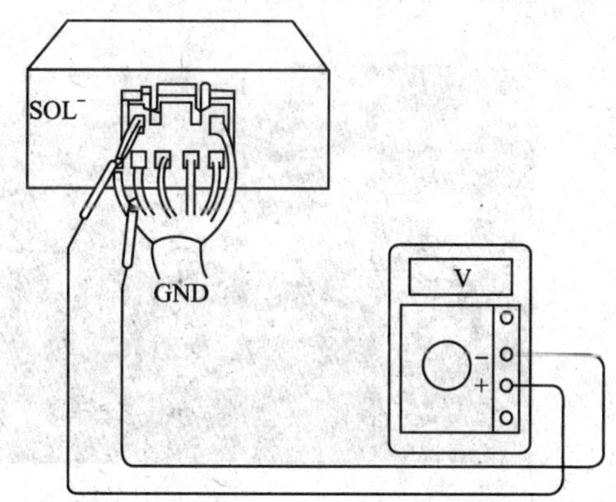

图 3—1—25　ECU 的检查

支撑起汽车，拆下 ECU 插接器，起动发动机，在不拔下 ECU 插接器、发动机怠速运转的情况下，用电压表测量 ECU 的 SOL - 和 GND 两端子之间的电压，电表测笔从背面插入。然后将变速器挂上挡，并使车速达到 63 km/h，仍按图 3—1—25 所示接法再测电压，电压应比原来增加 0.07 ~ 0.22 V。如果无电压，应更换 ECU。

单元2　四轮转向电子控制系统

学习目标

1. 了解汽车四轮转向系统的特点与原理。
2. 了解四轮转向电子控制系统的结构与原理。
3. 掌握四轮转向电子控制系统的检查与维护。
4. 了解汽车线控转向系统的原理。

一、汽车四轮转向系统特点与原理

传统两轮转向系统的汽车都是以前面两个车轮作为转向轮，汽车四轮转向系统是指前、后轮都转向的系统。如图3—2—1所示。

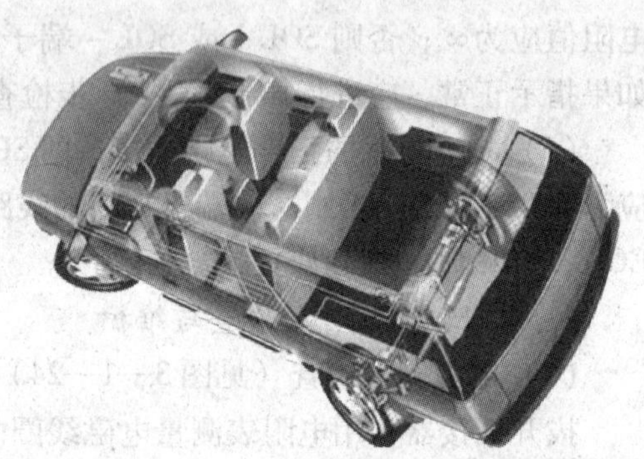

图3—2—1　汽车四轮转向系统

汽车四轮转向系统能全面改善汽车的转向性能，汽车在低速行驶转向时，可减少汽车转向半径；汽车在高速行驶转向时，减少汽车横摆运动，提高转向时的操作稳定性，是汽车转向系统的发展方向。

装备汽车四轮转向系统的汽车，在车速较低或方向盘转角很大时，后轮的转向与前轮的转向相反，如图3—2—2所示；在车速较高或方向盘转角较小时，后轮的转向与前轮的转向相同，如图3—2—3所示。

图3—2—2　后轮与前轮转向方向相反

图3—2—3　后轮与前轮转向方向相同

四轮转向的汽车与两轮转向的汽车在低速转向时，所产生的转弯半径的比较，如图3—2—4所示。图中装备汽车四轮转向系统的汽车转弯半径比装备两轮转向系统的汽车的转弯半径小得多。从通过性参数来看，四轮转向的汽车通过宽度比两轮转向的汽车的通过宽度小得多，有利于转弯、规避障碍、进出车库等。

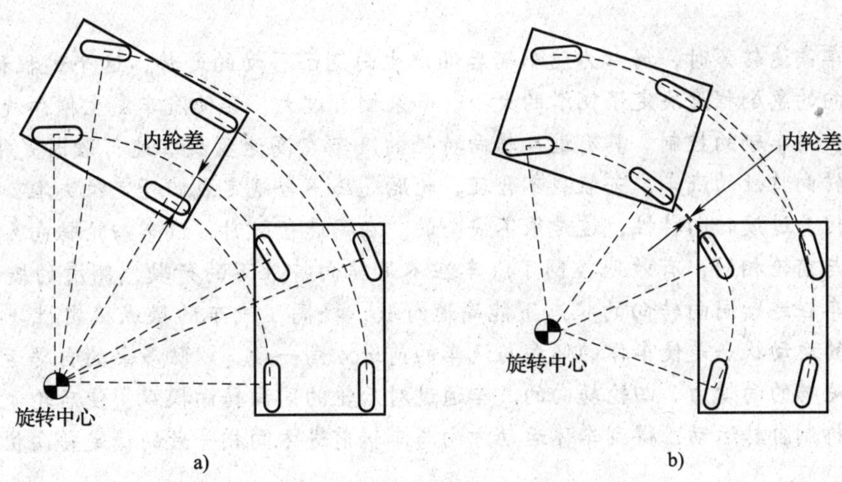

图 3—2—4　汽车四轮转向与两轮转向的比较

a）两轮转向　b）四轮转向

四轮转向汽车与两轮转向汽车在高速转向时转向操纵的比较图，如图 3—2—5 所示。两轮转向的汽车在高速转向时，前轮产生侧偏角，并产生离心力使车体开始自转，车速越高，离心力越大，车体的自转运动就越不稳定，容易引起车辆的旋转或侧滑。

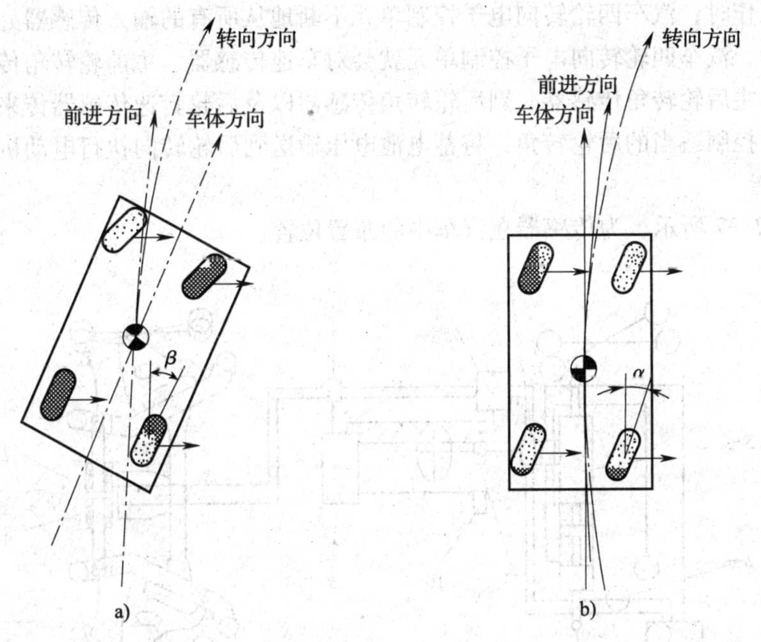

图 3—2—5　四轮转向汽车与两轮转向汽车在高速转弯时转向操纵的比较图

a）两轮转向　b）四轮转向

知识与能力拓展

当汽车高速转弯时，离心力使车辆后部产生向侧面移动的趋势，这个过程称为侧滑，车速和转向的急剧程度决定了侧滑的大小。如果侧滑过大，会使汽车发生横向旋转，而使驾驶员失去对车辆的控制。具有过度转向特性的汽车在高速盘旋加速行驶时是很危险的；具有中性转向特性的汽车，若装载不合理，轮胎气压不合规定或四轮定位失准，其转向特性可能转化为过度转向特性，这是很不安全的。在高速行驶时，汽车四轮转向系统使后轮转动方向与前轮相同，有效地控制了汽车在不足转向特性下的行驶，侧滑的概率将会减小，使汽车在连续同向转向的状态下能高速行驶，提高了汽车的操纵稳定性。高速转向时，理想的运动状态是使车体的倾向与汽车的前进方向一致，以防多余的自转运动，使前后轮产生足够的向心力。四轮转向的汽车通过对后轮的同向转向操纵，使后轮也产生偏转角，从而抑制自转运动，得到车体运动方向与车辆前进方向相一致的稳定转向状态。

汽车四轮转向系统根据控制方式可分为机械式、液压式、电子控制式。现代汽车大多采用汽车四轮转向电子控制系统。

二、汽车四轮转向电子控制系统的结构与原理

汽车四轮转向电子控制系统可分为液压式汽车四轮转向电子控制系统和电动式汽车四轮转向电子控制系统，两系统均由电子控制单元、传感器、执行器等组成，如图 3—2—6 所示。这里仅介绍电动汽车四轮转向电子控制系统。

1. 电子控制单元

发动机工作时，汽车四轮转向电子控制单元不断地从所有的输入传感器处收到信息，如果转向盘转动，汽车四轮转向电子控制单元就会对车速传感器、主前轮转角传感器、副前轮转角传感器、主后轮转角传感器、副后轮转角传感器以及后轮转速传感器传来的信息加以分析、计算，并控制适当的后轮转角，将蓄电池电压输送到后轮转向执行电动机使后轮转向。

2. 传感器

如图 3—2—7 所示，为传感器在汽车中的布置位置。

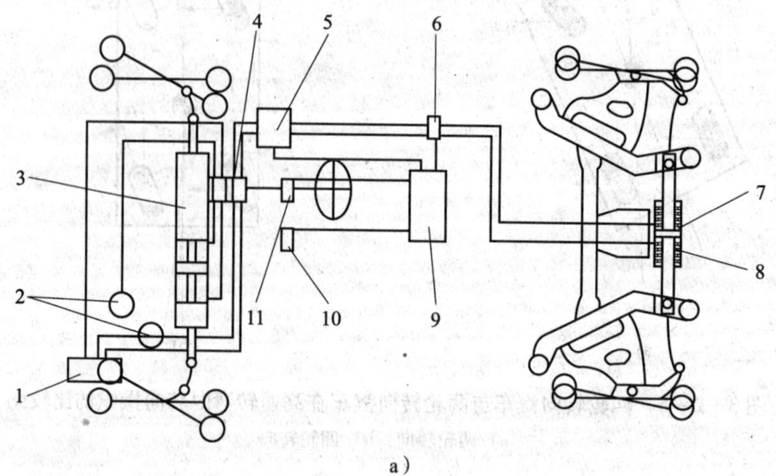

a）

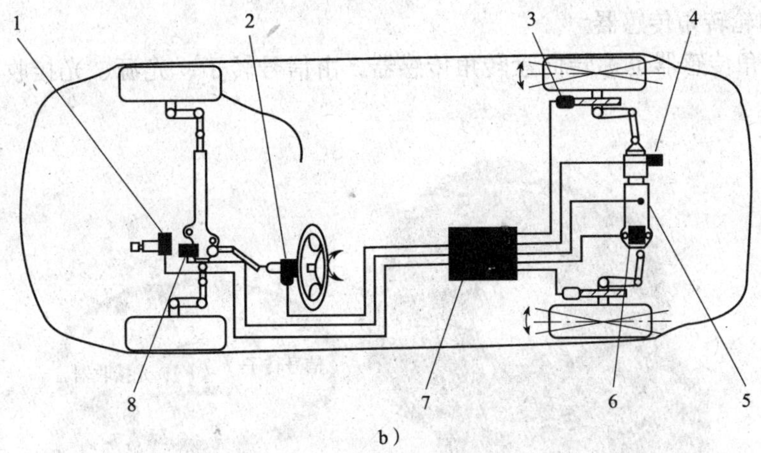

b）

图 3—2—6　汽车四轮转向电子控制系统

a）液压汽车四轮转向电子控制系统

1—储油罐　2—泵　3—前动力缸　4—分配阀　5—电磁阀　6—切断阀　7—后动力缸

8—弹簧　9—控制器　10—车速传感器　11—转角传感器

b）电动汽车四轮转向电子控制系统

1—车速传感器　2—主前轮转角传感器　3—后轮转速传感器　4—副后轮转角传感器　5—后轮转向执行器

6—主后轮转角传感器　7—四轮转向电子控制单元　8—副前轮转角传感器

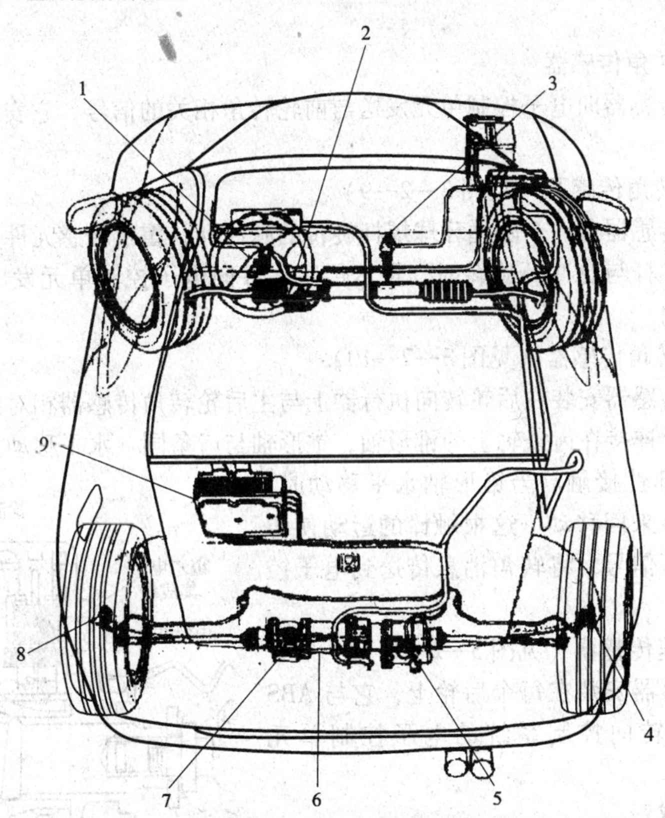

图 3—2—7　汽车四轮转向电子控制系统传感器的布置图

1—主前轮转角传感器　2—副前轮转角传感器　3—车速传感器　4，8—后轮转速传感器

5—副后轮转角传感器　6—后轮转向执行器　7—主后轮转角传感器　9—四轮转向电子控制单元

（1）主前轮转角传感器

主前轮转角传感器也称转向盘转角传感器，由信号转子、光源、光接收器组成，如图3—2—8所示。

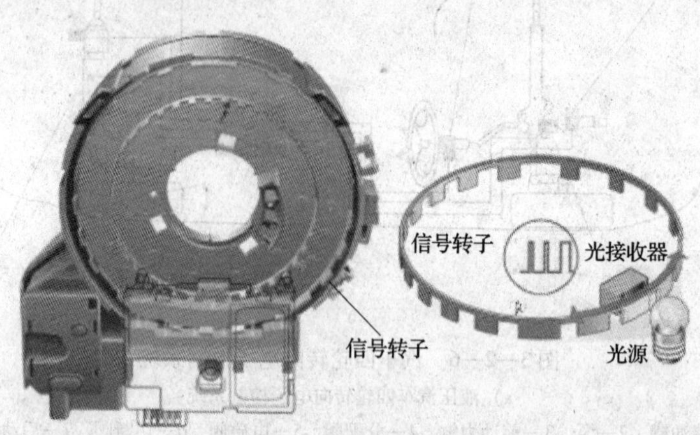

图3—2—8　主前轮转角传感器

主前轮转角传感器能够检测转向盘的转动方向、转动速度和转动角度。当转向盘转动时，主前轮转角传感器向电子控制单元传送前轮转动的信号。它一般安装在组合开关下方的转向柱上。

（2）副前轮转角传感器

副前轮转角传感器向电子控制单元发送与前轮转角相关的信号，它安装在前齿轮齿条转向器内。

（3）主后轮转角传感器（见图3—2—9）

主后轮转角传感器有一个随循环球螺杆旋转的脉冲环，霍尔传感元件直接安装在脉冲环上部。当循环球螺杆与脉冲环旋转时，霍尔传感元件向电子控制单元发出脉冲数字电压信号，显示后轮转角。

（4）副后轮转角传感器（见图3—2—10）

副后轮转角传感器安装在后轮转向执行器上与主后轮转角传感器相对的一端。副后轮转角传感器内有一个连接在齿条轴上的锥形轴，锥形轴与齿条同一水平移动。副后轮转角传感器的触棒与锥面弹性接触。当锥形轴水平移动时，锥面使传感器触棒来回移动。这根触棒的运动使传感器产生模拟电压信号，将转角消息传送到电子控制单元（ECU）。

（5）后轮转速传感器（见图3—2—11）

后轮转速传感器安装在每个后轮上，它与ABS系统和汽车四轮转向控制系统的电子控制单元（ECU）资源共享。

（6）车速传感器

车速传感器将与车辆速度相关的电压信号送到汽车四轮转向系统电子控制单元（ECU）。

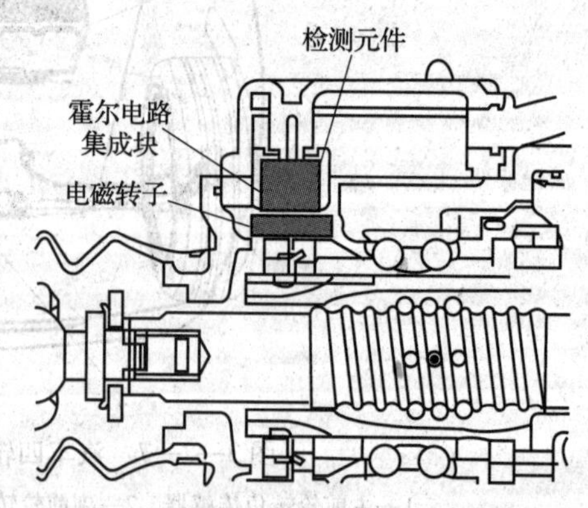

图3—2—9　主后轮转角传感器

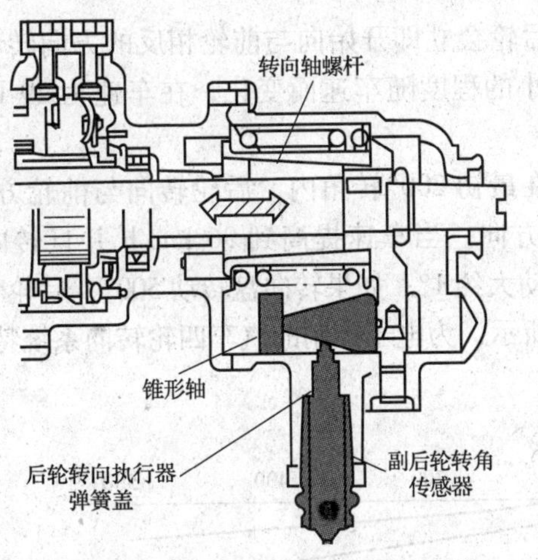

图 3—2—10　副后轮转角传感器

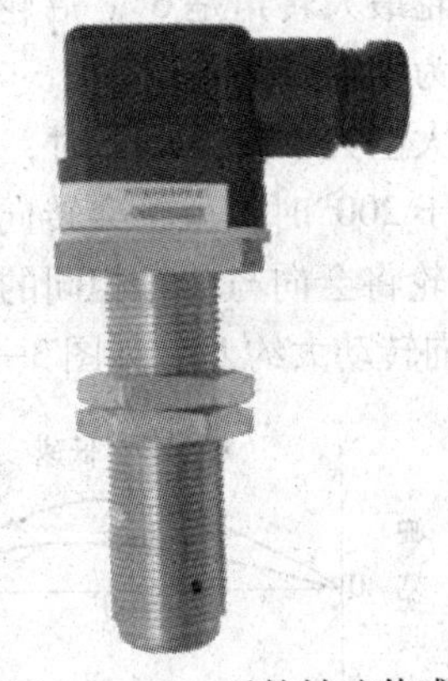
图 3—2—11　后轮转速传感器

3. 后轮转向执行器

后轮转向执行器内有电动机，电动机使循环球螺杆机构驱动转向齿条；转向横拉杆把转向执行器连接到后轮转向臂和转向节处；回位弹簧在汽车四轮转向系统失效时将后轮推回到直线行驶位置。其结构如图 3—2—12 所示。

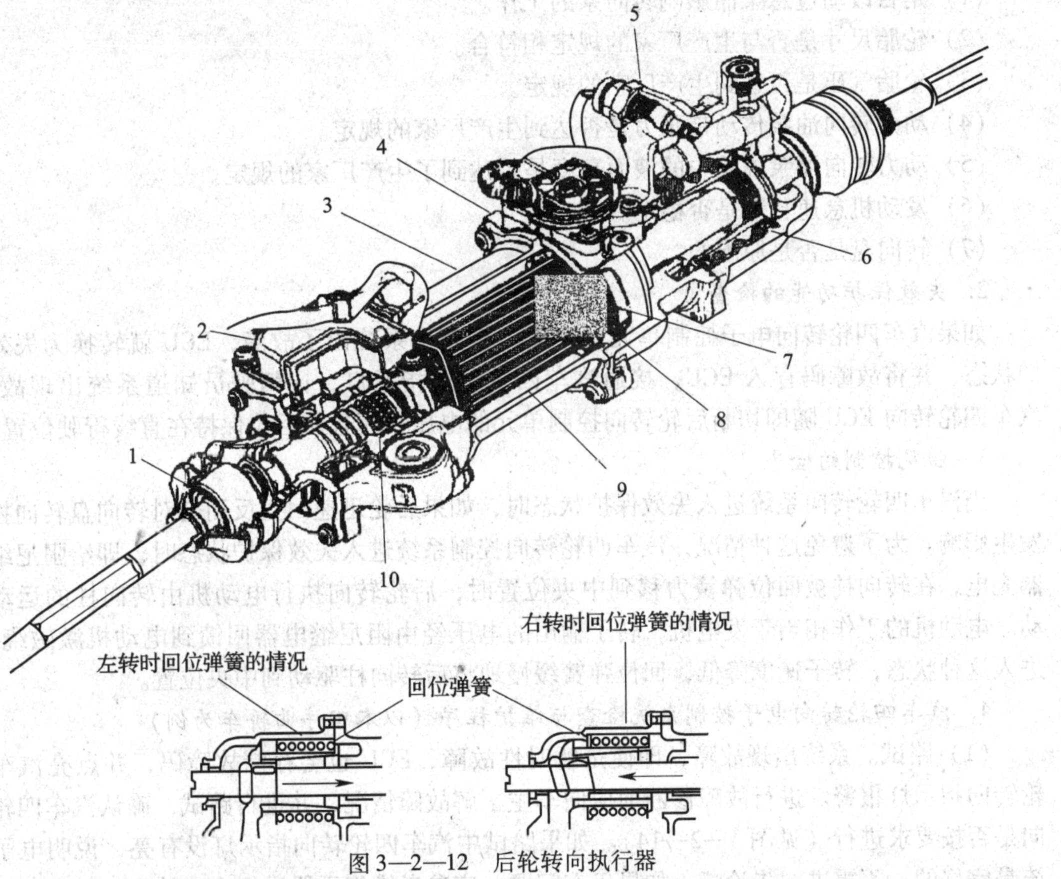

图 3—2—12　后轮转向执行器

1—转向轴螺杆　2—主后轮转角传感器　3—定子　4—执行器壳体　5—副后轮转角传感器
6—回位弹簧　7—换向器　8—电刷　9—转子　10—循环球螺杆

车速低于 29 km/h 时，当转向盘转动，后轮会立即开始向与前轮相反的方向转动；在车速为零时，后轮最大转角是 6°。后轮转角减小的程度随车速而变化，在车速为 29 km/h 时，后轮转角几乎为零。

当车速增大至大于 29 km/h 时，转向盘在最初 200°转角内，后轮转向与前轮方向一致；转向盘转角大于 200°时，后轮会转向相反的方向。当车速提高到 96 km/h 并且转向盘转角是 100°时，后轮将会向与前轮相同的方向转动大约 1°；如果转向盘转动 500°，后轮将会沿与前轮相反的方向转动大约 1°。如图 3—2—13 所示，为电子控制的汽车四轮转向系统特性图。

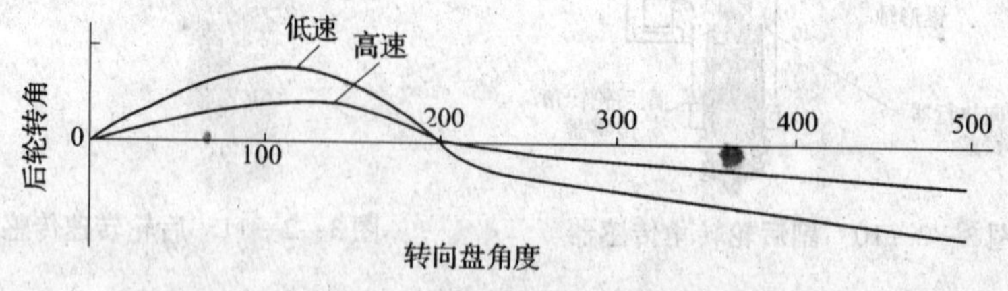

图 3—2—13　电子控制的汽车四轮转向系统特性图

三、汽车四轮转向电子控制系统的检查与维护

1. 系统检修前应注意的问题

（1）是否改动过悬架而影响转向系的工作。

（2）轮胎尺寸是否与生产厂家的规定相符合。

（3）轮胎气压是否达到生产厂家的规定。

（4）动力转向油泵传动带张力是否达到生产厂家的规定。

（5）动力转向油泵油箱中的液面高度是否达到了生产厂家的规定。

（6）发动机怠速转动是否稳定。

（7）转向盘是否是原配的。

2. 失效保护功能的检查

如果汽车四轮转向电子控制单元（ECU）检查出系统出了故障，ECU 就转换为失效保护状态，并将故障码存入 ECU，接通汽车四轮转向指示灯，让驾驶员知道系统出现故障。汽车四轮转向 ECU 随即切断后轮转向控制单元的电压，而且使后轮保持在直线行驶位置。

3. 阻尼控制的检查

当汽车四轮转向系统进入失效保护状态时，如果后轮迅速回正反而会对转向盘转向控制发生影响。为了避免这种情况，汽车四轮转向控制系统进入失效保护状态时，即给阻尼继电器充电，在转向柱被回位弹簧力移到中央位置时，后轮转向执行电动机由转向柱的运动驱动。电动机的工作相当于发电机，转子输出的电压经由阻尼继电器回馈到电动机激磁绕组，进入这种状态，转子速度降低，回位弹簧缓慢地将后转向柱驱动到中央位置。

4. 汽车四轮转向电子控制系统检查与维护程序（以本田序曲轿车为例）

（1）路试。系统出现故障，即使是暂时性故障，ECU 也会存储故障码，并点亮汽车四轮转向指示灯报警。进行故障诊断前应向车主了解故障情况，并进行路试，确认汽车四轮转向是否按要求进行（见图 3—2—14）。如果路试中汽车四轮转向指示灯没有亮，说明电子系统是完好的，不需进一步诊断；如果仍有问题，应参考维修手册进行人工检查，以发现和排除故障。

(2) 一般检查。举升汽车，检查汽车四轮转向系统所有电气线路、接头和元件有无断路、松动和损坏。如有损坏，进行必要修理和更换。

(3) 读取故障码。取下位于仪表板中部下侧的双孔检查插座，并将两电极短接；打开点火开关，但不要起动发动机；观察位于速度表右上角的四轮转向系统（4WS）指示灯，并读取故障代码；或用解码仪（见图3—2—15）读取故障码，从维修手册中查阅故障码含义及处理方法。

图3—2—14 道路试验

图3—2—15 汽车电脑解码仪

(4) 进行维修并确认维修效果。

(5) 消除故障码。消除故障码可用的方法有断开蓄电池线，断开汽车四轮转向ECU电源，解码仪消码。

5. 汽车四轮转向电子控制系统的检查与调整

(1) 主、副转角传感器的检查

1）检查准备。起动发动机，向左、右打满转向盘至少一次。注意，如果后轮转向执行器锁销插着时，不可打开点火开关和起动发动机，以防损坏执行器和锁销。

2）作转向记号。将汽车停在车轮转角检查台上，如图3—2—16所示，使四轮处于转角检查盘的中央，并使检查盘的显示数在车轮处于直行状态时为零。将转向盘置于直行位置，在转向盘上方贴上500 mm长的胶带，并标出中心点和左、右各9，18，55 mm点。然后短接检查插座电极（插座位于仪表板中部的下方，应先读取故障码），拉紧手制动刹，打开点火开关确认手制动灯点亮，使前轮转角传感器处于检测状态。

图3—2—16 转角检查台

3）主前轮转角传感器的电子中性检查。打开点火开关，慢慢左、右转动转向盘，直到找出使故障指示灯亮2 s以上的位置，应在左、右各9 mm处。否则，应调整主前轮转角传感器。

4）副前轮转角传感器的电子中性检查。打开点火开关（可接步骤3直接进行），慢慢左、右转动转向盘，直到找出使故障指示灯以0.2 s间隔闪烁的位置，应在左、右各55 mm处。否则，应调整副前轮转角传感器。

5）副后轮转角传感器的电子中性检查。松开手制动刹，打开点火开关确认手制动灯熄灭，使副后轮转角传感器处于检测状态；关闭点火开关；从后轮转向执行器上拆下锁销孔螺盖及密封环，然后装好中心锁销；将前轮置于直行状态，以防接通点火开关时后轮转向，损坏执行器；打开点火开关，用手扳动左后轮，使其转向右侧极限位置，再缓慢推向左转方向，当左后轮刚刚开始左转向时，故障指示灯应开始闪烁。否则，应调整副后轮转角传感器。

6）主后轮转角传感器的电子中性检查（可接步骤5进行）。在点火开关打开时，将左后轮转向最左方极限位置，然后慢慢向右转，在左后轮刚刚开始右转向时，故障指示灯应点亮2 s以上。否则，应检查主后轮转角传感器是否损坏。

最后，关点火开关，拆下后轮转向执行器锁销，并装好螺盖。拆下检查插座短接线，装好执行器罩。

（2）主前轮转角传感器的调整

1）将汽车置于转角检查台上，四轮处于转角检查盘的中央，并左、右打满转向盘数次。

2）当转向盘置于总转动圈数一半的中间位置时，转向盘轮辐应处于水平位置。否则，应检查、调整转向盘和主前轮转角传感器。

3）拆下转向盘，查看位于转向柱上的主转角传感器的黄色标记是否处于正下方位置。如果是，说明主转角传感器处于电子中性位置；如果不是，应暂时装上转向盘，将黄色标记转到正下方位置，并将转向盘拆下，重新按轮辐水平位置装好。注意，安装转向盘时转向盘上的小孔应与安全气囊电缆的销钉配合好。

（3）副前轮转角传感器的调整

1）举升汽车，使四轮离地，将转向盘置于直行位置，短接好四轮转向系统（4WS）检查插座，打开点火开关，安全拉紧手制动刹，并确认手制动灯亮起，使副前轮转角传感器处于检测状态，再关断点火开关。

2）松开副前轮转角传感器线束，并拆下罩盖，断开线束插接器。

3）松开副前轮转角传感器锁紧螺母，接上线束插接器，并打开点火开关。

4）在保持前轮处于直行位置状态的情况下，略转动转向盘使4WS指示灯亮起，并保持转向盘这一位置不变。

5）沿顺时针方向慢慢转动副前轮转角传感器至4WS指示灯熄灭，记下此时传感器相对于转向器壳体的位置；慢慢沿逆时针方向转动传感器，直到4WS指示灯开始闪烁，记下传感器相对于壳体的位置。

6）将副前轮转角传感器调转到4WS指示灯熄灭和开始闪烁的中间位置，并锁紧。

7）关断点火开关，并接上插座，固定好线束。

8）进行一次电子中性检查。

（4）副后轮转角传感器的调整（注：主后轮转角传感器不可调整）

1）举升汽车，使四轮离地，并短接4WS检查插座。

2）松开手制动刹，并打开点火开关，确认手制动灯熄灭后关闭点火开关。

3）拆下后轮转向执行器锁销孔螺盖，并装好锁销；松开副后轮转角传感器导线束，并断开插接器。

4）松开副后轮转角传感器锁紧螺母。

5）接上线束插接器，并将前轮置于直行位置，打开点火开关。

6）将左后轮向左转到极限位置，然后再将其向右转，直到4WS指示灯亮（这时主后轮转角传感器处于电子中性位置）。

7）逆时针方向慢慢转动副后轮转角传感器，直到4WS指示灯熄灭时，记下传感器相对于壳体的位置。然后将副后轮转角传感器顺时针转动到4WS指示灯开始闪烁的位置，并做好记号。

8）将副后轮转角传感器转动到4WS指示灯熄灭和闪烁的中间位置，并锁紧。

9）关断点火开关。

10）固定传感器插接器和线束；拆下锁销，装好锁销孔螺盖和执行器罩；进行一次电子中性检查。

四、汽车线控转向系统原理

近年来为了实现汽车转向的主动控制，对于将转向盘与转向轮之间通过控制信号连接的线控转向的研究日益增多。汽车线控转向系统由于取消了转向盘和转向轮之间的机械连接，完全摆脱了传统转向系统的各种限制，不但可以设计汽车转向的力传递特性，而且可以设计汽车转向的角传递特性，是汽车转向系统的重大革新。汽车线控转向系统是汽车转向方面最先进和最前沿的技术之一。

汽车线控转向系统的研究具有极其重大的意义。第一，满足了汽车智能化发展的需要。汽车智能化一直是人们追求的目标，当出现紧急或意外情况时，线控转向系统就能够在驾驶员之前开始采取相应的动作以避免意外事故的发生。第二，提高了汽车的操纵稳定性。可以实现传动比的任意设置，并对车速变化的参数进行补偿，使汽车转向特性不随车速变化。可以与其他主动安全设备，如汽车防抱死制动系统（ABS）、汽车动力学控制、防碰撞、单个车轮转向、轨道跟踪、自动侧向导航以及自动驾驶等功能相结合，从而实现对汽车的整体控制，提高汽车的整体稳定性。第三，改善驾驶员的路感。

汽车线控转向系统结构如图3—2—17所示，可以分为以下几个主要部分：转向盘系统、ECU、转向执行系统以及故障诊断系统、电源等辅助系统。

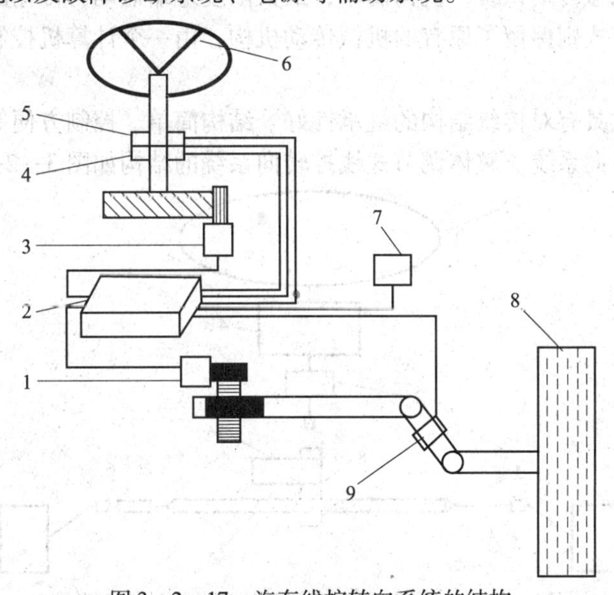

图3—2—17　汽车线控转向系统的结构

1—执行电动机　2—ECU　3—路感电动机　4—转向盘转角传感器　5—转矩传感器
6—转向盘　7—车速传感器　8—轮胎　9—角位移传感器

1. 转向盘系统

转向盘系统包括转向盘、转向盘转角传感器、转矩传感器、路感电动机。转向盘系统的主要功能是将驾驶员的转向意图（通过测量转向盘转角）转换成数字信号，并传递给电子控制单元；同时接收 ECU 送来的力矩信号，产生转向盘回正力矩，以提供给驾驶员相应的路感信息。

2. 转向执行系统

转向执行系统包括角位移传感器、执行电动机和前轮转向组件等。转向执行系统的功能是接收 ECU 的命令，通过转向电动机控制转向车轮转动，实现驾驶员的转向意图。

3. ECU

ECU 对采集的信号进行分析处理，判别汽车的运动状态，向转向盘路感电动机和转向电动机发送指令，控制两个电动机的工作，保证各种工况下都具有理想的汽车响应，以减少驾驶员对汽车转向特性随车速变化的补偿任务，减轻驾驶员负担。同时控制单元还可以对驾驶员的操作指令进行识别，判定在当前状态下驾驶员的转向操作是否合理。当汽车处于非稳定状态或驾驶员发出错误指令时，电子转向系统会将驾驶员错误的转向操作屏蔽，而自动进行稳定控制，使汽车尽快地恢复到稳定状态。

4. 故障诊断系统

故障诊断系统是线控转向系统的重要模块，它包括一系列的监控和实施算法，针对不同的故障形式和故障等级做出相应的处理，以求最大限度地保持汽车正常行驶。

5. 电源系统

电源系统承载着控制单元、两个转向电动机以及其他车用电器的供电任务，其中仅前轮转向电动机的最大功率就有 500 ~ 800 W。

汽车线控转向系统按照其结构的不同可分为两转向轮分别调节式和整体调节式。分别调节式指两个转向轮各有一个计算机控制独立驱动的轮毂电动机分别安装在汽车轮毂内，省略了传统汽车复杂的机械传动系统，机构简单，最大限度地缩短动力传输路径，从而有效地实现了节能。整体调节式则保留了原有的机械传动机构，由一个计算机控制下的转向电动机作为动力源。

由于整体调节式具有对传统结构的继承性好、结构简单、控制方便等特点，因此主要介绍整体调节式线控转向系统。整体调节式线控转向系绕的结构如图 3—2—18 所示。

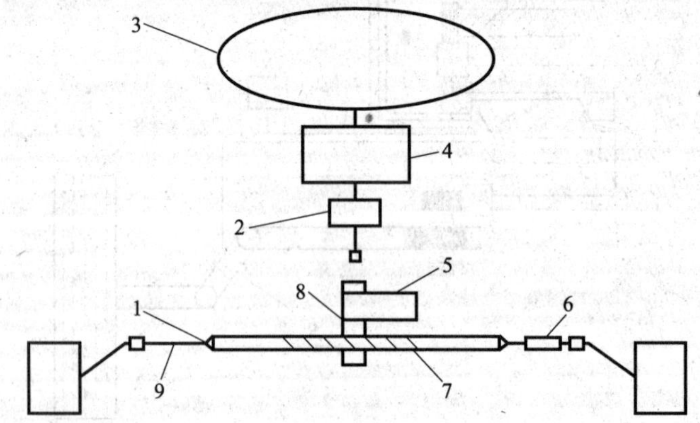

图 3—2—18　线控转向系统整体调节式结构示意图

1—转向节　2—转向盘转角传感器　3—转向盘　4—路感电动机　5—转向执行电动机
6—拉杆位移传感器　7—齿条　8—小齿轮　9—转向拉杆

汽车线控转向系统的工作原理框图如图 3—2—19 所示。当转向盘转动时，转矩传感器和转角传感器将测量到的驾驶员转矩和转向盘的转角转变成电信号输入到 ECU，ECU 依据车速传感器和安装在转向传动机构上的位移传感器的信号来控制转矩反馈电动机的旋转方向，并根据转向力模拟、生成反馈转矩，控制转向电动机的旋转方向、转矩大小和旋转的角度，通过机械转向系统控制转向轮的转向位置，使汽车沿着驾驶员所期望的轨迹行驶。

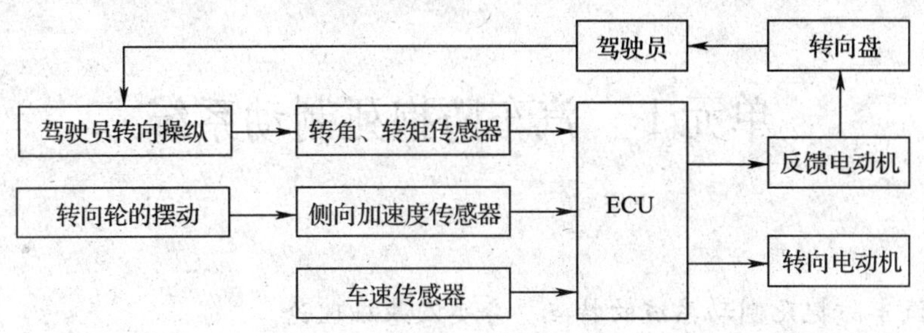

图 3—2—19　汽车线控转向系统的工作原理框图

模块四　汽车制动系电子控制系统

单元 1　汽车防抱死制动系统

学习目标

1. 了解汽车防抱死制动系统的特点、分类及基础理论。
2. 了解汽车防抱死制动系统的组成。
3. 了解汽车防抱死制动系统各部件的结构与原理。
4. 掌握汽车防抱死制动系统的检测及维修方法。

一、汽车防抱死制动系统（ABS）的特点、分类及基础理论

随着世界汽车工业的迅猛发展，汽车行驶速度进一步提高，道路行车密度也不断增大，汽车行驶安全性能日益成为人们选购汽车的首选依据。广泛采用的汽车防抱死制动系统（ABS）就是在这种要求下产生和发展的。

1. ABS 的基本定义与特点

汽车防抱死制动系统（ABS）是汽车上的一种主动安全装置，当汽车在常见路面上进行较大制动力刹车时，防止车轮完全抱死的系统，它能保证汽车制动效能及制动时的方向稳定性，提高转向控制能力，并缩短制动距离，是具有良好制动效果的刹车装置。如图 4—1—1 所示，有 ABS 系统的汽车制动时方向稳定性好。传统制动，车轮抱死时，汽车已完全没有转向。

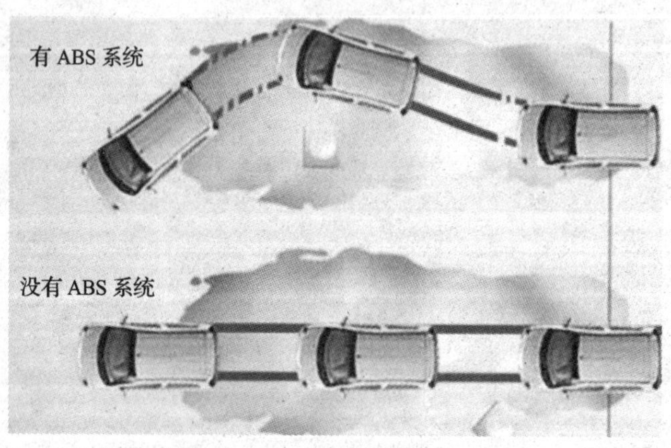

图 4—1—1　汽车防抱死制动系统

ABS 系统的特点如下：

（1）增加了汽车制动时方向的稳定性、确保制动效能。汽车在制动时，如果汽车的前轮抱死，驾驶员就无法控制汽车的行驶方向；如果汽车的后轮先抱死，则会出现侧滑、甩尾，甚至使汽车整个掉头等严重事故。ABS 系统可以防止 4 个轮子制动时被完全抱死，提高了汽车行驶方向的稳定性，确保制动效能；制动距离、制动时间明显减少。

（2）改善了轮胎的磨损状况。事实上，车轮抱死会造成轮胎磨损，轮胎面磨耗也会不均匀，使轮胎磨损消耗费用增加。经测定，汽车在紧急制动时。车轮抱死所造成的轮胎累加磨损费，已超过一套汽车防抱死制动系统的造价。

（3）使用维修方便，工作可靠。ABS 系统的使用与普通制动系统的使用几乎没有区别。制动时只要把脚踏在制动踏板上，ABS 系统就会根据情况自动进入工作状态。

注意：ABS 系统工作时，驾驶员会感到制动踏板有颤动，并听到一点噪声，这些都属于正常现象。

2. ABS 的类型

（1）按结构分类

可分为整体式和分离式，整体式 ABS 的制动压力调节器、制动主缸以及制动助力器组合为一个整体。其优点是结构紧凑，节省安装空间。但成本高，高级轿车采用较多。分离式 ABS 制动压力调节器（见图 4—1—2a）为独立组总成，通过制动管路与制动主缸和制动轮缸相连，零件安装方便。分离式 ABS 系统组成如图 4—1—2b 所示，桑塔纳、捷达等轿车均采用分离式 ABS 系统。

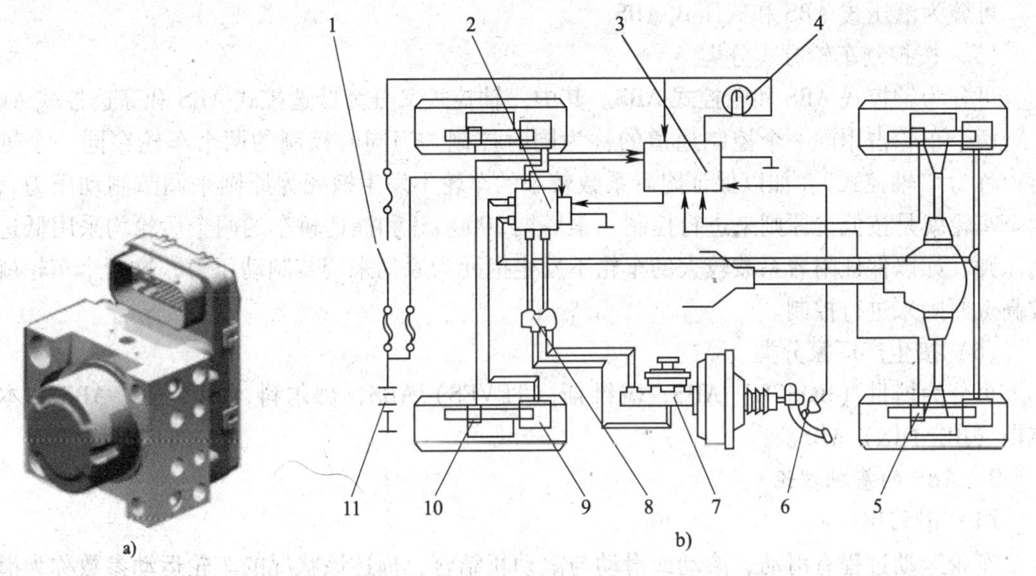

图 4—1—2　制动压力调节器及分离式 ABS 系统的组成

a）分离式制动压力调节器　b）分离式 ABS 系统的组成

1—点火开关　2—制动压力调节器　3—ABS 电控单元　4—ABS 警告灯　5—后轮转速传感器　6—停车灯开关　7—制动主缸　8—比例分配阀　9—制动轮缸　10—前轮转速传感器　11—蓄电池

（2）按控制通道数目不同分类

可分为单通道、双通道、三通道、四通道和六通道式控制方式。依据不同的生产厂家，每个 ABS 控制通道分别安装一个或两个传感器。图 4—1—3 所示为四传感器四通道四轮独立控制的 ABS 系统。

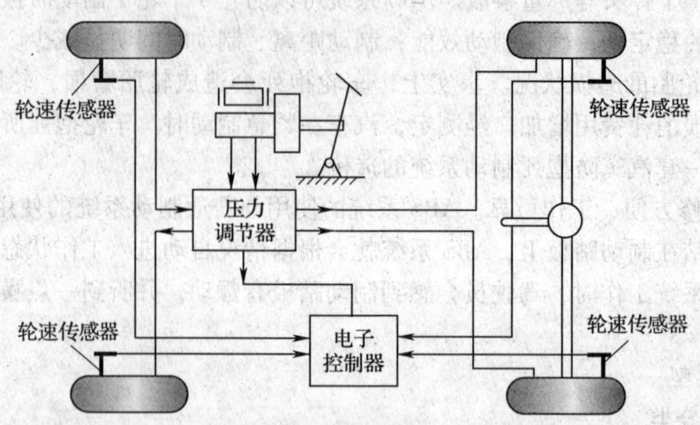

图 4—1—3　四传感器四通道四轮独立控制的 ABS

（3）按控制方式分类

可分为机械式 ABS 和电子式 ABS。

（4）按动力来源分类

可分为液压式 ABS 和气压式 ABS。

（5）按控制车轮方式分类

可分为轴控式 ABS 和轮控式 ABS。其中，轴控式又分为低选控式 ABS 和高选控式 ABS。

两个车轮占用同一个控制通道的称为同时控制。当同时控制的两个车轮在同一个轴上时，称为“轴控式”。如以保证附着系数较小的车轮不发生抱死为原则来调节制动压力，这两个车轮就是按低选原则来进行控制，桑塔纳 2000GSI 和捷达轿车的两个后轮均采用低选控制原则。如以保证附着系数较大的车轮不发生抱死为原则来调节制动压力，这两个车轮就是按高选原则来进行控制。

（6）按生产厂家分类

可分为博世（BOSCH）ABS，戴维斯（TEVES）ABS，德尔科（DELCO）ABS 和本迪克斯（BENDIX）ABS。

3. ABS 的基础理论

（1）滑移率

车轮运动过程有滑动、滚动或滑动与滚动相结合，描述该状况的车轮运动参数称为滑移率 S。滑移率是指汽车制动时，在车轮运动中滑动成分所占的比例，其表达式为：

$$S = \frac{V_{车速} - V_{轮速}}{V_{车速}} \times 100\% \qquad (4—1)$$

当 $V_{车速} = V_{轮速}$ 时，$S = 0$，车轮在地面上处于纯滚动状况；当 $V_{轮速} = 0$ 时，$S = 100\%$，车轮在地面上处于纯滑动（俗称车轮抱死）状况。显然，S 值的大小也确定了车轮运动时滚动成分的比例。

（2）制动过程中的受力分析

汽车制动时，影响制动效能较大的力为制动力和轮胎所能承受的侧向力，如图 4—1—4 所示，按照汽车行驶理论分析，车轮制动时地面制动力、附着力以及附着系数之间的关系为：

$$F_{xb} \leqslant F_{\varphi} \leqslant F_Z\mu \tag{4—2}$$

式中 F_{xb}——地面制动力，单位为N；

F_{φ}——附着力，单位为N；

F_Z——地面对车轮的法向反力，单位为N；

μ——地面与车轮之间的附着系数。

所以，轮式车辆制动时车辆所获得的地面制动力最大值为：

$$F_{xbmax} \leqslant F_Z\mu \tag{4—3}$$

F_{xbmax}正比于μ值。

（3）滑移率与车辆制动系统效率之间的关系

附着系数数值取决于车轮和地面的状况以及二者之间的运动状况。包括路面质量、干湿程度以及车轮轮胎类型、气压、载荷、花纹、磨损状况和运动速度等因素。车辆在特定路面与车轮不同状况下制动时，当μ出现峰值时才可能获得由式（4—3）所确定的地面制动力最大值F_{xbmax}。车辆操纵稳定性则要求具备尽可能大的横向附着系数，以保证正常行驶以及操作性能。

附着系数与滑移率的关系如图4—1—5所示，假设车轮状况特定，则不论在何种路面上制动，当$S=100\%$时，车轮横向与纵向附着系数并不处于峰值，从而不能获得地面制动力的最大值；而$S=100\%$时横向附着系数等于零。

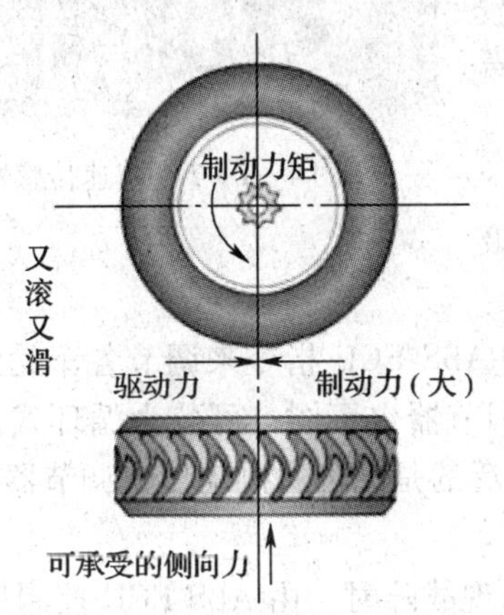

图4—1—4 制动轮力学分析

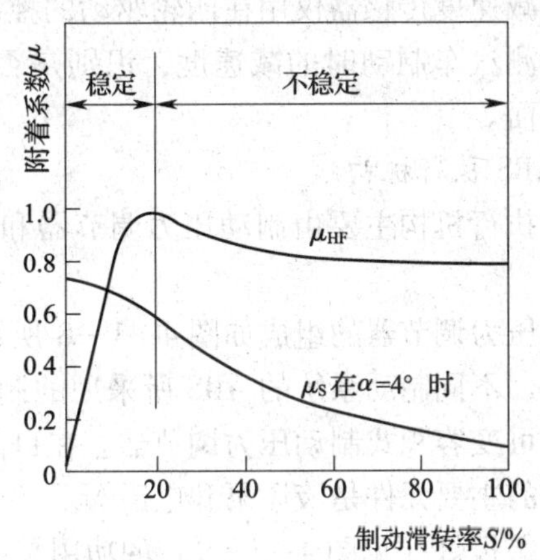

图4—1—5 附着系数与滑移率的关系

μ_{HF}—纵向附着系数 μ_S—横向附着系数

结论：欲获得较大的制动力，以及在制动过程中保持车辆的操纵性和稳定性，必须使滑移率值保持在特定的范围内，即20%左右，此特定范围称为ABS滑移率。

二、汽车防抱死制动系统的组成（见图4—1—6）

无论是气压制动系统还是液压制动系统，ABS均是在普通制动系统的基础上增加了传感器、ABS执行机构和ABS电子控制装置（即ABS ECU）部分。

1. 传感器

ABS采用的传感器包括轮速传感器、车速传感器和汽车减速度传感器。

在各种控制方式的ABS中均有轮速传感器，一般轮速传感器都安装在车轮上，有些后

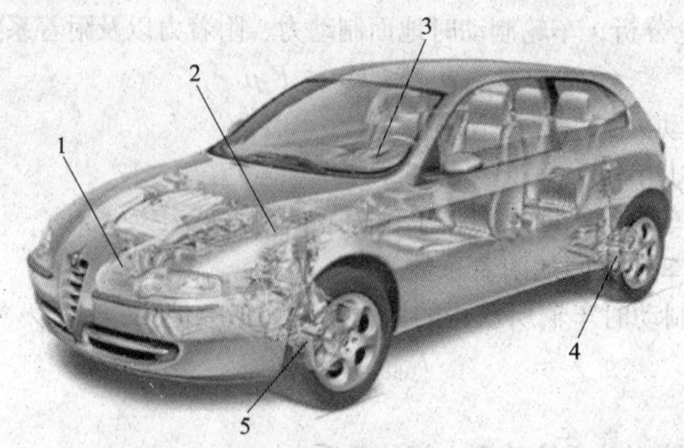

图 4—1—6 ABS 的组成

1—ABS 执行机构 2—ABS ECU 3—ABS 警报灯 4—后轮转速传感器 5—前轮转速传感器

轮驱动的车辆，检测后轮转速的传感器安装在差速器内，通过后轴转速来检测，故又称为轴速传感器。

车速传感器又称测速雷达，如图 4—1—7 所示，用在以车轮滑移率为控制参数的 ABS 中，它用来检测车速并向 ABS ECU 输送车速信号，此信号还同时用于速度表、里程表及自动变速器控制等。

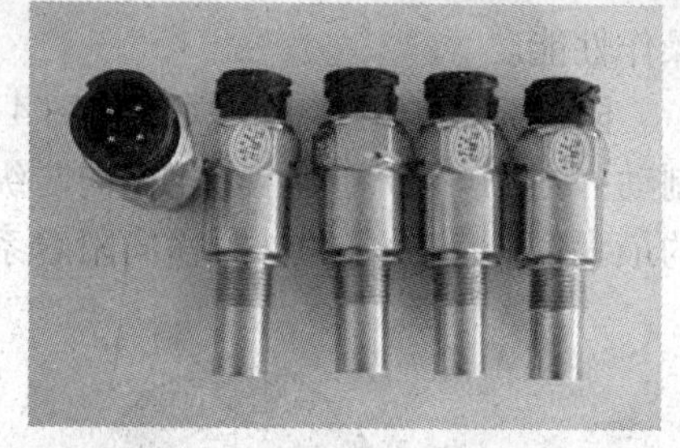

图 4—1—7 车速传感器

汽车减速度传感器仅用在四轮驱动的控制系统中，它用来检测汽车制动时的减速度，识别是否是在冰雪等易滑路面。

2. ABS 执行机构

ABS 执行机构主要由制动压力调节器和 ABS 警报灯组成。

制动压力调节器的组成如图 4—1—8 所示，根据 ABS ECU 指令来调节各车轮制动器的制动压力。不同制动系统的 ABS 所采用的制动压力调节器也不同，可分为循环式制动压力调节器和可变容积式制动压力调节器。在目前应用广泛的是循环式制动压力调节器，制动压力调节器的主要元件是液压泵和电磁阀。

ABS 警报灯（见图 4—1—9）的功用是在 ABS 出现故障时，由 ABS ECU 控制使 ABS 警报灯亮，向驾驶员发出警报信号，并可由 ABS ECU 控制闪烁显示故障码。

3. ECU

ECU 接收传感器信号，比较各轮转速和汽车行驶速度，判断各车轮的滑移情况后，向 ABS 执行机构下达指令来调节各车轮制动器的制动压力。当 ABS 出现故障时，ABS ECU 使 ABS 警报灯点亮，同时切断通往执行机构的电源，使 ABS 停止工作。

三、汽车防抱死制动系统各部件的结构与原理

1. 传感器的结构与原理

（1）车轮转速传感器

车轮转速传感器也叫轮速传感器或转速传感器，车轮转速传感器将车轮轮速信号传给 ABS 系统电控单元，电控单元通过计算决定是否开始或准确地进行防抱死制动。

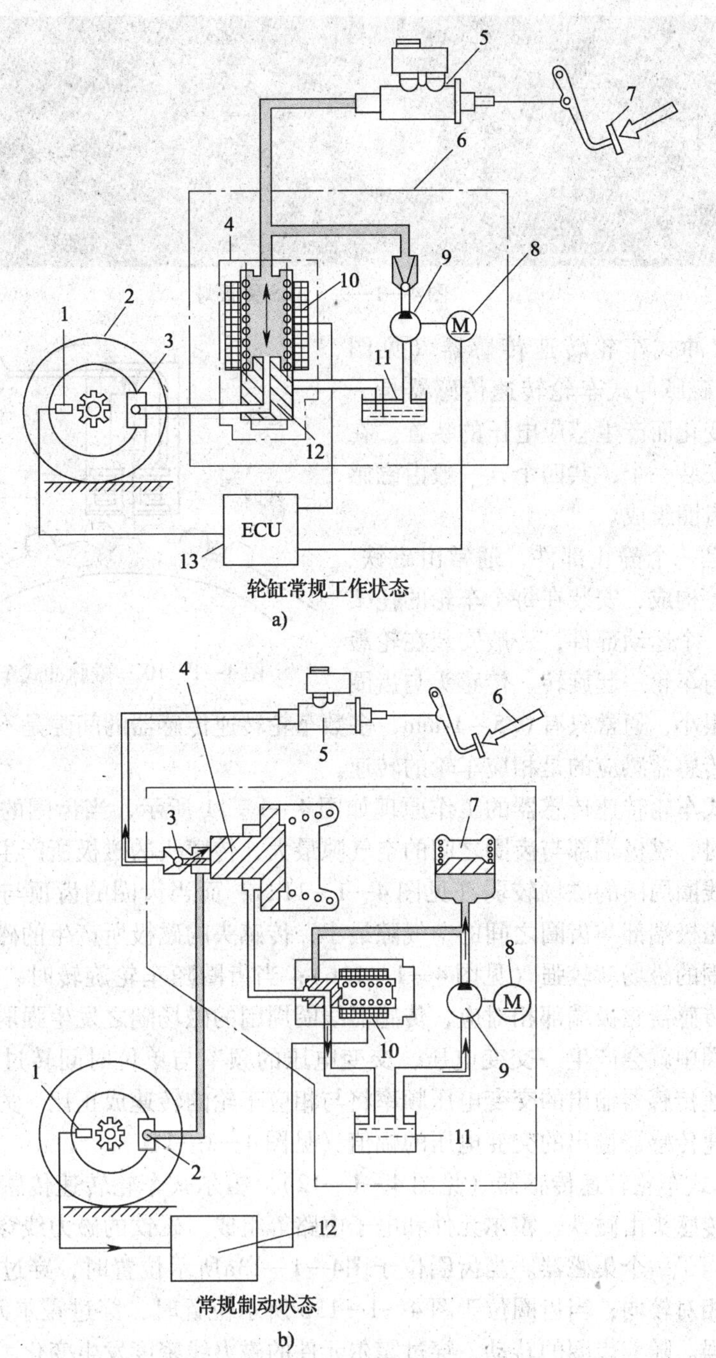

图4—1—8　制动压力调节器组成

a）循环式制动压力调节器

1—轮速传感器　2—车轮　3—轮缸　4—电磁阀　5—主缸　6—液压部件　7—踏板
8—电动机　9—液压泵　10—线圈　11—储液器　12—柱塞　13—电子控制器（ECU）

b）可变容积式制动压力调节器

1—轮速传感器　2—制动轮缸　3—单向阀　4—控制活塞　5—制动主缸　6—制动踏板
7—储能器　8—电动机　9—液压泵　10—电磁阀　11—储油器　12—电子控制器

图 4—1—9　ABS 警报灯

1）磁脉冲式车轮转速传感器（见图4—1—10）。磁脉冲式车轮转速传感器是一种由磁通量变化而产生感应电压的装置。在每个车轮上安装一个，共四个，一般由磁感应传感头与齿圈组成。

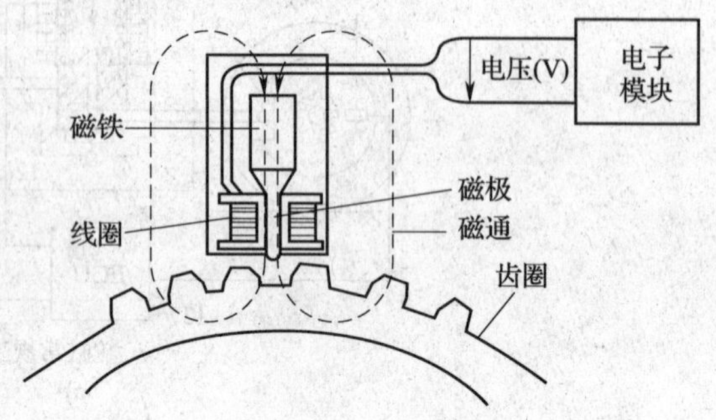

图 4—1—10　磁脉冲式车轮转速传感器

传感头是一个静止部件，通常由磁铁、线圈和磁极等构成，安装在每个车轮的托架上。齿圈是一个运动部件，一般安装在轮毂上或轮轴上与车轮一起旋转。传感头与齿圈之间的间隙很小，通常只有 0.5 ~ 1 mm，多数车轮转速传感器的间隙是不可调的。设置在车轮处的转速传感器感应的是相应车轮的转速。

磁脉冲式车轮转速传感器的工作原理如图 4—1—11 所示，当齿圈的齿隙与传感头的磁极端部相对时，磁极端部与齿圈之间的空气隙最大，传感头的磁极所产生的磁力线就不容易通过齿圈，线圈周围的磁场较弱（见图 4—1—11a）；而当齿圈的齿顶与传感头的磁极端部相对应时，磁极端部与齿圈之间的空气隙最小，传感头的磁极所产生的磁力线就容易通过齿圈，线圈周围的磁场就较强（见图 4—1—11b）；当齿圈随车轮旋转时，齿圈的齿顶和齿隙就交替地与传感器磁极端部相对应，传感器线圈周围的磁场随之发生强弱交替变化，在永久磁铁上的线圈中就会产生一交变电压，交变电压的频率与单位时间转过的齿圈的齿数成正比，因此转速传感器输出的交变电压频率将与相应车轮的转速成正比。另一方面，车轮转速也会影响转速传感器输出的交变电压的幅值（见图 4—1—11c）。

2）霍尔式车轮转速传感器（见图 4—1—12）。霍尔式车轮转速传感器是由传感头和齿圈组成的。传感头由磁铁、霍尔元件和电子电路等组成。磁铁的磁力线穿过霍尔元件通向齿圈，齿圈相当于一个集磁器。当齿圈位于图4—1—13a所示位置时，穿过霍尔元件的磁力线分散，磁场相对较弱；当齿圈位于图 4—1—13b 所示位置时，穿过霍尔元件的磁力线集中，磁场相对较强。随着齿圈的转动，穿过霍尔元件的磁力线密度发生变化，从而产生霍尔电压的变化，霍尔元件输出一个毫伏级的准正弦电压，此电压信号由电子电路转换成标准的电压信号后输入 ECU 中。

（2）汽车减速度传感器

ABS 系统中另一种传感器是汽车减速度传感器（以下称为 G 传感器）。汽车减速度传感器的作用是测出汽车制动时的减速度，识别是否是雪路、冰路等易滑路面，汽车减速度传感器的外形和安装位置如图 4—1—13 所示。

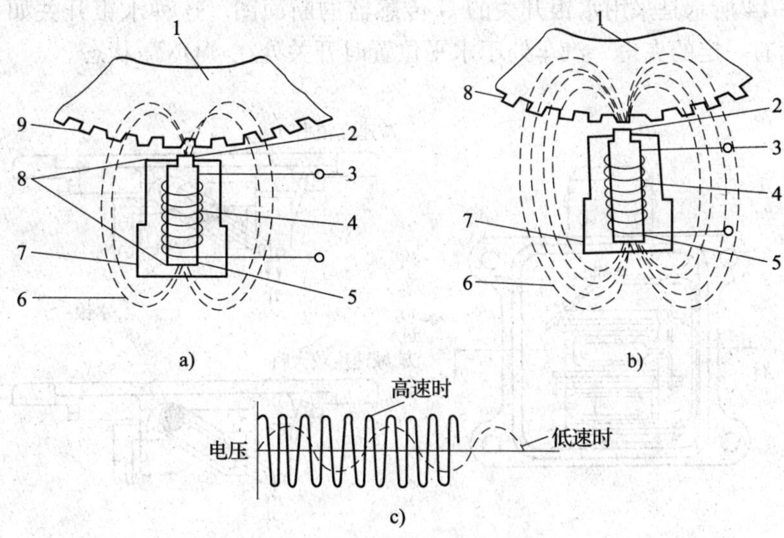

图 4—1—11　磁脉冲式车轮转速传感器的工作原理

a）齿隙与磁极端部相对时　b）齿顶与磁极端部相对时　c）传感器输出电压

1—齿圈　2—磁极端部　3—线圈引线　4—线圈　5—磁极　6—磁力线

7—电磁感应式传感器　8—齿圈齿顶

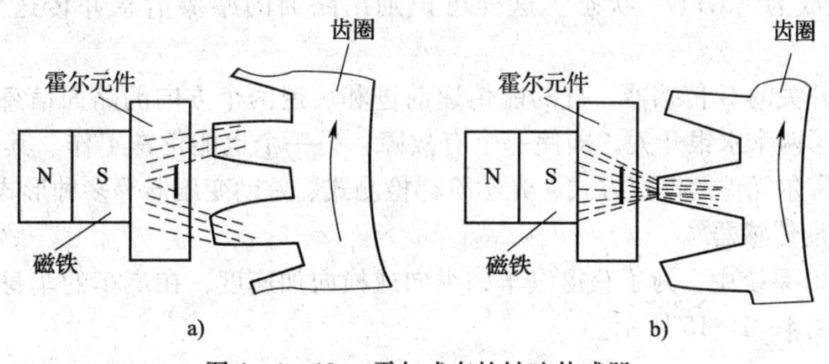

图 4—1—12　霍尔式车轮转速传感器

a）磁力线分散　b）磁力线集中

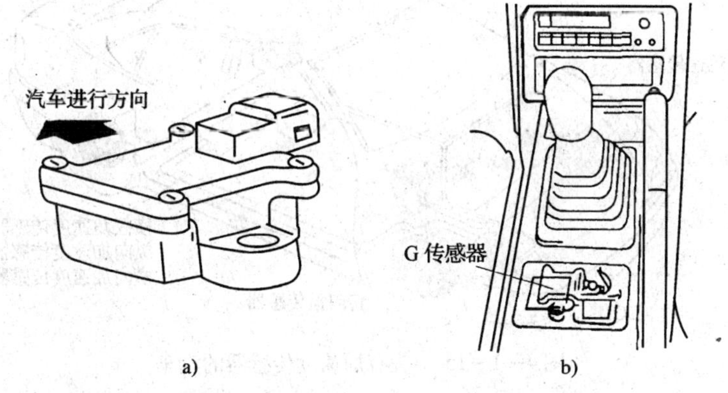

图 4—1—13　汽车减速度传感器

a）G 传感器外形　b）G 传感器安装位置图

图 4—1—14 所示是采用水银开关的 G 传感器的断面图。这种水银开关如 A—A 剖面所示，与水平面有一定的夹角，汽车处于水平位置时开关处在“ON”状态。

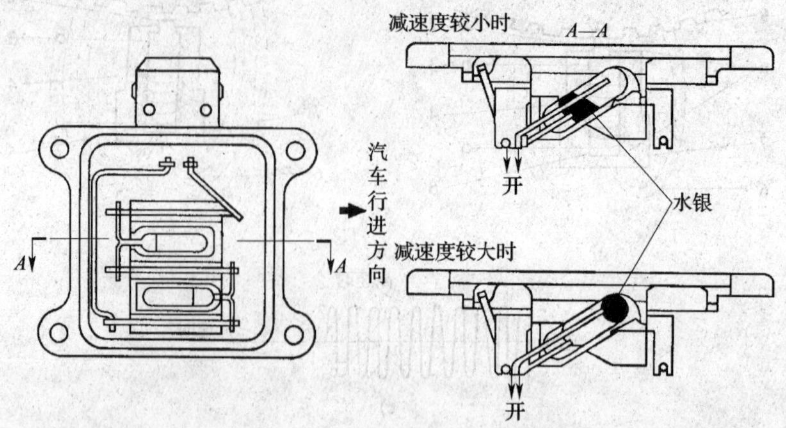

图 4—1—14　G 传感器水银开关断面

汽车在低摩擦因数路面上制动时，由于减速度较小，开关内的水银不移动，开关仍保持在“ON”状态。在高摩擦因数路面上制动时，因为减速度较大，开关内的水银离开触点，开关成为“OFF”状态。这样可识别出路面的摩擦信息并传送到电子控制单元。

采用水银开关的 G 传感器，有的能传递前进和后退两个方向的路面信息，还有的在前进方向上并列了两个水银开关，即使一个有故障，另一个也能正常工作。其他形式的 G 传感器还有采用霍尔元件的模拟方式、光学阶梯检测式、差动变压器等多种形式。

（3）加速度传感器

在某些 ABS 系统中，为了获得汽车的纵向或横向加速度，在汽车的车身上安装有加速度传感器，如图 4—1—15 所示。

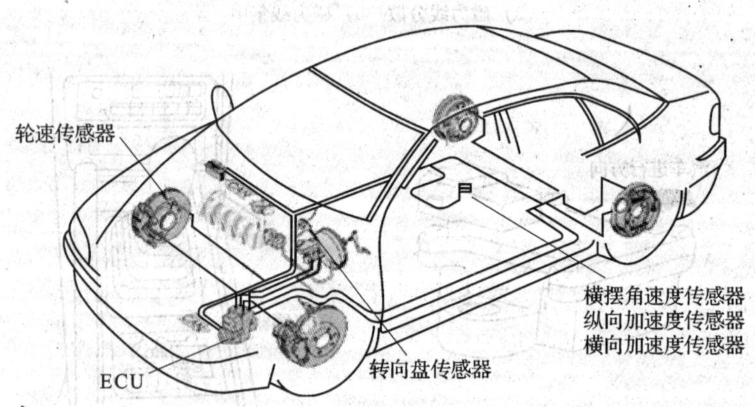

图 4—1—15　装有加速度传感器的汽车

加速度传感器通常是利用耦合变压原理获得加速度信号，其工作原理如图 4—1—16 所示，当汽车正常行驶时，线性可调节变压器的铁心处于中间位置，变压器二次绕组两端产生两个相位相反、大小相等的电压，此时变压器的输出电压为零。当汽车制动时，在惯性力的作用下，线性可调节变压器的铁心移动，使变压器的二次绕组两端产生的电压一端电压增大，另一端的电压减少，使变压器有输出电压，此电压经解调电路处理后，向 ABS 系统中的 ECU 输出。

加速度传感器安装在汽车上，其中的加速度感受元件产生的惯性力与汽车的加速度（或减速度）的大小成正比，而方向相反。加速度感受元件产生的惯性力不同，其在线圈中所处的位置随之不同，加速度传感器输出的电压信号也就不同。

（4）压力差动开关（见图 4—1—17）

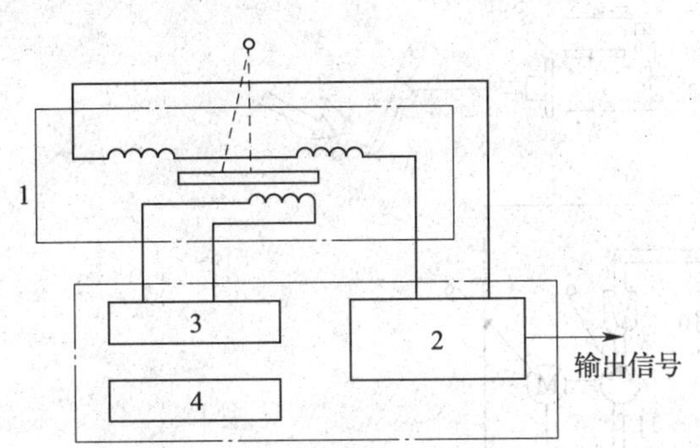

图 4—1—16　加速度传感器工作原理

1—线形可调节变压器　2—解调电路

3—振荡电路　4—基础电路

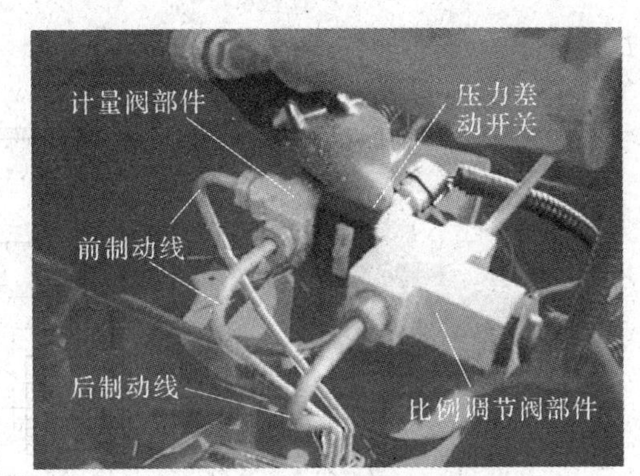

图 4—1—17　压力差动开关在组合阀安装位置图

该装置用以侦测压力变化，并将压力的变化转化成电信号传送到 ABS ECU。若压力不正常，通过 ABS ECU 可使 ABS 警示灯闪烁，以此提示驾驶员 ABS 系统存在故障。

2. ABS ECU

ABS ECU 的作用是接收来自于轮速传感器的感应电压信号，计算出车轮转速，车轮的加、减速度，车轮滑移率，并对这些信号进行分析后，向制动压力调节器发出制动压力控制指令。

ECU 的基本输入信号是 4 个轮速传感器送来的信号，输出信号是给制动压力调节器的控制信号、输出的自诊断信号和输出给 ABS 故障指示灯的信号，如图4—1—18所示。

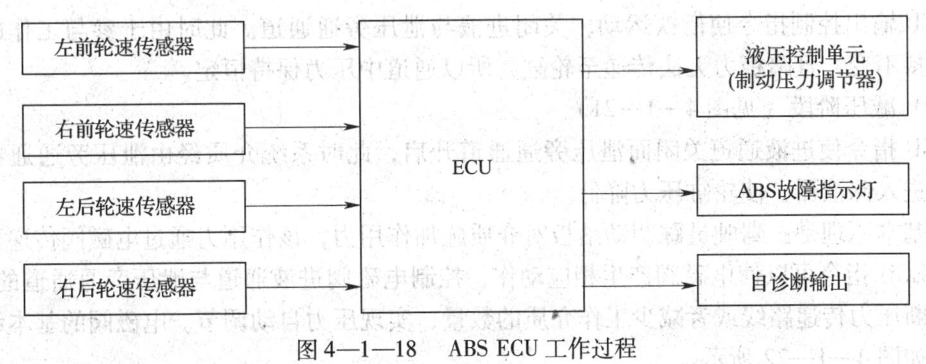

图 4—1—18　ABS ECU 工作过程

3. ABS 执行元件——制动压力调节器

ABS 执行系统的功能是在 ECU 控制指令驱动下自动调节系统压力，以获得预期的控制效应。

现代车辆液压制动系统 ABS 一般采用循环式制动压力调节方式。该方式应具备三个工作状态：增压、保压、减压。循环式制动压力调节方式装置的组成如图 4—1—18 所示。

循环式制动压力调节器的关键元件是具有三个通道（进液通道、出液过道和泄压旁通通道）的电磁阀。进液通道与总泵连接，出液通道与分泵连接，而泄压旁通通道则与储液容器连接（见图 4—1—19）。

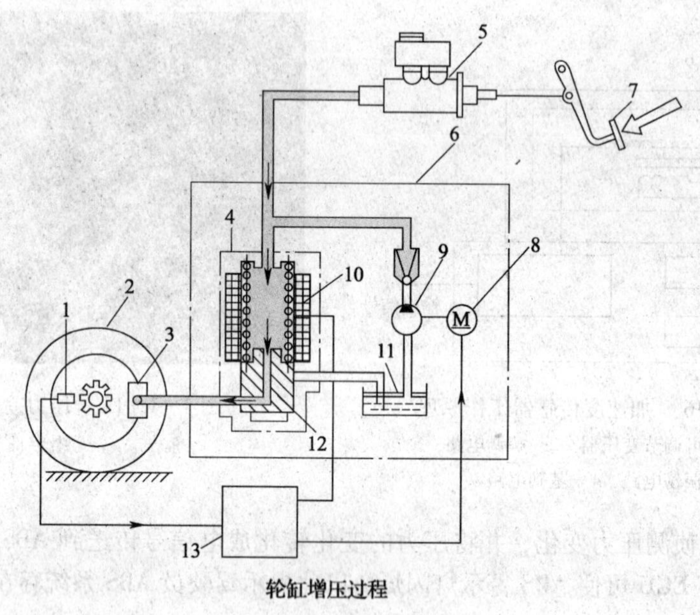

轮缸增压过程

图 4—1—19　增压阶段

1—轮速传感器　2—车轮　3—轮缸　4—电磁阀　5—主缸　6—液压部件
7—踏板　8—电动机　9—液压泵　10—线圈　11—储液器　12—柱塞　13—ECU

（1）增压阶段（见图 4—1—19）

电磁阀动作关闭泄压通道，工作介质从制动总泵电磁阀直接流向制动轮缸，此时系统按照普通液压制动系统的工作规律运行，制动力正比于制动踏板力。

（2）保压阶段（见图 4—1—20）

ECU 输出控制指令使衔铁运动，关闭进液与泄压旁通通道。此时由于参与工作的介质数量保持不变，且踏板力无法传递至轮缸，所以通道中压力保持恒定。

（3）减压阶段（见图 4—1—21）

ECU 指令使进液通道关闭而泄压旁通通道开启，此时系统介质经由泄压旁通通道与回流管路进入储液器，使轮缸压力降低。

其基本原理是：驾驶员踩制动踏板对介质施加作用力，该作用力通过电磁阀传递至制动分泵。ECU 指令可以使电磁阀产生相应动作，控制电磁阀进液通道与泄压旁通通道的开闭，即可切断压力传递路线或者减少工作介质的数量，实现压力自动调节。电磁阀的基本结构及示意图如图 4—1—22 所示。

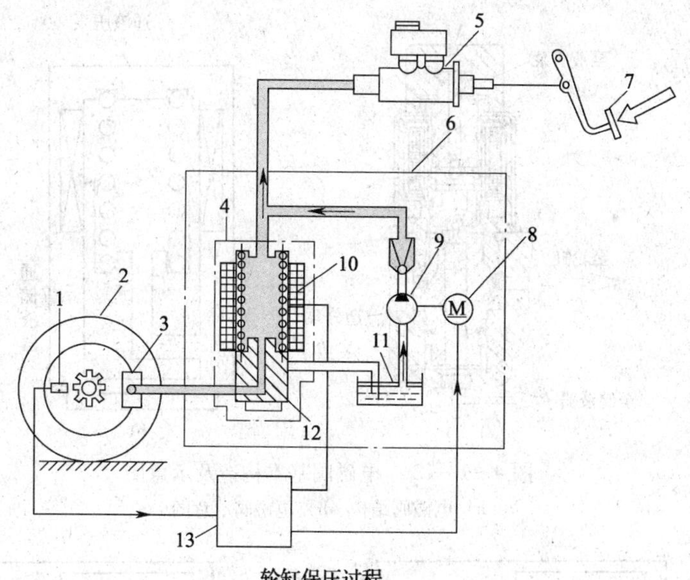

轮缸保压过程

图 4—1—20 保压阶段

1—轮速传感器 2—车轮 3—轮缸 4—电磁阀 5—主缸 6—液压部件 7—踏板 8—电动机 9—液压泵 10—线圈 11—储液器 12—柱塞 13—ECU

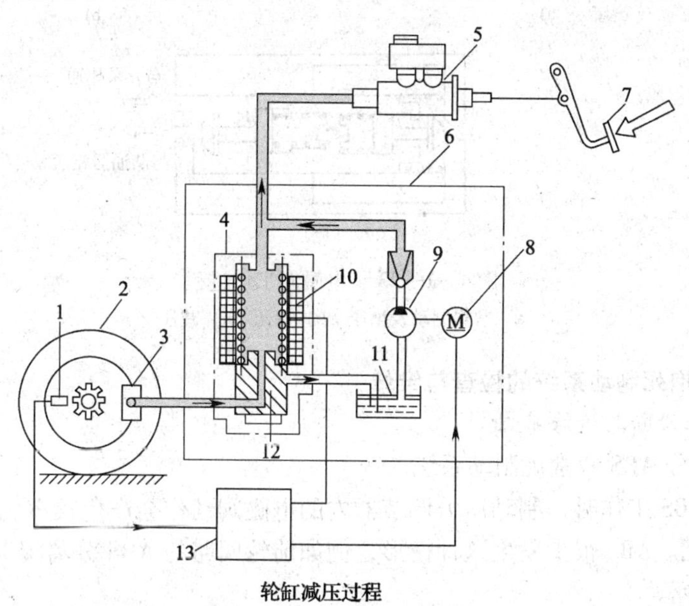

轮缸减压过程

图 4—1—21 减压阶段

1—轮速传感器 2—车轮 3—轮缸 4—电磁阀 5—主缸 6—液压部件 7—踏板 8—电动机 9—液压泵 10—线圈 11—储液器 12—柱塞 13—ECU

ABS 控制过程必须具备三个工作状态：增压、保压与减压。电磁阀接收到 ECU 控制指令，电磁线圈依据信号占空比或电平产生磁力，使衔铁按相应规律做径向运动，以控制进液与泄压旁通通道的快速开与闭。电磁阀的工作过程，如图 4—1—23 所示。

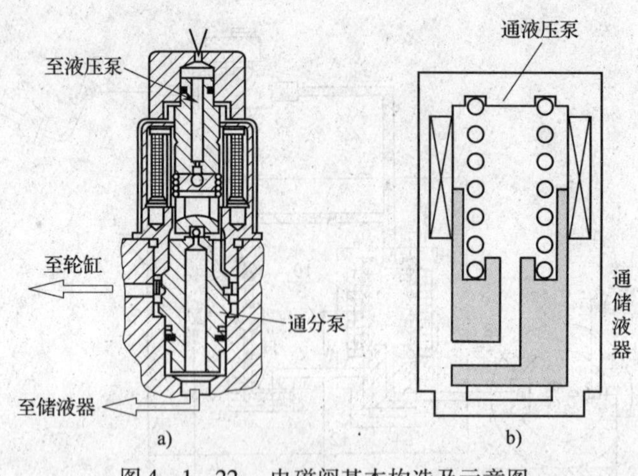

图 4—1—22　电磁阀基本构造及示意图

a）电磁阀结构　b）电磁阀示意图

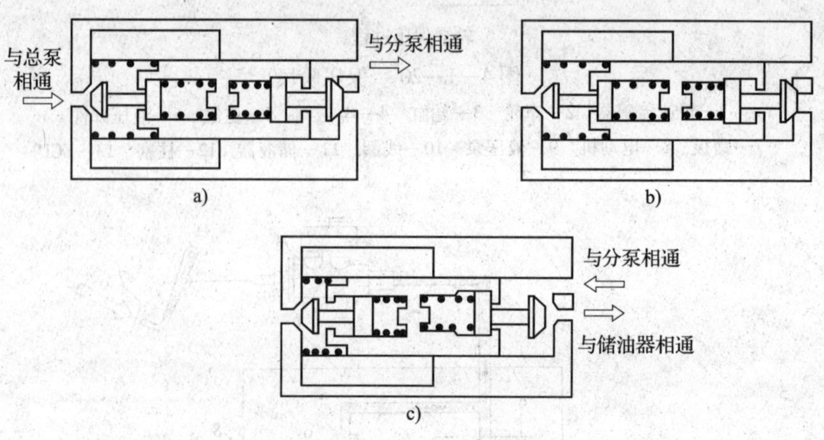

图 4—1—23　电磁阀工作过程

a）常规制动及增压　b）保压　c）减压

四、汽车防抱死制动系统的检查与维修

1．ABS 故障诊断与检修基础

（1）正确区分 ABS 和常规制动系统

1）噪声。ABS 工作时，制动压力调节器内的电磁阀动作会产生噪声。

2）制动抱死。ABS 很少发生这种情形，例如前轮回路的 ABS 分离阀卡在开关位置，常规制动系统会抱死。

3）踏板振动。ABS 工作时的液压回馈到踏板时，会引起踏板快速振动。但在常规制动工作时，若有振动发生，可能是制动盘不平、制动鼓失圆或者车轮轴承松动。

4）迟滞。在常规制动时，若制动容易出现抱死的倾向，则检查制动蹄片是否脏污，并且检查制动盘、制动鼓是否严重磨损。

5）拖曳。在附带巡航控制系统的 ABS 中，当电流流经巡航控制系统中的控制电磁阀及液压泵时，可能会引起系统对驱动轮施以制动而发生拖曳的现象。

6）制动踏板过硬。在整体式的 ABS 中，踏板变硬可能表示 ABS 中发生故障，因为在整体式 ABS 中，总泵及蓄压器不良或储能器无法蓄压时，都会导致踏板变硬。

【操作提示】

检修注意事项如下：

①ABS 与常规制动系统是不可分割的。如果制动系统出现故障，通常应首先判断出是 ABS 的故障还是常规制动系统的故障。

②制动液要求每年更换一次。

③在对高压储能器这类制动系统的液压装置进行维修之前，应首先泄压，使储能器中的高压制动液完全释放，在释放储能器中的高压制动液时，应先将点火开关断开，然后反复地踩下和放松制动踏板（至少要 25 次以上），直到踩下制动踏板觉得很硬时为止。

④制动液压系统进行维修以后，或者在使用过程中踩下制动踏板觉得变软时，应按照要求的方法和顺序对制动系统进行空气排除。

⑤维修轮速传感器要十分细心，拆卸时不要碰撞和敲击传感头；传感器间隙有的不可调，有的可调，调整时应用非磁性塞尺或纸片。

⑥尽量选用生产厂家推荐的轮胎。

⑦高温环境容易损坏 ECU。一般 ECU 只能承受 90℃ 温度，或在一定时间内承受 85℃ 温度，在对汽车进行烤漆作业时，应视情况将 ECU 从车上拆下。

⑧装有 ABS 的汽车和传统制动系统的制动操作方法是一样的。但在紧急制动时，不要重复地踩制动踏板，而只要把脚持续地踩在制动踏板上，ABS 就会自动进入制动状态，不需人工干预。多踩几次制动踏板，反而会使 ABS 的 ECU 得不到正确信号，导致制动效果不良。对液压制动系统而言，ABS 工作时制动踏板会有些轻微振动，或听到系统工作时有一点噪声，这些都是正常现象，表明 ABS 正在工作，并非故障。

（2）故障诊断基本步骤

1）听取用户反映。

2）直观检查。在 ABS 系统出现故障或感觉系统工作不正常时可先进行初步目视的直观检查。

①制动液面是否在规定的范围内。

②熔丝、继电器、插头和连接器是否良好。

③检查 ABS ECU 连接器（插头和插座）连接是否良好。

④检查 ABS ECU。压力调节器等的接地线是否接触可靠。

3）路试。进行路试时，应首先检查制动踏板感觉是否适宜，同时应分清 ABS 工作和不工作时的区别。测试 ABS 工作是否正常，应至少在 40 km/h 的初速度下紧急制动，若感觉到制动踏板有轻微的颤动，轮胎抱死时间小于 1 s，轮胎与地面基本上无拖痕，则说明 ABS 工作正常，否则说明 ABS 不起作用。

4）读取故障码。如果电子控制器发现系统中存在故障，一方面使 ABS 警示灯点亮，中断 ABS 工作，恢复常规制动系统；另一方面将故障码存入存储器中。可采取下述方法读取故障码：

①用专用诊断测试仪。

②连接自诊断启动电路。

③利用仪表板信息显示系统。

故障排除后要清除故障码。

5）快速检查。快速检查一般是在自诊断基础上进行的，它是利用 ABS 诊断测试仪、接线端子盒或万用表等，对系统可能有故障的部位的电路和元器件进行连续测试，以查找故障的方法。

2. ABS 的基础检查与调整

（1）ABS 的空气排放

ABS 制动液压系统中有空气侵入时，就会感到制动踏板无力，制动踏板行程过长，致使制动力不足。甚至制动失灵。因此，在制动液压系统中有空气侵入时，特别是在制动液压系统进行修理以后，必须对制动液压系统进行空气排除。

1）常规制动系统空气排放

①用一根软管一端接到放气螺钉上，另一端插到容器中。

②一人用力迅速踩下并缓慢放松制动踏板，如此反复。

③另一人拧松放气螺钉，管路中空气随制动液排出，排出后再将螺钉拧紧。

④重复上述步骤，直到容器里没有气泡为止。

⑤按由远到近的顺序排出制动油缸的空气。

⑥观察液面，必要时添加制动液。

2）ABS 空气排放

①先排除制动系统中存在的故障，并检查制动液压系统中的管路及其接头，如发现管路破裂或接头松动，应进行修理。

②检查储液室中的液位情况，如果发现液位过低，应先向储液室补充制动液。

③在储能器中往往蓄积着压力很高的制动液或矿物油，如果在松开排气螺钉时不注意，高压油液可能会喷出伤人。

（2）制动踏板的检查与调整

1）检查和调整制动踏板高度。丰田雷克萨斯 LS400 轿车制动踏板距离地板衬板面的高度为 142. 8 ~ 152. 8 mm。

2）检查和调整制动踏板行程。上海别克轿车制动踏板行程为 74 mm，雷克萨斯 LS400 轿车制动踏板行程为 75 mm。

3）检查和调整制动踏板自由行程。丰田雷克萨斯 LS400 轿车制动踏板自由行程为 3 ~ 5 mm。

（3）制动助力器的检测

1）检查助力器的工作状况。踏下制动踏板，起动发动机，踏板应稍有下移；踩住踏板，发动机熄火时，若踏板稍有上移，则助力器工作正常。

2）检查助力器的密封性。起动发动机，1 min 或 2 min 后停机，再慢慢踩下制动踏板数次，如果踏板第一次达到的位置最低，第二、第三次逐渐升高，则助力器密封性良好；发动机运转时踩下制动踏板，在不放开踏板的情况下停机，踩住踏板 30 s 后，踏板余量行程没有改变，则助力器密封性良好。

3. ABS 指示灯的检查方法

检查桑塔纳 2000GSI 型轿车 ABS 指示灯（K47）的功能时，接通点火开关，仪表盘上的 ABS 指示灯应发亮。如 ABS 指示灯不亮，其原因可能有以下几点，应分别进行检修。

（1）ABS 指示灯控制器插座上搭铁端子（31 号端脚，如图 4—1—24 所示。以下同）线路断路。

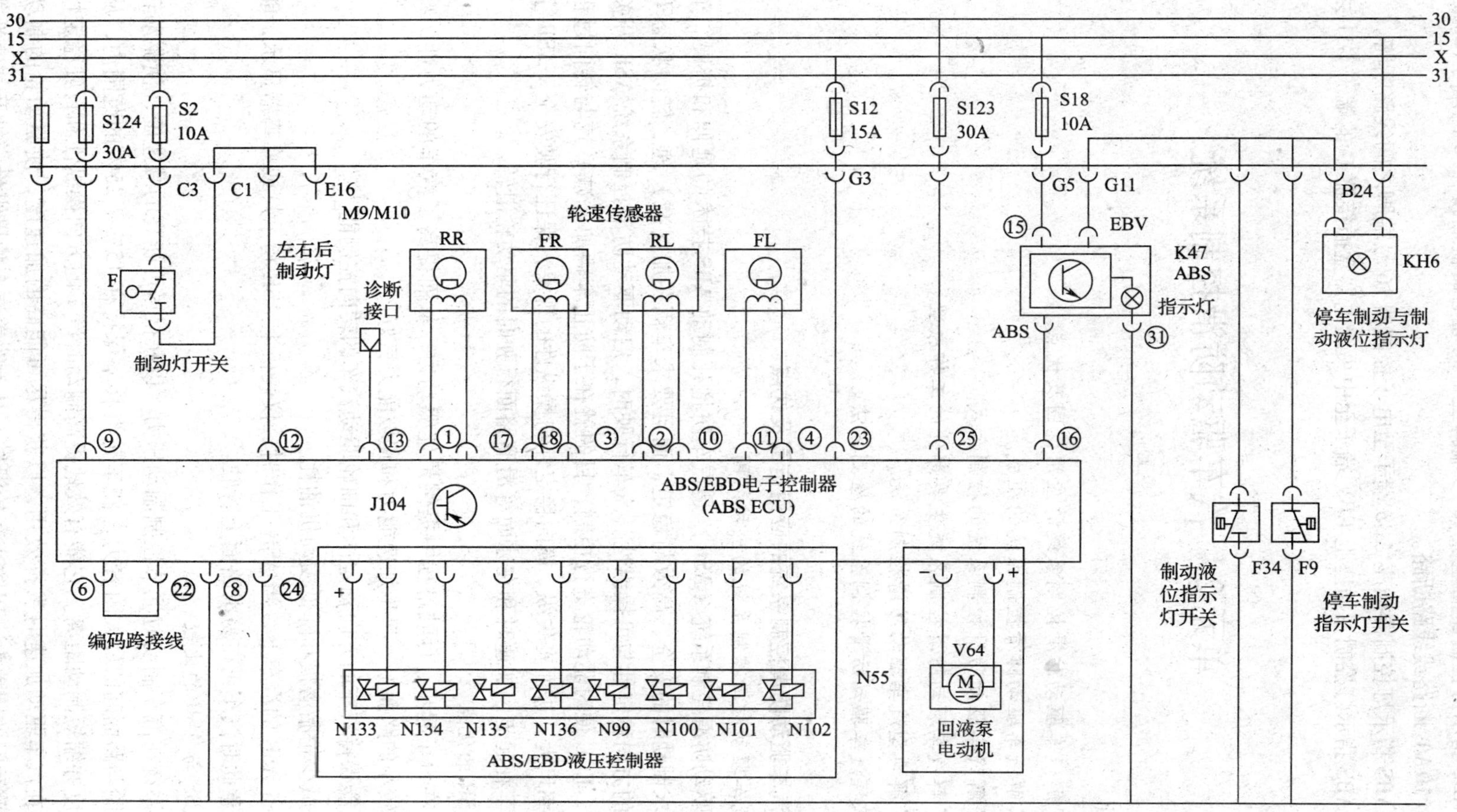

图 4—1—24　桑塔纳 2000GSI 型轿车 MK20－Ⅰ型 ABS ECU 电路图

（2）ABS 指示灯控制器插座上 15 号端脚至中央继电器盒插接器 G 的端子 G5 之间的熔断器 S18（10A）断路或线路断路。

（3）ABS 指示灯控制器插座 ABS 端子至电子控制器 16 号端脚之间线路断路。

（4）ABS 指示灯控制器插座上 EBV 端子至中央继电器盒插接器 G 的端子 G11 之间线路断路。

单元 2　汽车驱动防滑控制系统

学习目标

1. 了解汽车驱动防滑控制系统的应用范围及优点。
2. 了解汽车驱动防滑控制系统的组成。
3. 了解汽车驱动防滑控制系统的控制方式。
4. 了解汽车驱动防滑控制系统主要部件的工作原理。
5. 了解典型汽车驱动防滑控制系统。
6. 掌握汽车驱动防滑控制系统的检测方法。

一、汽车驱动防滑控制系统的应用范围及优点

1. 汽车驱动防滑控制系统的应用范围

汽车驱动防滑控制系统（ASR）是汽车防抱死制动 ABS 技术的延伸和扩展。车辆行驶时不仅要求制动时的安全、高效与稳定，而且要求车辆在加（减）速、转向状态下仍然具备行驶时的方向稳定性与可操纵性。汽车行驶时，启动驱动防滑控制系统 ASR 开关（见图 4—2—1），ECU 便对驱动轮进行控制，目的就在于防止车辆加（减）速与转向过程中出现车轮滑移率增大，进而丧失纵、横向稳定性与操纵性的现象，保证行驶安全。ASR 主要功用是防止汽车在起步、加速时和在冰面等滑溜路面行驶时的驱动轮滑转。

2. ASR 的优点

（1）在汽车起步、行驶过程中提供最佳驱动力，从而提高了汽车的动力性，特别是在附着系数较小的路面上，起步加速能力和爬坡能力良好。

（2）能保持汽车的方向稳定性和前轮驱动汽车的转向控制能力。

（3）减少轮胎磨损和降低发动机油耗。

在装备 ASR 的汽车上，当 ASR 工作时，仪表板上 ASR 指示灯或蜂鸣器显示，能够提醒驾驶员注意此时汽车正在易滑路面上行驶。

3. ABS 与 ASR 的比较

ABS 系统在汽车制动时调节控制制动压力，以获得尽可能高的减速度，使驱动轮的驱动力接近轮胎与路面间的最大附着力，使车轮滑移率保持在 15% ~25% 的范围内，从而提高制动减速度并缩短制动距离。它能有效地提高制动时汽车的方向操纵性和行驶稳定性。

ASR 在汽车驱动加速时发挥效用，以获得尽可能高的加速度，使驱动轮的制动力不超过轮胎与路面间的附着力，以防止车轮滑转，从而改善汽车的操纵稳定性及加速性能，提高

汽车的行驶平顺性。与 ABS 不同的是 ASR 在整个汽车行驶过程中均起作用，特别是在湿滑路面驱动轮防滑性能更佳（见图 4—2—2）。

图 4—2—1　汽车驱动防滑控制系统 ASR 控制开关

图 4—2—2　模拟湿滑路面体验 ASR 驱动防滑控制系统

ABS 及 ASR 均以改善汽车行驶稳定性为前提，以控制车轮运动状态为目标。ABS 是使车轮转动角速度不为零，防止车轮抱死滑移，一般在车速很低（小于 8 km/h）时不起作用。ASR 是使车轮中心平移速度即车速不为零，防止车轮滑转，一般在车速很高时不起作用。

二、汽车驱动防滑控制系统的组成

ASR 系统主要由传感器、电子控制单元（ECU）、执行器、驱动车轮制动器等组成，很多部件与 ABS 共用，如图 4—2—3 所示。

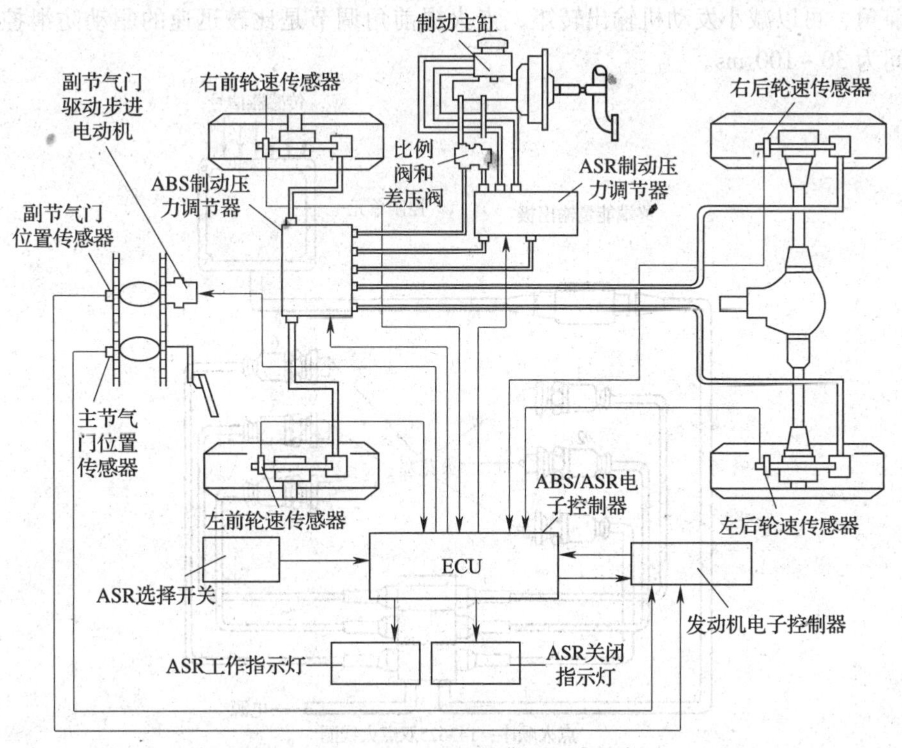

图 4—2—3　ABS/ASR 的典型组成示意图

各主要部件的功能如下：

电子控制单元（ECU）是 ASR 的控制单元，可根据前后轮速传感器传递的信号以及发动机和自动变速器的电子控制单元中节气门开度信号判断汽车行驶条件后，对副节气门执行器、ASR 液压制动执行器发出指令，使其完成对发动机供油系统或点火时刻的控制或对制动压力进行调整。

ASR 系统的传感器主要是轮速传感器和节气门位置传感器。一般轮速传感器与 ABS 系统共用，主要完成对车轮速度的检测，并将轮速信号传送给 ABS 和 ASR 电子控制单元。主、副节气门位置传感器用于检测节气门的开启角度，并将这些信号传送给发动机和自动变速器电子控制单元。

ASR 系统的执行器主要是 ASR 执行器和副节气门执行器。前者根据从 ABS 和 ASR ECU 传来的信号为 ABS 执行器提供液压；后者则根据 ASR ECU 传送来的信号控制副节气门的开启角。

三、汽车驱动防滑控制系统的控制方式

保持驱动轮始终处于最佳滑移率范围的驱动防滑控制方式有发动机输出转矩控制、驱动轮制动力矩控制、差速器锁止控制、离合器或变速器控制。这些控制方式均可以使驱动轮上的驱动力矩得到调整。

1．*发动机输出转矩控制*

（1）汽油发动机

汽油发动机控制输出转矩主要有三种，是利用驱动防滑控制器输出指令，来分别执行点火参数、燃油供给量和节气门开度的调节。

1）点火参数的调节控制原理。汽油机微机控制点火系统如图 4—2—4 所示。控制减小点火提前角，可以减小发动机输出转矩，点火提前角调节是比较迅速的驱动防滑控制方式，反应时间为 30～100 ms。

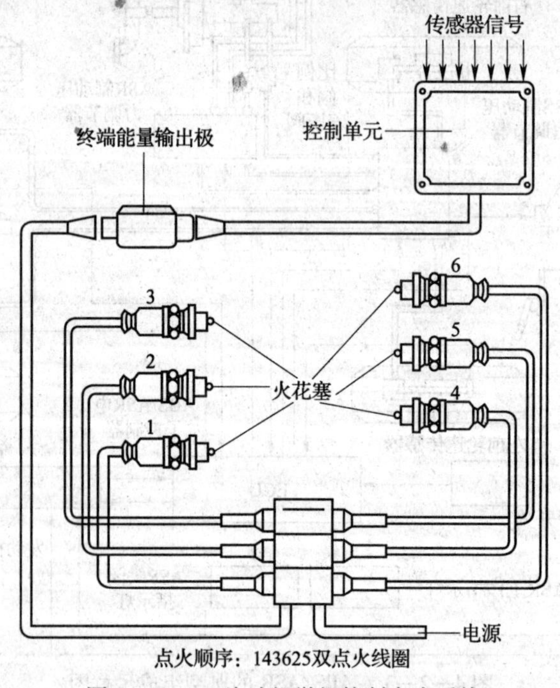

图 4—2—4　汽油机微机控制点火系统

2）燃油供给量的调节原理。汽油机燃料供给系如图4—2—5所示。减少供油或暂停供油，可以减小发动机输出转矩，这是现代驱动防滑控制中比较容易的方式。可以和燃油喷射电子控制系统结合在一起。

3）节气门开度的调节原理。节气门开度调节是指在原节气门通道的基础上，串联一个副节气门，由传动机构控制其开度，调节输出转矩。其工作平稳，反应较慢，需要与其他控制方式配合使用。

（2）柴油发动机

柴油机燃料供给系如图4—2—6所示。柴油发动机通常是通过调节器调节喷油泵的喷油量来降低其输出转矩，从而防止驱动轮空转。

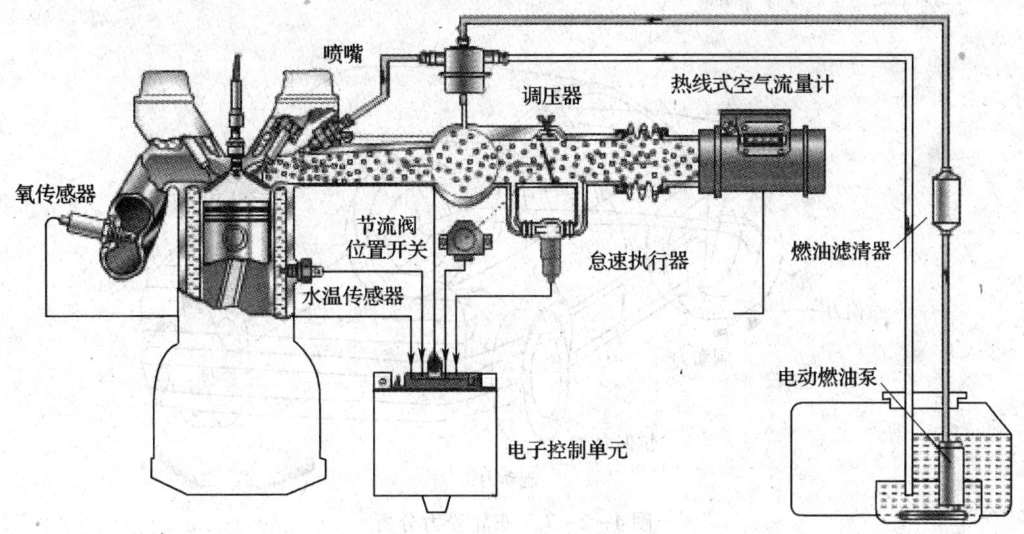

图4—2—5　汽油机燃料供给系

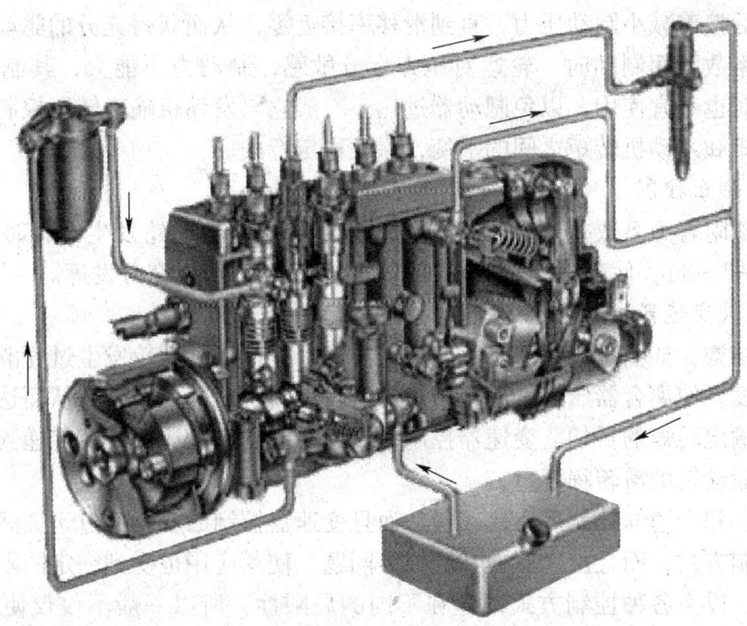
图4—2—6　柴油机燃料供给系

柴油发动机控制输出转矩主要有两种，一种是汽缸驱动控制方式来自动调节供油量，另一种是电动机控制方式来自动调节供油量。

发动机输出转矩控制是最早应用的驱动防滑控制方式，它在附着力系数较小的冰雪路面上，或在高速下，驱动轮发生过度滑转时，该控制方式十分有效。

2．驱动轮制动力矩控制

汽车制动时，车轮受力分析如图 4—2—7 所示。驱动轮制动力矩调节就是利用制动器对发生滑转的驱动轮施加制动力矩，直接对滑转的车轮起制动作用，使车轮转速降至最佳的滑移率范围内，其反应时间短，是防止滑转最迅速的一种控制方式。

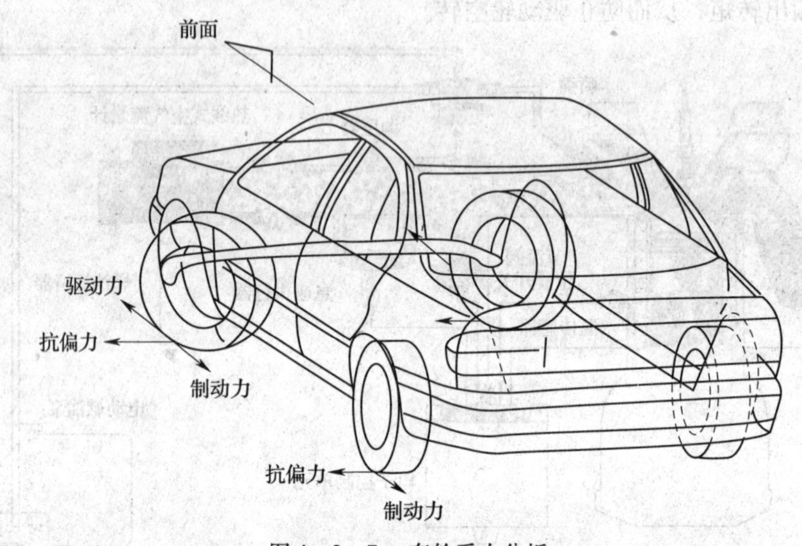

图 4—2—7　车轮受力分析

这种方式的防滑控制迅速。在驱动轮滑移率增大超过限制值时，便施加制动力，使驱动轮速下降。之后接着减小制动压力，直到滑移率接近零，从而获得充分的驱动力。

在低附着系数路面制动时，轮速对压力十分敏感，制动力不能大，其制动压力比 ABS 要小，在高速时也不宜使用，以免制动器过热。一般它与发动机输出转矩控制联合使用，使之达到制动力矩和发动机转矩之间的平衡，保证稳定行驶。

3．差速器锁止控制

当轮胎两侧附着力系数差别较大，低附着力系数一侧驱动轮发生滑转时，ECU 锁止差速器（见图 4—2—8），使高附着系数一侧驱动轮的驱动力得以充分发挥。

4．离合器或变速器控制

离合器的结构，如图 4—2—9 所示。离合器控制是指当驱动轮发生过度滑转时，减弱离合器的接合程度，使离合器压盘、离合器片、压盘之间出现部分滑转，从而达到减小输出到半轴的发动机输出转矩的目的。变速器控制是指通过改变传动比来改变传递到驱动轮的驱动力矩，以减小驱动轮的滑转程度。

由于离合器和变速器控制反应比较慢，而且变速器控制的变化又过于突然，所以一般不作为单独的控制方式，而且由于压力和磨损等问题，使其应用也受到一定的限制。

综上所述，以上各种控制方式都存在不同的局限性，所以一般不仅仅使用一种控制手段，而是组合应用。现在广泛采用的控制方式是发动机节气门开度调节和驱动轮制动力矩调节的组合应用。

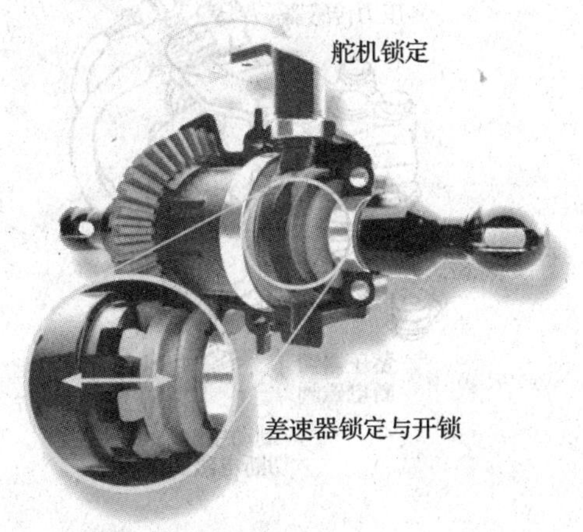

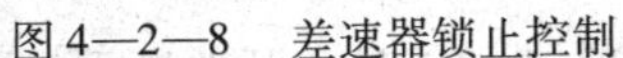

图 4—2—8　差速器锁止控制

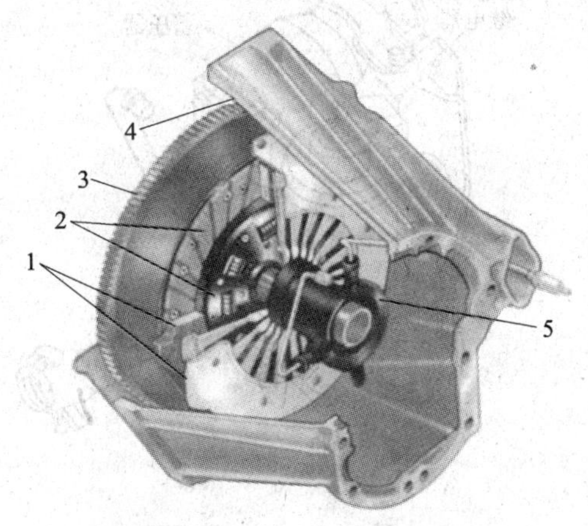

图 4—2—9　离合器
1—压盘　2—离合器片　3—飞轮
4—变速器壳体　5—操控机构

四、汽车驱动防滑控制系统主要部件的工作原理

1. ASR 系统的传感器

ASR 系统的传感器主要是轮速传感器和节气门位置传感器。轮速传感器通常与 ABS 系统共用，节气门位置传感器与发动机共用。

2. ASR 液压制动执行器

ASR 液压制动执行器由液压泵和液压制动执行器组成。液压泵（见图 4—2—10）用于产生液压，液压制动执行器用于将液压泵传输来的液压传送给车轮制动轮缸，并且从车轮制动轮缸中释放液压。左右后轮制动轮缸中的液压由 ABS 执行器根据从 ABS 和 ASR ECU 传送来的信号分别进行控制。

液压泵由泵本体和蓄压器组成。其中泵体结构为柱塞式，由电动机驱动，其作用是从制动主缸储液器中提取制动液，经泵压缩升压后，再送回蓄压器。蓄压器则用于储存加压后的制动液，同时也在 ASR 系统工作时向车轮制动轮缸提供制动液。另外，蓄压器中还填充着高压氮气，当制动液体积发生变化时，它能起到缓冲作用。

液压制动执行器由储液器切断电磁阀、蓄压器切断电磁阀、制动主缸切断电磁阀和压力开关或压力传感器组成，如图 4—2—11 所示。

储液器切断电磁阀处于常闭状态，即电磁阀不通电时，阀门处于关闭状态。当 ASR 系统工作时，阀门打开，将车轮制动轮缸的制动液传送回制动主缸中。蓄压器切断电磁阀不工作时，也处于常闭状态。在 ASR 系统工作时，阀门打开，将制动液从蓄压器中传送至车轮制动轮缸中。制动主缸切断电磁阀则处于常开状态，即电磁阀不工作时，阀门呈打开状态。当电磁阀通电后，阀门关闭，在蓄压器中的制动液压传递到车轮制动轮缸后，防止制动液流回制动主缸。压力开关或压力传感器用于调节蓄压器中的压力，并将相关信息传送给 ABS 和 ASR ECU，ECU 再依据这些数据控制液压泵的运转。其中压力开关用于左座驾驶车型，压力传感器用于右座驾驶车型。压力开关或压力传感器安装位置如图 4—2—12 所示。

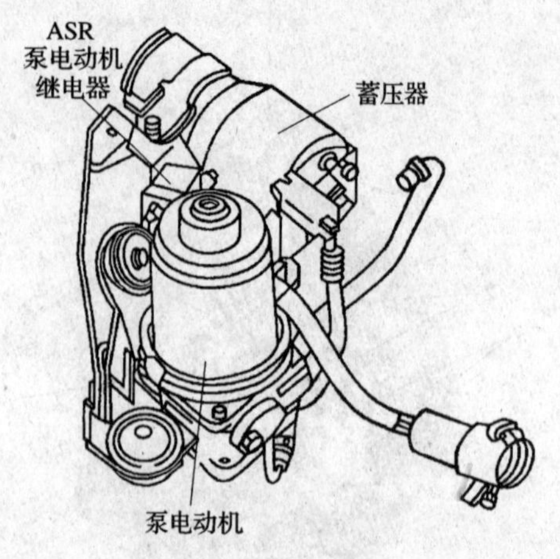

图 4—2—10 液压泵

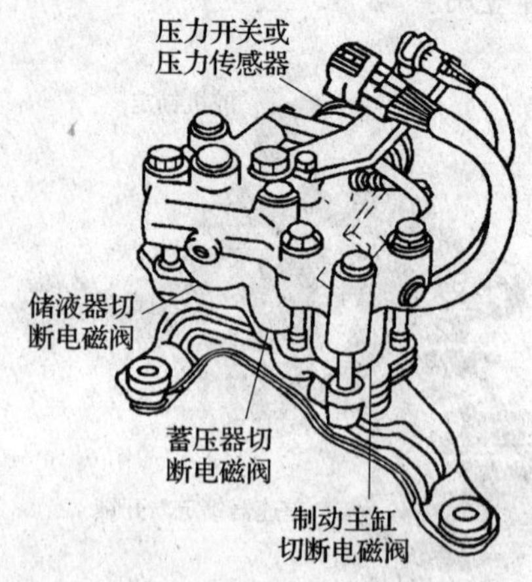

图 4—2—11 液压制动执行器

左座驾驶汽车采用的是压力开关，当液压高于约 13.4 kPa 时，开关断开；液压低于约 9.32 kPa 时，开关接通。右座驾驶的汽车则采用压力传感器，以晶体管作为开关，当液压高于约 12.75 kPa 时，晶体管导通；当液压低于约 8.63 kPa 时，晶体管截止。对于正常制动，ASR 液压制动执行器的所有电磁阀均断开，此时踩下制动踏板，制动主缸中产生的制动液压通过制动主缸切断电磁阀，并通过 ABS 执行器中的电磁阀对车轮制动轮缸起作用。放松制动踏板时，制动液从车轮制动轮缸中流回制动主缸。

电磁阀外形如图 4—2—13 所示。各电磁阀与阀在正常制动时的状态见表 4—2—1。

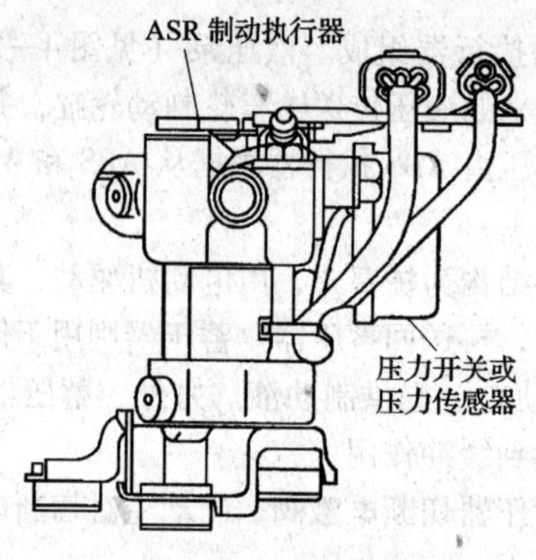

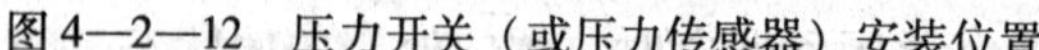

图 4—2—12 压力开关（或压力传感器）安装位置

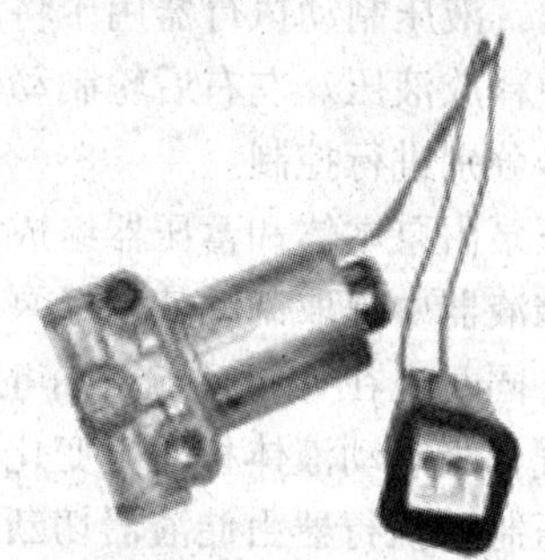

图 4—2—13 电磁阀

表 4—2—1 各电磁阀与阀在正常制动时的状态

部件名称	电磁阀	阀的状态
制动主缸切断电磁阀	断开	开
蓄压器切断电磁阀	断开	关
储液器切断电磁阀	断开	关

当汽车后轮在加速过程中发生滑转时，ABS 和 ASR 开始起作用，左右后轮制动器中的制动液被分别控制为三种状态：压力升高、压力保持和压力降低。

整个系统由 ABS 液压制动执行器和 ASR 执行器两部分组成。正常制动时，ASR 不起作用，所有 ASR 液压制动执行器的电磁阀处于断开状态，但不影响 ABS 的正常工作。如果车轮出现抱死现象，则 ABS 起作用，通过制动主缸切断电磁阀和 ABS 执行器的电磁阀对车轮制动压力进行调节，如图 4—2—14 所示。

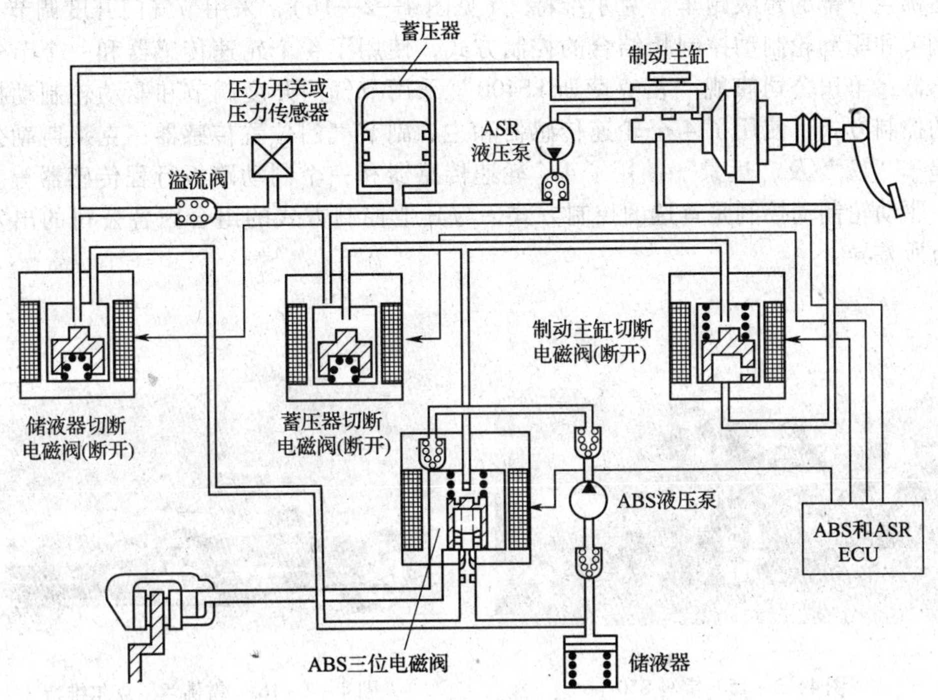

图 4—2—14　正常制动时的 ASR 系统工作示意图

当车轮出现滑转时，ABS 与 ASR 执行器同时起作用，ABS 执行器的电磁阀处于加压状态，ASR 执行器中的所有电磁阀全部接通，即制动主缸切断电磁阀接通，处于关闭状态，蓄压器切断电磁阀接通，处于打开状态。这样在蓄压器中，被加压的制动液通过蓄压器切断电磁阀和 ABS 执行器的电磁阀进入制动轮缸，增大制动压力。

当需要保持车轮的制动压力时，ASR 执行器正常工作，ABS 与 ASR 电子控制单元将 ABS 执行器的电磁阀开关处于压力保持状态，控制蓄压器中高压制动液的释出，实现驱动车轮制动压力保持不变。

当需要减小驱动车轮的制动压力时，ASR 执行器正常工作，ABS 与 ASR ECU 将 ABS 执行器的电磁阀开关处于减压状态，车轮制动轮缸中的液压通过 ABS 执行器中的电磁阀和储液器切断电磁阀流回制动主缸的储液器中，使制动液压降低。

如果需要对左右驱动车轮的制动压力实施不同的控制时，ABS 与 ASR ECU 可以分别对各轮对应的 ABS 电磁阀实施不同的控制。

3. ASR 系统的 ECU

ASR ECU 与 ABS ECU 是相似的，同样以微处理器为核心，再配以输出电路及电源等。

由于 ABS 与 ASR 的一些信号输入与处理是相同的，为了减少电子元件的数量，提高结构的紧凑性，通常将两者结合起来组成一个整体。

五、汽车驱动防滑控制系统典型系统

目前防滑控制系统主要应用在高档轿车上，如宝马（BMW）顶级车 850i（见图 4—2—15）采用节气门开度调节、点火延迟调节、变速器换挡时机调节和驱动轮制动控制相结合的控制调节方式，使用了 4 个轮速传感器和一个节气门位置传感器；通用汽车公司雪佛兰分部的超级跑车“克尔维特”（见图 4—2—16），采用节气门开度调节、点火延迟调节和驱动轮制动控制相结合的控制方式，使用了 4 个轮速传感器和一个节气门位置传感器；丰田公司旗舰“雷克萨斯 LS400”采用节气门开度调节和驱动轮制动控制相结合的控制方式，使用了 4 个轮速传感器和主、副节气门位置传感器；克莱斯勒公司的超级跑车“鹰”及“远景”使用了 4 个轮速传感器和一个制动踏板行程传感器等。可以看出，驱动轮制动控制是首选的控制方式，与其他控制方式的组合因各公司的出发点不同而有所差异。

图 4—2—15　宝马 850i

图 4—2—16　雪佛兰 - 克尔维特

六、汽车驱动防滑控制系统的认识及检测

1. 认识丰田雷克萨斯 LS400 轿车驱动防滑控制系统

丰田雷克萨斯 LS400 顶级豪华轿车的驱动防滑控制系统，如图 4—2—17 所示。它主要由轮速传感器 11 和 20，ABS/TRAC ECU 7，ABS 制动压力调节器 1，TRAC 隔离电磁阀总成 2，TRAC 制动供能总成（包括 TRAC 电动供液泵 15 和 TRAC 蓄压器 17），主副节气门位置传感器 3 和 4，副节气门步进电动机 5 等组成。

2. 驱动防滑控制系统主要装置的检测

（1）传感器、开关及继电器检测

1）检查副节气门位置传感器。如图 4—2—18 所示，检查和测量副节气门位置传感器的连接器各接线柱间的电阻值及连通性。其电阻值及连通性见表 4—2—2。

2）检查压力传感器。如图 4—2—19 所示，压力传感器需要 5 V 电压，测量时，电压表指示值应约为 5 V。将发动机运行约 30 s 以提高 TRAC 执行器的液压，然后使发动机停转，但点火开关接通，此时再测量 PR 和 E_2 之间的电压，其值约为 2.5 V。

3）检查 TRAC 切断开关。如图 4—2—20 所示，检查 TRAC 切断开关打开和关闭时，3，4 接线柱的连通性。打开时应连通，关闭时应不连通。

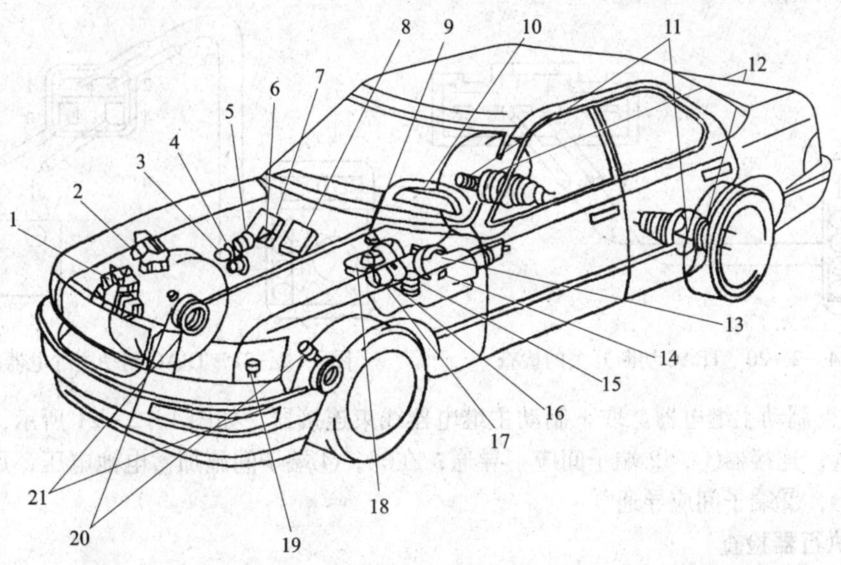

图 4—2—17　雷克萨斯 LS400 防滑控制系统的组成与元件布置图

1—ABS 制动压力调节器　2—TRAC 切断（隔离）电磁阀总成　3—副节气门位置传感器
4—主节气门位置传感器　5—副节气门步进电动机　6—副节气门步进电动机继电器
7—ABS/TRAC ECU　8—发动机和变速器 ECU　9—TRAC 切断开关　10—TRAC 工作指示灯和 TRAC 关断指示灯
11—后轮速传感器　12—后轮速传感器齿圈　13—制动灯开关　14—空挡起动开关　15—TRAC 电动供液泵
16—TRAC 电动供液泵继电器　17—TRAC 蓄压器　18—制动液液面警报开关
19—TRAC 制动主继电器　20—前轮速传感器　21—前轮速传感器齿圈

表 4—2—2　　检测各接线柱间的电阻值及连通性

接线柱	副节气门	电阻及连通性
V_C-E_2	全开	4.0～9.0 Ω
$V_{TA}-E_2$	全开	3.3～10.0 Ω
	全关	0.2～6.0 Ω
$IDL-E_2$	全关	连通
	开	不连通

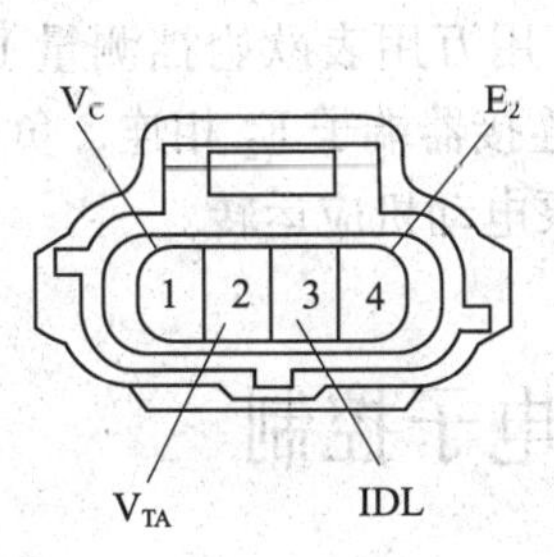

图 4—2—18　检查副节气门位置传感器的连接

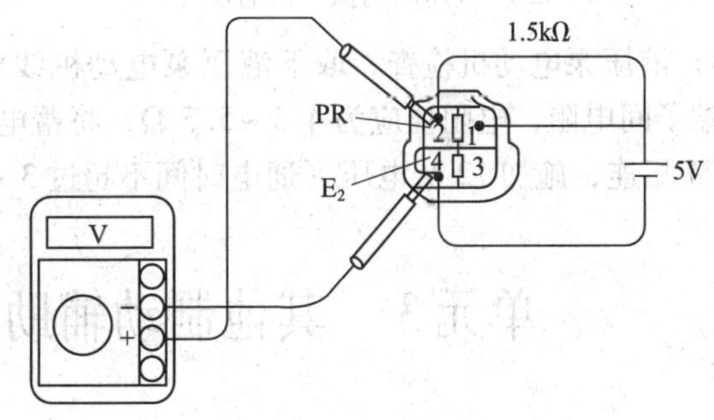

图 4—2—19　压力传感器的连接器及其检查

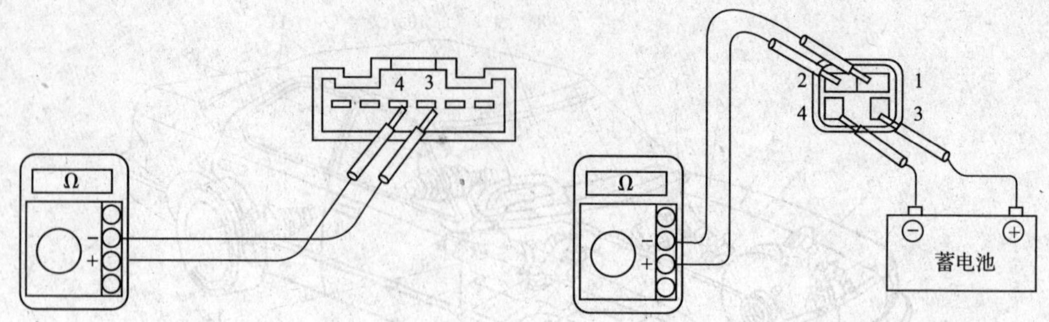

图 4—2—20　TRAC 切断开关的检查　　图 4—2—21　TRAC 制动主继电器的检查

4）检查制动主继电器。取下制动主继电器线束连接器，如图 4—2—21 所示，用万用表欧姆挡测量，连接器①，②端子间应不导通，在③，④端子间施加蓄电池电压，用万用表欧姆挡测量①，②端子间应导通。

（2）执行器检查

1）液压制动执行器检查。取下液压制动执行器线束连接器。如图 4—2—22 所示，用万用表欧姆挡检查连接器 BSR 与 SRC 端子间、BSM 与 SMC 端子间、BSA 与 SAC 端子间应导通。

2）副节气门执行器检查。取下副节气门执行器线束连接器，用万用表欧姆挡检查。如图 4—2—23 所示，连接器端子 B - B 与 COM - $\overline{B}$ 间、A - A 与 COM - $\overline{A}$ 应导通。3、2 应与 1 导通；6、5 应与 4 导通。

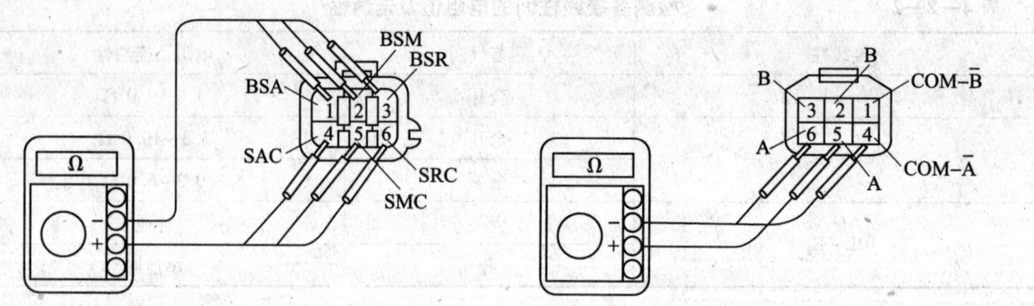

图 4—2—22　液压制动执行器的检查　　图 4—2—23　副节气门执行器的检查

3）液压泵电动机检查。取下液压泵电动机线束连接器。用万用表欧姆挡测量 BTM 与 MTT 端子间电阻，电阻值应为 4.5 ~ 5.5 Ω，将蓄电池正极与连接器端子 E_2 相连，负极与端子 BTM 相连，施加 12 V 电压（通电时间不超过 3 s）TRAC 泵电动机应运转。

单元 3　其他制动辅助系统的电子控制

学习目标

1. 了解制动力分配电子控制系统的作用与原理。
2. 了解制动辅助控制系统的作用及原理。

3．了解车身稳定性电子控制系统的作用、结构及原理。

4．了解汽车制动控制新技术。

5．掌握车身稳定性电子控制系统的使用与检测。

装备 ABS 和 ASR 的汽车并不能解决所有制动问题，为进一步提高制动效能，确保制动时方向的稳定性，现在研制出了制动力分配电子控制系统、制动辅助控制系统、车身稳定性电子控制系统。

一、制动力分配电子控制系统的作用与原理

制动力分配电子控制系统（EBD 或 EBS）（见图 4—3—1）功能是汽车防抱死制动系统 ABS 的辅助功能。是在 ABS 的基础上添加限压阀、比例继动阀、桥控调节阀等硬件装置，并编制相应的软件程序即可实现制动力分配的最佳控制，从而降低制动距离（见图 4—3—2），提高制动时方向的稳定性。

对于具有固定比值的前、后制动器制动力的制动系，其实际制动力分配曲线与理想的制动力分配曲线相差很大，制动效能较低，前轮可能因抱死而丧失转向控制能力，后轮也可发生甩尾现象。为了防止发生这些危险，现代汽车普遍采用了电子控制制动力分配程序，根据制动减速度（根据车轮转速传感器提供的速度变化率求得）和车轮载荷变化（紧急制动时，汽车轴荷向前移动），自动改变前轮、后轮制动力的分配，从而缩短了制动距离和提高了行驶稳定性。

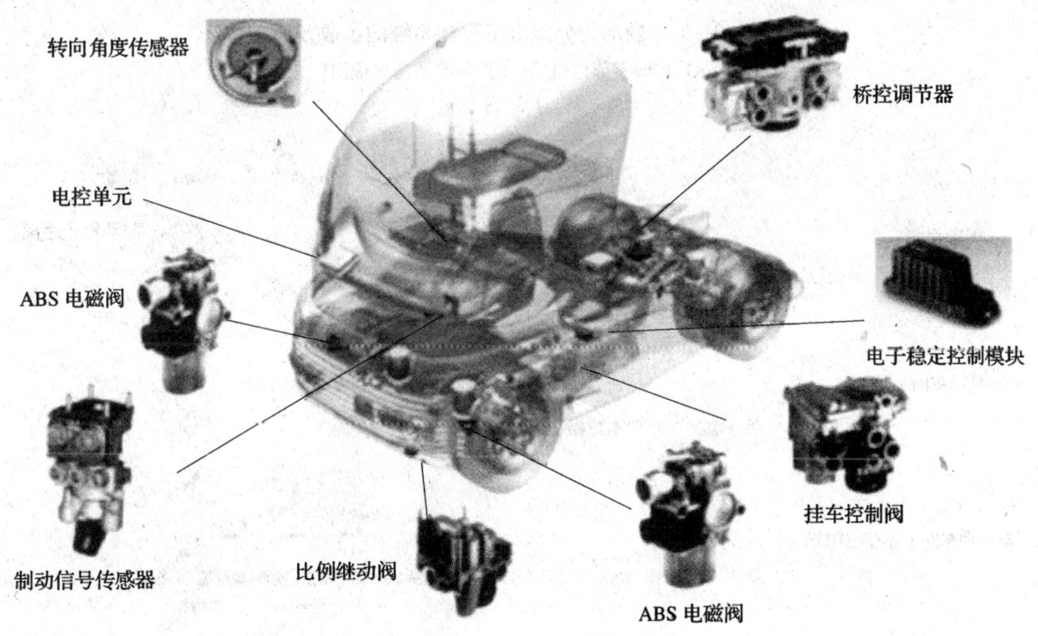

a)

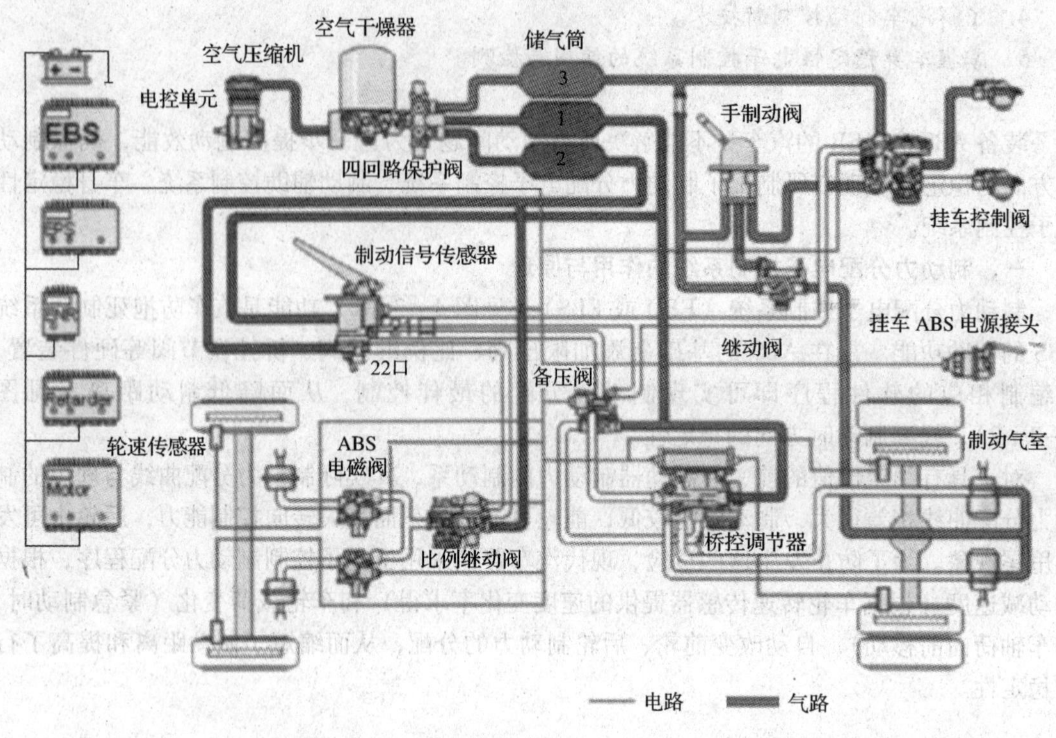

b)

图 4—3—1　制动力分配电子控制系统的组成及原理

a）EBS 零部件组成　b）EBS 系统原理图

图 4—3—2　制动距离比较

实际制动力分配曲线是兼顾制动稳定性和最短制动距离并优先考虑制动稳定性的原则进行控制。汽车制动时，制动力分配系统 EBD 将根据前、后车轮载荷的变化以及车轮抱死情况，利用制动压力调节器来调节前、后车轮制动器的制动力。前、后车轮制动力的分配情况如图 4—3—3a 所示，图中阴影范围为前、后车轮的制动力可调范围。由图中阴影部分可见，装备 EBD 时，后轮制动力的大小可在轻载与满载分配曲线之间进行调节，随着前轮制动力增大，后轮制动力明显增大。除此之外，当汽车在弯道行驶时，ABS/EBD ECU 还可根据转向盘转角传感器信号，对左、右车轮制动力的分配进行调节，如图 4—3—3b 所示，图中箭头长短表示制动力的大小，为了汽车在弯道行驶时制动的稳定性，ABS/EBD ECU 分配给外侧车轮的制动力明显大于内侧车轮的制动力，从而保证汽车沿弯道稳定行驶。

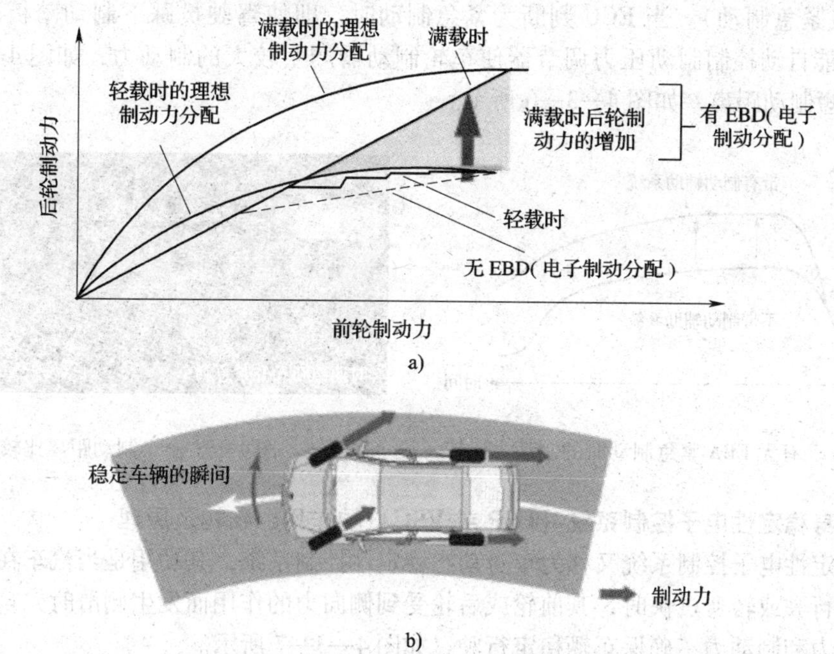

图 4—3—3　EBD 制动力分配控制

a) 前/后　b) 左/右

二、制动辅助控制系统的作用与原理

制动辅助控制系统简称为制动辅助系统（EBA）。制动辅助系统是在汽车防抱死制动系统 ABS 的基础上，增设一只制动踏板行程传感器和制动压力传感器，并在防抱死制动电控单元 ABS ECU 中增设制动力调节软件程序而构成（称为 ABS/EBA ECU）。

1. 制动辅助控制系统的作用

制动辅助控制系统的功用是根据制动踏板行程传感器信号（见图 4—3—4）和制动压力传感器信号，判断作用于制动踏板的速度和力量，增大汽车紧急制动时的制动力，从而缩短制动距离。

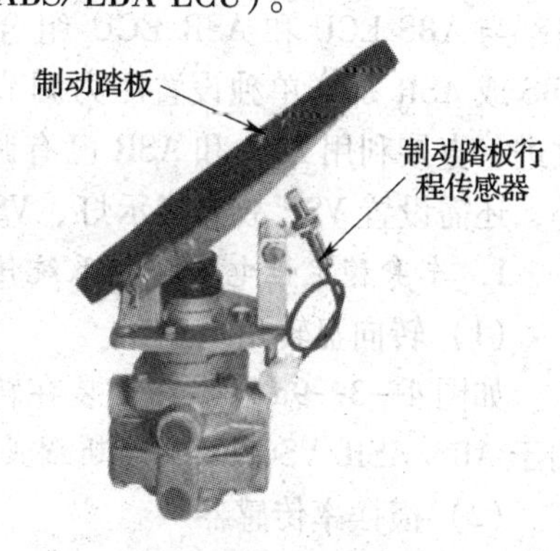

图 4—3—4　制动踏板行程传感器

制动踏板行程传感器用于检测驾驶员操作制动踏板的速度，制动压力传感器用于检测制动主缸制动液压力的高低，ECU 根据制动踏板的速度信号和制动液压力信号来计算和判断本次制动属于常规制动还是紧急制动，并向 ABS 液压调节器的电磁线圈发出不同占空比的控制脉冲，以便控制制动力的大小。

2. 制动辅助控制

在汽车紧急制动时，由于驾驶技术水平和精神紧张程度等原因，约有 42% 的驾驶员不能使车轮制动器产生足够的制动力。

装备制动辅助控制系统后，ECU 能够根据制动踏板传感器信号的变化率和制动压力传感器信号，计算确定驾驶员踩下制动踏板的速度和力量，从而判断出本次制动为哪一类制动（常规制动或紧急制动）。当 ECU 判断为紧急制动时，即使驾驶员踩下制动踏板的力量很弱，ECU 也能自动控制制动压力调节器使车轮制动器产生较大的制动力，如图 4—3—5 所示，从而缩短制动距离，如图 4—3—6 所示。

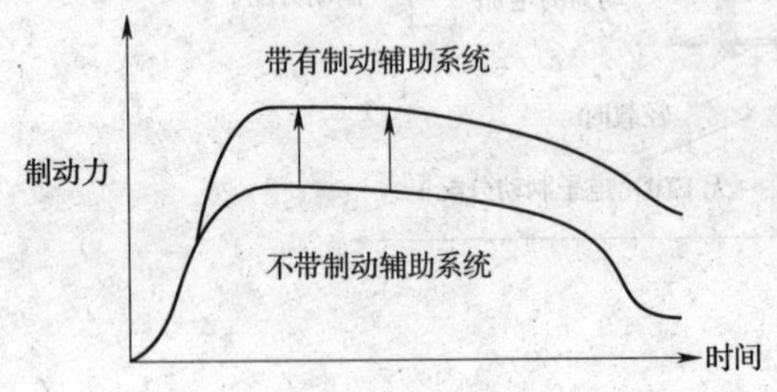

图 4—3—5　有无 EBA 紧急制动时的制动力比较

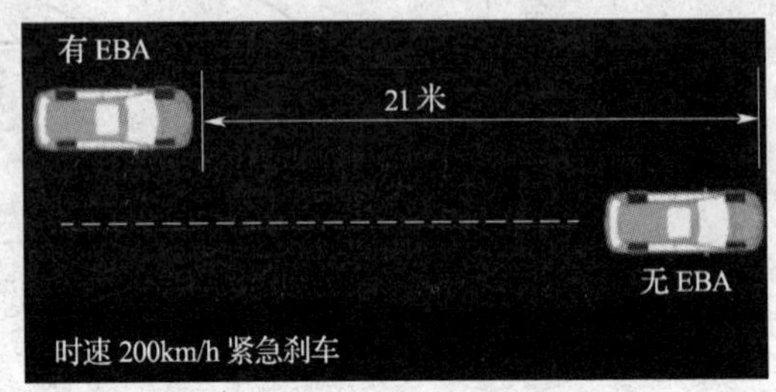

图 4—3—6　制动距离比较

三、车身稳定性电子控制系统（ESP 或 VSC）的作用、结构及原理

车身稳定性电子控制系统又称为车身动态稳定性控制系统，其功用是当汽车在湿滑、多变的路面上行驶或转弯过快时，其前轮或后轮受到侧向力的作用而发生侧滑时，自动调节各车轮的驱动力和制动力，确保车辆稳定行驶，如图 4—3—7 所示。

车身稳定性电子控制系统 VSC 也是由传感器、电控单元（VSC ECU）和执行器 3 部分组成，如图 4—3—8 所示。因为 VSC 是 ABS 和 ASR 的完善与补充，所以 VSC 的大部分控制部件都可与 ABS 和 ASR 公用。为了实现防止车轮侧滑功能，VSC 在 ABS 和 ASR 的基础上，传感器部分需要增设用于检测汽车状态的横摆率传感器、转向盘转角（转向角）传感器、横向加速度传感器以及检测制动（总泵）压力的制动液压力传感器。电控单元（VSC ECU）需要增强运算能力，增加相应的信号处理电路、驱动放大电路和软件程序等。VSC ECU 一般都与 ABS ECU 和 ASR ECU 组合为一体，称为 ABS/ASR/VSC ECU，执行器部分既可像 ABS 或 ASR 那样单独设置压力调节器和发动机输出转矩调节器，也可对液压通道进行适当改进，直接利用 ABS 和 ASR 已有调节装置对压力和发动机输出转矩进行调节即可。除此之外，还需设置 VSC 故障指示灯、VSC 蜂鸣器等指示与报警装置。

1. 车身稳定性电子控制系统传感器

（1）转向盘转角传感器

如图 4—3—9a 所示，安装在转向盘的后侧，检测驾驶员转动转向盘的角度信号，主要用于 ABS/ASR/VSC ECU 判断驾驶员操作转向盘的转向意图（向左转弯还是向右转弯）。

（2）横摆率传感器

如图 4—3—9b 所示，又称为偏航率传感器，安装在汽车行李箱内后轴上部中央位置，并与汽车车身中心垂直轴线平行。用于检测后轴绕车身中心垂直轴线旋转的角速度（横摆率）

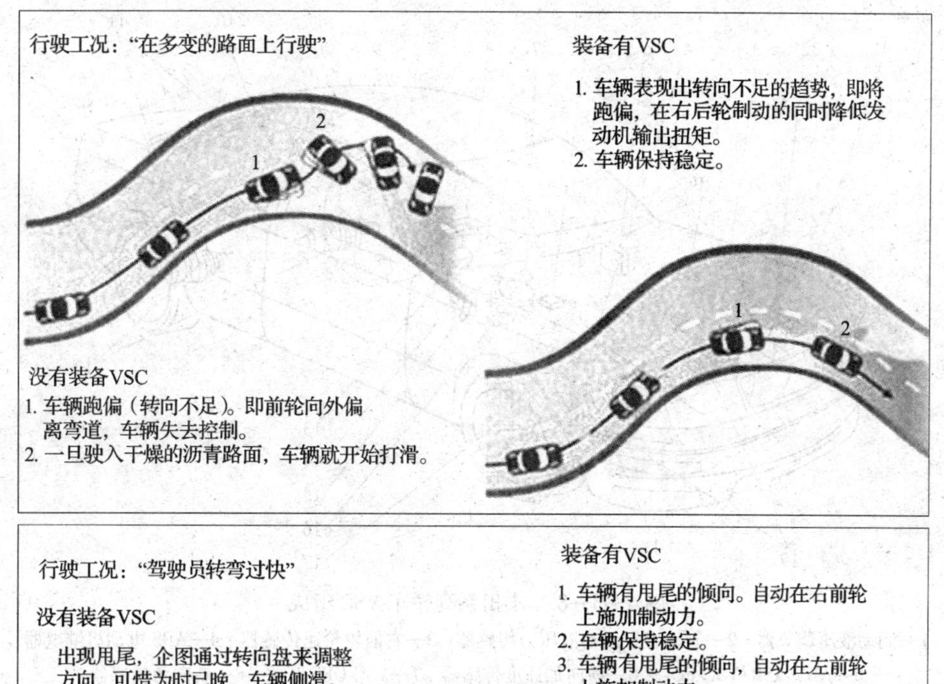

图 4—3—7　车身稳定性电子控制系统的作用

信号。横摆率传感器是反映后轮是否产生侧滑的关键部件。当横摆率传感器有信号输入 VSC ECU 时，说明后轮有侧滑现象。如果后轮向右侧滑时的横摆率传感器信号为正，则横摆率传感器信号为负时则表示后轮向左侧滑。

（3）横向加速度传感器

如图 4—3—9c 所示，简称加速度传感器或 G 传感器，功能与横摆率传感器相同。安装在汽车重心前方前轴上部中央位置的地板下面。用于检测前轴的横向加速度信号，供 ABS/ASR/VSC ECU 判断车身状态以及前轮是否产生侧滑。

（4）轮速传感器

如图 4—3—9d 所示，安装在每个车轮上检测车轮旋转的角速度。主要用于 ABS/ASR/VSC ECU 计算车轮滑移率和滑转率并采取相应的控制措施。

（5）制动液压力传感器

如图 4—3—9e 所示，安装在 VSC 制动液压调节器的上部（见图 4—3—8）。用于检测制动主缸（总泵）内制动液的压力，ABS/ASR/VSC ECU 根据制动液

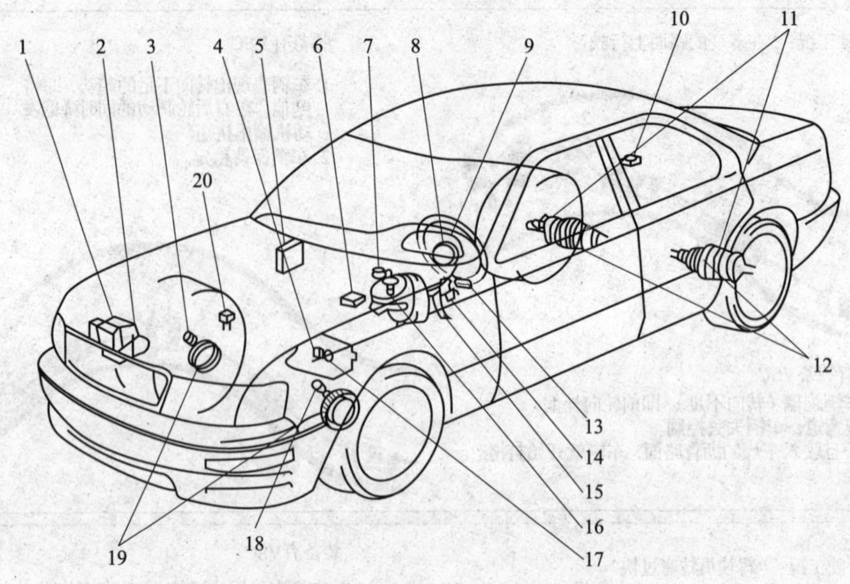

图 4—3—8　丰田系列轿车 VSC 组成

1—制动液压调节器　2—制动主缸制动液压力传感器　3—右前轮轮速传感器　4—ABS 电动机继电器
5—ABS/ASR/VSC ECU　6—横向加速度传感器　7—VSC OFF 开关　8—转向角传感器
9—ABS 指示灯、VSC OFF 指示灯、VSC 故障指示灯、SLIP 指示灯　10—横摆率传感器
11—后轮轮速传感器　12—后轮轮速传感器转子　13—故障诊断插座 DLC_3　14—VSC 蜂鸣器
15—制动灯开关　16—制动液液位警告灯开关　17—ABS 电磁阀继电器
18—左前轮轮速传感器　19—前轮轮速传感器转子　20—检查连接器

压力高低向制动液压调节器的电磁阀发出不同占空比的控制脉冲，以便控制车轮制动力的大小。

（6）节气门位置传感器

如图 4—3—9f 所示，安装在节气门体上。用于检测驾驶员操纵加速踏板以及由 VSC 执行器调节发动机输出转矩时节气门开度的大小。

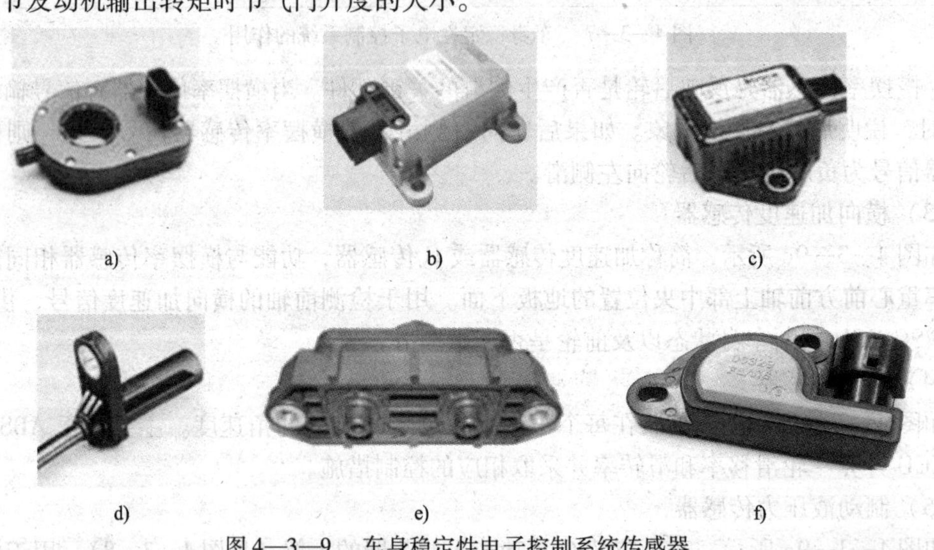

图 4—3—9　车身稳定性电子控制系统传感器

a）转向盘转角传感器　b）横摆率传感器　c）横向加速度传感器
d）轮速传感器　e）制动液压力传感器　f）节气门位置传感器

2. 车身稳定性电子控制系统执行器

(1) 制动液压调节器

图 4—3—10　制动液压调节器

目前，一般都直接利用 ABS 液压调节器（见图 4—3—10）来调节制动力。丰田系列轿车将 ABS 液压调节器、ASR 液压调节器和 VSC 液压调节器制作成一体，称为制动液压调节器，安装在发动机舱内右前侧。当汽车制动减速使车轮发生滑移时，液压调节器执行 ABS 功能；当车轮发生滑转时，液压调节器执行 ASR 功能；当车身发生侧滑时，液压调节器执行 VSC 功能。通过自动调节各车轮的制动力，实现 ABS，ASR 和 VSC 功能。

液压调节器主要由蓄压器、储液器、回液泵、回液泵电动机、选择电磁阀和控制电磁阀等组成，其结构原理与前述同类装置大同小异。选择电磁阀在 VSC，ASR 或 ABS 工作时，接通或关闭制动主缸与控制电磁阀之间的液压管路。控制电磁阀在 VSC，ASR 或 ABS 工作时，升高、保持或降低每个车轮制动分泵（轮缸）的制动液压力，调节每个车轮的制动力或驱动力，从而实现 VSC，ASR 或 ABS 功能。

(2) 节气门执行器

一般采用步进电动机与扇形齿轮配合对发动机副节气门的位置进行控制。丰田系列轿车称为副节气门位置控制步进电动机，安装在发动机节气门体旁边，与 ASR 公用。当 VSC 调节发动机输出转矩时，VSC ECU 向步进电动机发出控制指令，步进电动机步进转动，电动机轴一端的驱动齿轮驱动副节气门轴上的扇形齿轮转动，使副节气门开度减小（副节气门在 ASR，VSC 不起作用时处于全开状态），减少发动机的进气量，使发动机的输出转矩减小。

3. 车身稳定性控制原理

汽车前轮侧滑就会失去路径跟踪能力（即循迹能力），后轮侧滑就会发生甩尾现象。车身稳定性控制主要是指侧滑控制，控制内容包括两个方面：一是抑制前轮侧滑，保持汽车跟踪能力，防止转向不足；二是抑制后轮侧滑，防止车身出现甩尾现象，防止转向过度，确保车辆稳定行驶。VSC 抑制车轮侧滑的原理是利用左右两侧车轮制动力之差产生的横摆力矩（或称补偿力矩），使车身产生一个与侧滑相反的旋转运动，从而防止前轮侧滑失去路径跟踪能力以及防止后轮侧滑甩尾失去行驶稳定性，如图 4—3—11所示。

(1) 抑制前轮侧滑

抑制前轮侧滑时，首先需要通过降低发动机输出转矩使汽车减速，同时额外增加一个制动力使车身产生向内旋转的运动。因此，在抑制前轮向右侧滑时，必须先向左后轮施加一个制动力，以便产生向内旋转的运动，然后再对两前轮施加制动力，使车速降低到某一水平，用以保证汽车的路径跟踪能力和稳定行驶。同理，抑制前轮向左侧滑时，必须先向右后轮施加一个制动力，以便产生向内旋转的运动，然后再对两前轮施加制动力，使车速降低到某一水平保证汽车的路径跟踪能力和稳定行驶。

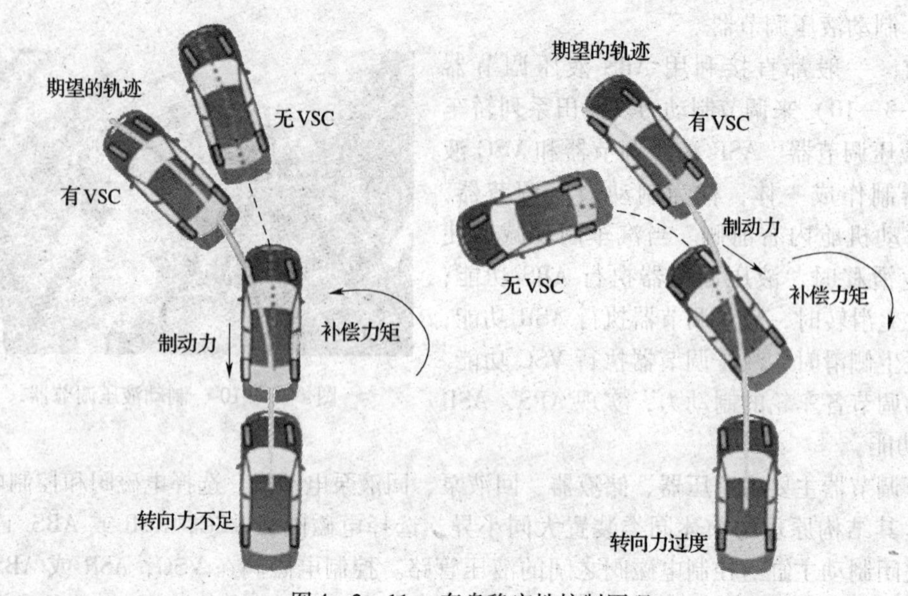

图 4—3—11　车身稳定性控制原理

（2）抑制后轮侧滑

为抵消后轮的侧滑，首先需要通过降低发动机输出转矩使汽车减速，同时额外增加一个向外的旋转运动，用以平衡侧滑引起的向内运动，防止车身出现甩尾调头现象。因此，在抑制后轮向右侧滑时，必须在右前轮上额外施加一个制动力，使车身产生向外旋转的运动，防止发生甩尾或调头现象。同理，抑制后轮向左侧滑时，必须在左前轮上额外施加一个制动力，使车身产生向外旋转的运动，防止发生甩尾或调头现象，从而确保汽车稳定行驶。

4. 车身稳定性控制过程

在汽车行驶（特别是在湿滑的路面上转弯）过程中，前轮发生侧滑时就会产生较大的侧（横向）加速度，发生转向不足；后轮发生侧滑时就会产生较大的侧偏角，发生转向过度。横向加速度传感器和横摆率传感器分别将这两种侧滑产生的信号输入 ABS/ASR/VSC ECU 后，ABS/ASR/VSC ECU 就会向发动机输出转矩调节装置（即副节气门位置控制步进电动机）发出控制指令，使发动机的输出转矩减小来降低车速。与此同时，ABS/ASR/VSC ECU 还要根据制动液压力的高低向液压调节器的电磁阀发出不同脉宽的控制脉冲，控制相应车轮的制动力，使车身产生一个与侧滑相反的运动，从而防止前轮侧滑而失去路径跟踪能力或防止后轮侧滑甩尾而失去行驶稳定性，如图 4—3—12 所示。

四、汽车制动控制新技术

为了确保行车安全并获得更好的驾驶性能，汽车制动控制技术的发展趋势是将 ABS，EBD，EBA，ASR 和 VSC 等控制制动力和驱动力的主动安全系统，与动力转向电子控制系统 EPS 和电子控制悬架系统 EMS 等组合成为车身动态综合管理系统 VDIM（Vehicle Dynamics Integrated Management System）。丰田汽车公司正在开发的由 ABS，EBD，EBA，ASR 和 VSC 等主动安全系统与 EPS 组合而成的车身动态综合管理系统 VDIM 如图 4—3—13 所示，该系统具有以下特点。

a)

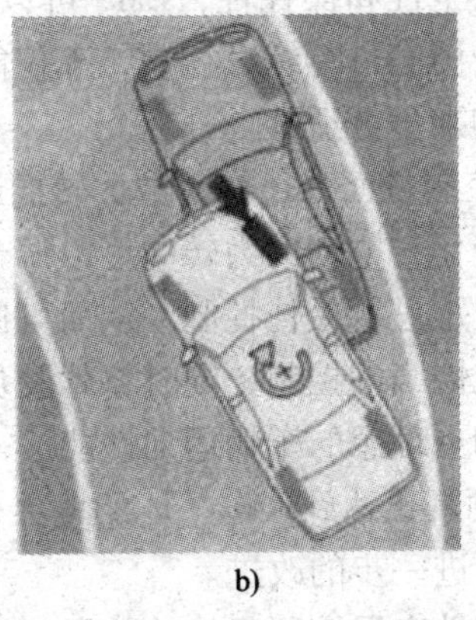

b)

图 4—3—12　车身稳定性控制过程

a）转向不足时 VSC 主要对曲线内侧的后轮进行刹车，产生一种反偏航扭矩，使汽车重返到正确的曲线上来

b）转向过度时，VSC 主要是对曲线外侧的前轮进行刹车，以平衡即将产生的甩尾倾向

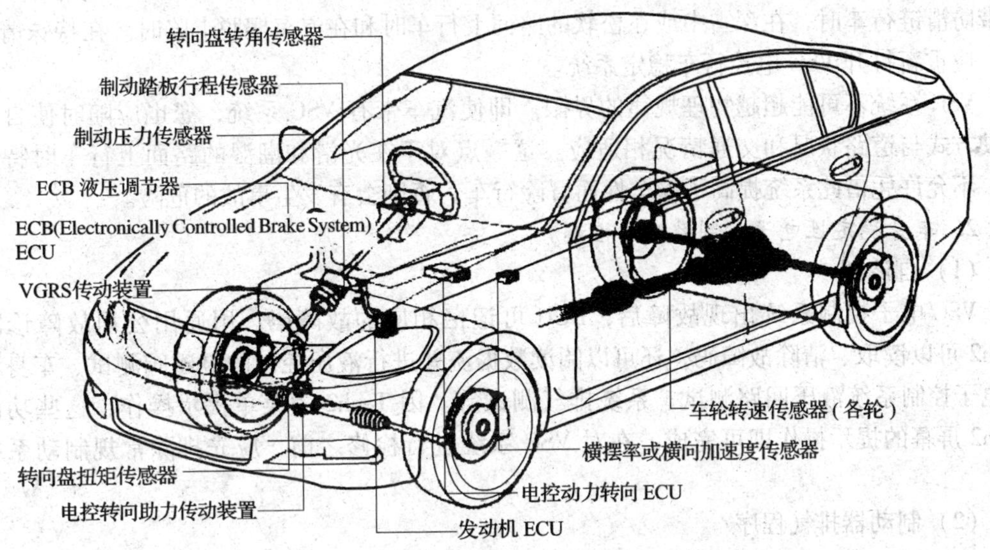

图 4—3—13　丰田汽车车身动态综合管理系统 VDIM

（1）VDIM 将 ABS，EBD，EBA，ASR 和 VSC 等主动安全系统组合成一体，液压调节装置也组合成为一体，称为电子控制制动系统 ECB（Electronically Controlled Brake System）液压调节器，由 ECB ECU 进行控制。

（2）VDIM 对车辆的操控性做了进一步的改进。传统的 ABS，ASR 和 VSC 均为各自独立的功能，改进后的 VDIM 除了能对包括转向在内的各系统功能进行统一管理之外，还能在发生侧滑之前就开始对车辆实行控制。不仅保证了更高的预防安全性能，同时还能使“行驶、转弯、停止”这一车辆的基本运动性能迈上一个更高的台阶。

（3）VDIM 将 ABS，EBD，EBA，ASR，VSC 等主动安全系统与动力转向电控系统 EPS，悬架电子控制系统 EMS 等组合，能对车身姿态进行全方位调节。ABS，EBD，EBA 和 ASR 可以控制车轮的前后作用力（即制动力和驱动力），VSC 与 EPS 配合可以控制侧向作用力（即防止侧滑），在转弯控制方面，通过与电控转向助力的协调来控制转向扭矩的助力量，实现更好的行驶安全性和操控性，EMS 可以调节车身前后左右的姿态。因此，将这些系统组合成一体对车身姿态进行综合控制，不仅能够提高车身的动态稳定性，而且还能大大提高汽车行驶安全性和乘坐舒适性。

（4）在转向控制方面，可变齿数比转向装置（VGRS）可使转向盘转动量与车轮转向角的关系产生灵活变化，电动助力转向可以调节转动转向盘的力矩，形成主动转向功能对前轮转向角和转向盘扭矩进行最佳控制，从而可以根据制动力、发动机输出扭矩以及转向扭矩对前轮转向角实行最恰当的控制，同时将驾驶员对转向的修正量控制在最小范围内，实现更好的预防安全性能和更理想的车辆运动性能。

（5）为使车辆真正达到人车一体的境界，VDIM 采纳了智能识别与判断技术，并将在今后对这些技术做更进一步的改进。

五、车身稳定性电子控制系统的使用与检测（以别克荣御轿车为例）

1. 车身稳定性电子控制系统的使用

在起动发动机时，VSC 系统会自动打开并执行一个自检程序。一般情况下，每次行车都要打开 VSC 系统。仅在某些特殊情况下，如想让车轮打滑时，可以关闭 VSC 系统。例如，在带防滑链行车时，在深雪中或在松软的路面上行车时和在汽车摆脱卡陷时。在特殊情况过后，应重新打开 VSC 电控行车稳定系统。

VSC 系统不可能超越物理规律的界限。即使汽车带有 VSC 系统，您也应随时使自己的驾驶方式与道路状况和交通情况相适应。这一点对于在光滑和潮湿的路面上行车时特别重要。不允许凭借此系统提高了安全性而冒险行车，否则会有发生事故的危险。

2. 车身稳定性电子控制系统的检测

（1）自诊断

VSC 电子控制系统出现故障后，ECU 可记忆相应的故障码。用通用公司故障诊断仪 Tech2 可以读取、清除故障码，还可以阅读数据流并进行液压控制的电磁阀测试、车身稳定性电子控制系统液压回路测试、系统排气测试等。因 Tech2 为菜单提示操作，这些功能按 Tech2 屏幕的提示操作即可完成。在对 VSC 系统进行检修之前，应先排除常规制动系统故障。

（2）制动器排气程序

在执行 ABS/ASR/VSC 制动器排气程序之前，必须完成常规的制动系统排气程序。具体步骤如下：

1）连接 Tech2，起动发动机并怠速运行。

2）执行“Tech2 制动器排气程序”中所列的指示，注意：在执行该程序期间，确保制动总泵中的制动液液位不低于最低液位。

3）关闭点火开关，并从数据链路连接器（DLC）上断开 Tech2。

4）用规定的制动液加注制动总泵储液罐至最高液位。

5）执行另一个常规制动系统制动器排气操作。

6）关闭点火开关，踩下制动踏板 3～5 次，以耗尽制动助力器的真空储备压力。

7）缓慢踩下制动踏板，如果感觉制动踏板绵软，重复 ABS/ASR/VSC 制动器排气操作。

8）重复 ABS/ASR/VSC 排气操作后，如果仍然感觉制动踏板绵软，检查制动系统是否存在外部或内部泄漏。

9）保持发动机熄火并且不使用驻车制动器，然后接通点火开关，如果驻车制动器/制动器故障指示灯保持启亮，先诊断并排除故障。

10）路试车辆，执行 ABS/ASR/VSC 自检初始化程序，如果感觉制动踏板绵软，重复 ABS/ASR/VSC 制动器排气操作，直到制动踏板感觉坚实。

11）检查 ABS/ASR/VSC 系统的操作。

（3）转向盘转角传感器的校准

ECU 监测并判断转向盘转角传感器的输出信号，当车辆沿直线行驶了 15 min 或以上时，ECU 会将该行驶方向设定为正前方向。如果 ECU 检测到转向盘转角传感器转角偏离正前方向，如果偏离度等于或小于 15°，则 ECU 自动执行转向盘转角传感器校准。如果偏离度大于 15°，转向盘转角传感器可使用 Tech2 重新校准，具体操作步骤如下：

1）路试车辆并记录车辆笔直向前行驶时的转向盘位置。

2）将 Tech2 连接到车辆上，并执行“Tech2 转向盘转角传感器校准程序”中的指示。

3）检查 ABS/ASR/VSC 系统的操作。

（4）轮速传感器的检查

别克荣御 4 个车轮轮速传感器均为电磁式传感器，传感器间隙不可调。检查轮速传感器时，可用万用表测量传感器的阻值，也可用示波器测量传感器的输出波形。温度在 20℃时，传感器的电阻正常值为 1.3 ~ 1.8 kΩ。

第二篇　汽车车身电子控制系统

模块五　汽车车身安全性电子控制系统

单元1　安 全 气 囊

学习目标

1. 掌握安全气囊的分类与组成。
2. 掌握安全气囊的原理。
3. 掌握安全气囊主要部件的结构及原理。
4. 掌握安全气囊的检修与诊断方法。

一、安全气囊的分类与组成

安全气囊系统（SRS）（见图5—1—1）是汽车上一种常见的、行之有效的被动安全装置，在碰撞事故中能发挥出对乘员上身，特别是头部和颈部的巨大保护功效。安全气囊能在汽车受到撞击的瞬间（约0.03 s）充满气体，挡在驾乘人员与汽车转向盘和仪表板之间，形成一道柔软的弹性屏障，以保护驾乘人员上身免受伤害或减轻伤害。

1．安全气囊的分类

（1）按传感器类型分类，分为机械式和电子控制式两种。机械式安全气囊系统不用电源点火，已淘汰；现在普遍采用电子控制式安全气囊。

（2）按保护对象分类，分为驾驶员防撞安全气囊、乘员防撞安全气囊、侧面防撞安全气囊和后排乘员安全气囊4种（见图5—1—2、图5—1—3）。

（3）按保护方向分类，分为正面安全气囊和侧面安全气囊（见图5—1—4）。

（4）按安全气囊的数量分类，分为单、双、多安全气囊。

（5）其他种类还有窗帘式安全气囊（见图5—1—5）与智能型安全气囊等。

1）窗帘式安全气囊。由于管形安全气囊不能全部覆盖侧窗，所以，玻璃的碎片可能飞溅入车

图5—1—1　安全气囊

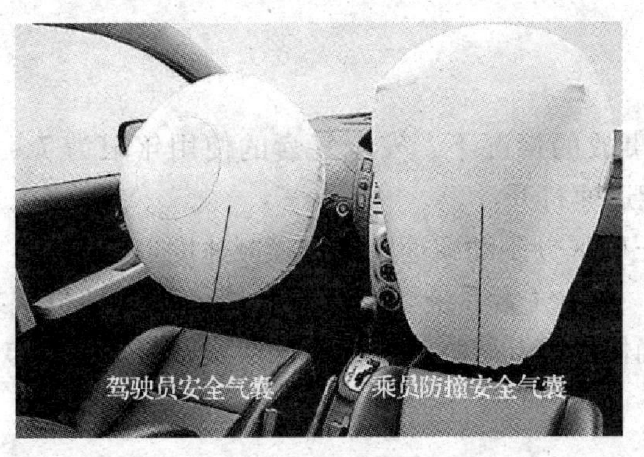

图 5—1—2　驾驶员安全气囊和乘员防撞安全气囊

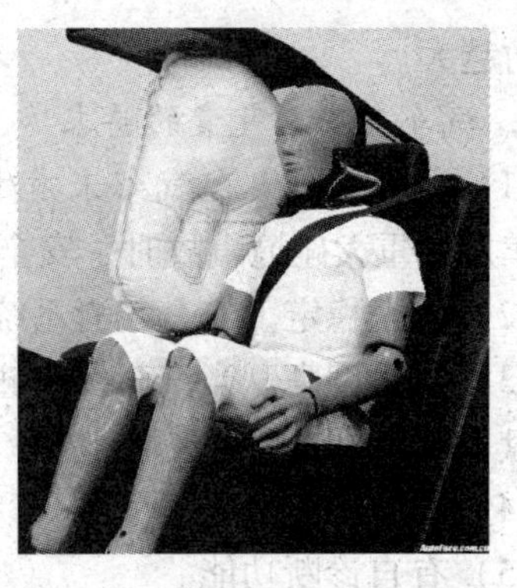
图 5—1—3　后排乘员安全气囊

图 5—1—4　正面安全气囊和侧面安全气囊

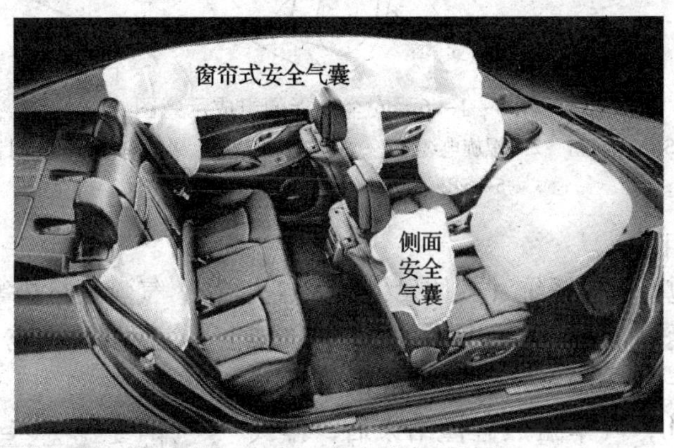

图 5—1—5　窗帘式安全气囊

内刺伤乘员。为此，人们为了避免该危险现象的发生，而发明了窗帘式安全气囊。窗帘式安全气囊在车辆侧面碰撞时，安全气囊以窗帘状展开，且与侧面安全气囊同时展开，其位于中间立柱与车顶纵梁的内衬中。窗帘式安全气囊只是在一些高档汽车上使用。

2）智能型安全气囊。智能型安全气囊的功能为：检测乘员是否系上安全带，检测乘员的乘坐位置，检测儿童座椅，调控安全气囊充气膨胀力，检测座椅上是否有乘员，检测气温等。

高档轿车还采用多级安全气囊充气膨胀器。多级安全气囊充气膨胀器可以根据汽车的行驶速度和车辆的碰撞程度分 3 个不同等级调节充气膨胀力。车速越高，撞击程度越大，充气膨胀力越大。

2. 汽车对安全气囊的要求

(1) 可靠性高。在汽车未发生碰撞事故的情况下，安全气囊的使用年限为 7 ~ 15 年；在汽车发生重大碰撞事故时，安全气囊能迅速打开。

(2) 安全稳定。安全气囊系统要能正确区分制动减速度和碰撞减速度。

(3) 灵敏度高。当汽车发生碰撞时，安全气囊系统要在二次碰撞（指驾驶员或乘客与转向盘、仪表板或挡风玻璃碰撞）前正确快速打开气囊，并能正确泄气，起到缓冲作用。

(4) 有防误爆功能。

(5) 有自诊断功能。

3. 安全气囊系统的组成

安全气囊系统主要由安全气囊组件、安全气囊传感器、安全气囊电子控制装置以及螺旋电缆、SRS 指示灯等组成（见图 5—1—6）。

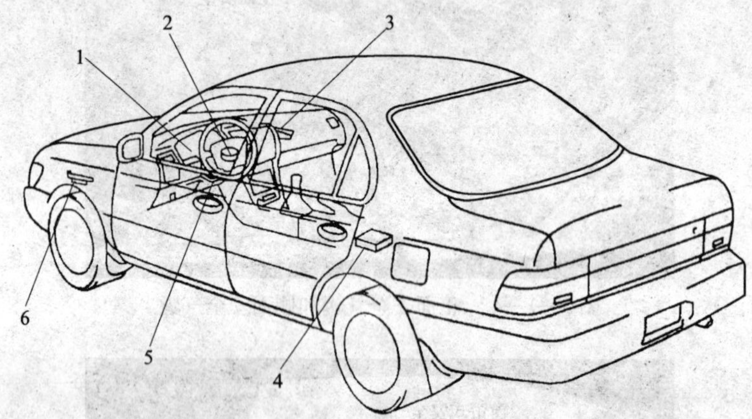

图 5—1—6 安全气囊的组成示意图

1—SRS 指示灯 2—螺旋电缆 3—右前碰撞传感器 4—SRS 电子控制装置
5—SRS 气囊 6—左前碰撞传感器

(1) 安全气囊组件

安全气囊组件包括充气系统（气体发生器、点火器）、气囊及衬垫等。

充气系统与气囊组合为一体，安装在转向盘支架上，气囊安装在充气系统上部，用塑料衬垫护住，如图 5—1—7 所示。气囊一般由尼龙制成，上面有一排气孔，汽车猛烈碰撞结束后，排气孔立即排气使气囊变软，这样就能起到缓冲作用，以减轻对驾乘人员的伤害。

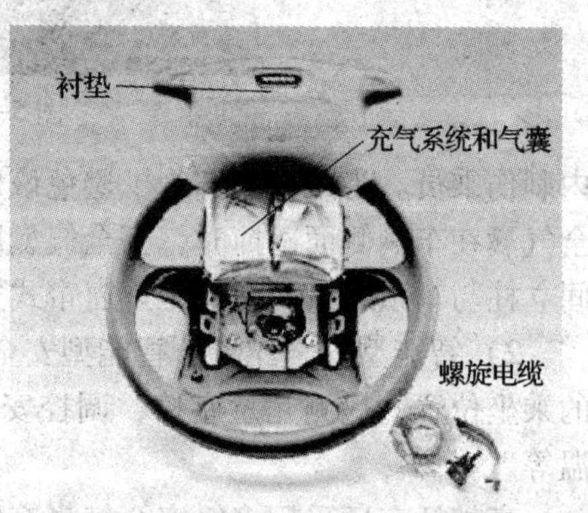

图 5—1—7 安全气囊组件

(2) 安全气囊传感器

安全气囊传感器包括碰撞传感器、中央碰撞传感器或安全传感器，用来检测碰撞减速度和碰撞强度，作为电子控制装置计算气囊是否动作的参数。

(3) 安全气囊电子控制装置（SRS ECU）

安全气囊电子控制装置是 SRS 的控制中心，其功能是接收传感器输入的信号，判断是否启动安全气囊系统，并进行故障自诊断。

二、安全气囊系统的工作原理

1. 安全气囊系统的工作原理

安全气囊系统的工作原理如图 5—1—8 所示。

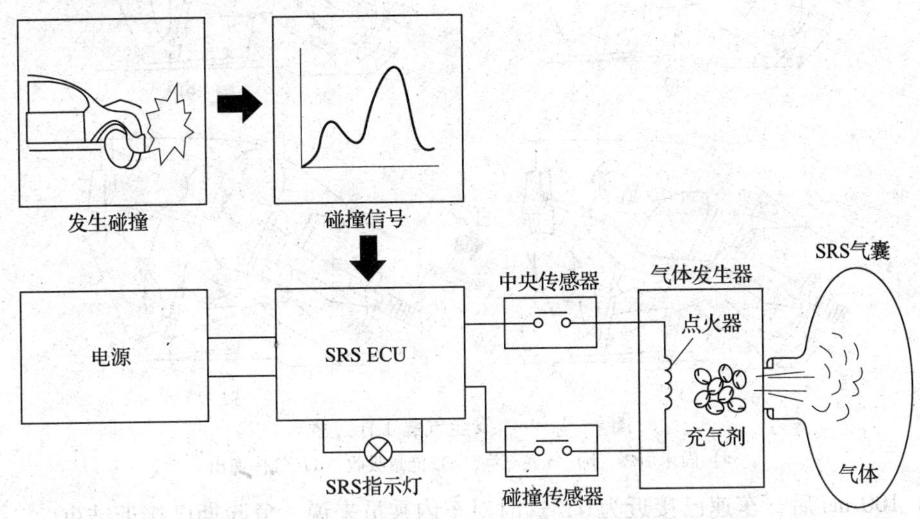

图 5—1—8　安全气囊工作原理示意图

当汽车受到前方一定角度范围内的高速碰撞时（汽车行驶中遭受到正面或侧面碰撞时，安全气囊系统的工作原理基本相同），车体会受到强烈的振动，同时车速急剧下降。安装在汽车前端的碰撞传感器和安装在汽车中间的中央传感器（安全传感器）就会检测到汽车突然减速和撞击强度的信号，当达到规定的强度时，传感器即向 SRS ECU 发出信号。SRS ECU 接收到信号后，与其原存储信号进行比较，若达到气囊的展开条件，则由驱动电路向安全气囊组件中的气体发生器送去启动信号。气体发生器接到启动信号后，点火器引燃气体发生剂（叠氮化钠），产生大量高温气体（氮气），经过滤并冷却后进入安全气囊，使气囊在极短的时间内突破衬垫迅速展开，在驾驶员或乘客的前部形成弹性气垫，并及时泄漏、收缩，将人体与车内构件之间的碰撞变为弹性碰撞，通过气囊产生的变形吸收人体碰撞产生的动能，从而有效地保护人体头部和胸部，使之免于伤害或减轻伤害程度。

2. 安全气囊系统的工作过程

如图 5—1—9 所示，为某汽车在速度为 50 km/h 与前面障碍物相撞时，安全气囊的引爆过程。

（1）碰撞 1 ms 后，安全气囊系统达到引爆极限，点火器引爆点火剂，产生大量的无毒炽热气体。此时，驾驶员由于惯性尚未动作，如图 5—1—9a 所示。

（2）20 ms 后驾驶员开始移动，但还没有到达气囊。

（3）40 ms 后，气囊完全充满胀起，体积达到最大，安全带被拉长，人的部分冲击能量已被吸收，如图 5—1—9b 所示。

（4）60 ms 后，驾驶员的头部已经开始沉向气囊。

（5）80 ms 后，驾驶员的头部及身体上部都沉向气囊。气囊背后的排气口打开，在气囊内部的气体压力和人体压力作用下排气，利用排气口的节流作用吸收能量，如图 5—1—9c 所示。

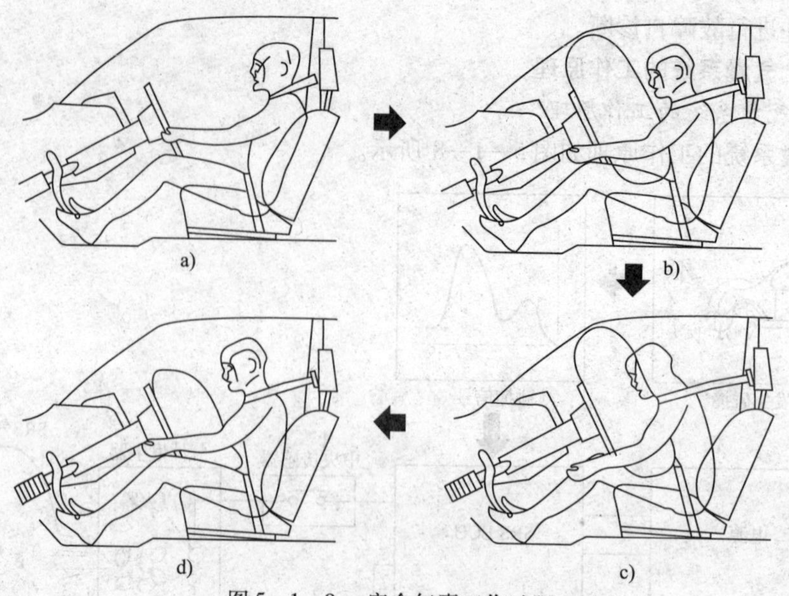

图 5—1—9　安全气囊工作过程

a）尚未引爆　b）气囊充满　c）能量吸收　d）气体逸出

（6）100 ms 后，车速已接近为 0，这时对车内乘员来说，危险期已接近结束。

（7）110 ms 后，驾驶员已经前移到最大距离，随后身体开始后移回到座椅靠背上。这时候，大部分气体已经从气囊中逸出，汽车前方视野恢复，如图 5—1—9d 所示。

（8）120 ms 后，碰撞危害全部解除，车速降至 0。

3．安全气囊系统的有效范围

安全气囊系统并非在所有碰撞情况下都能起作用。正面防撞安全气囊系统在汽车正前方或斜前方 ±30°角（见图 5—1—10）范围内发生碰撞，且其纵向减速度达到某一值时系统才能工作。侧面安全气囊系统只有在遭受到侧面碰撞且其横向加速度达到设定阈值时，才能引爆使气囊展开。

三、安全气囊系统主要部件的结构与原理

1．安全气囊传感器

安全气囊传感器分为碰撞传感器和安全传感器。它们都相当于控制开关，决定着是否允许安全气囊工作。碰撞传感器直接向 ECU 输入汽车碰撞减速度的大小，由 ECU 决定是否向点火器供电，引爆安全气囊。安全传感器直接串联在点火器电路中，接通与否同样也决定了点火器能否点火。二者均符合要求时，安全气囊才会起作用。

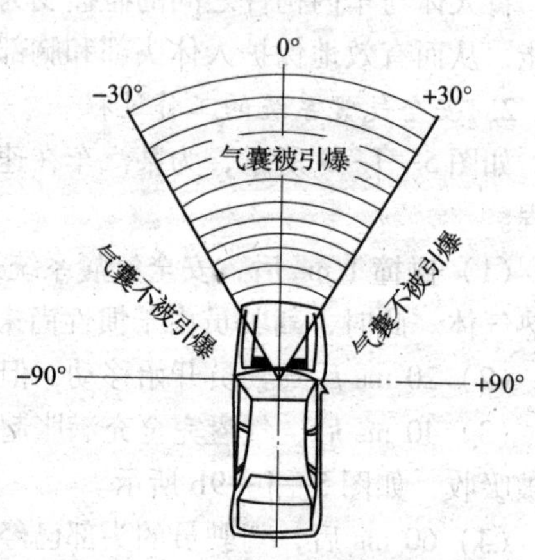

图 5—1—10　安全气囊起作用的有效碰撞角度

碰撞传感器有机电式和电子式两种：机电式碰撞传感器包括偏心锤式、滚球式和滚柱式等，电子式碰撞传感器包括压敏电阻式、压电式和水银式 3 种。安全传感器和安全气囊控制单元一起安装在汽车的中间位置时，也被称为中央碰撞传感器或水银式传感器。

（1）偏心锤式碰撞传感器

偏心锤式碰撞传感器工作原理如图 5—1—11 所示。复位弹簧力使偏心锤、转动触点等固定在触点断开的位置。当汽车发生碰撞时，偏心锤在惯性力作用下克服弹簧的扭力而移动，并通过转动触点转动而使触点闭合，向安全气囊控制单元发出汽车碰撞电信号。

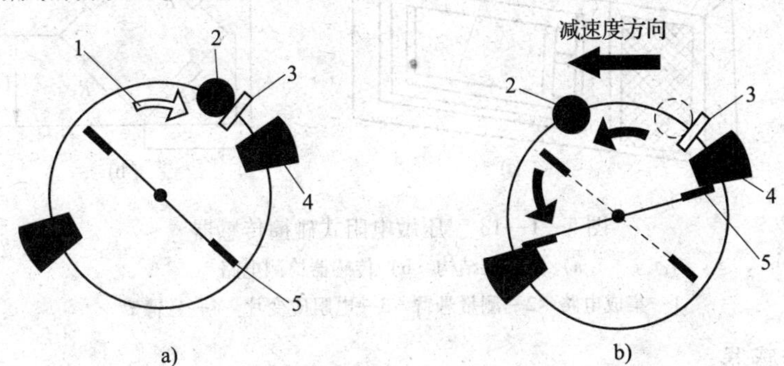

图 5—1—11　偏心锤式碰撞传感器工作原理示意图

a）碰撞力小，触点断开，安全气囊不引爆　b）碰撞力大，触点接通，安全气囊引爆

1—复位弹簧　2—偏心锤　3—挡块　4—固定触点　5—转动触点

（2）滚球式碰撞传感器

滚球式碰撞传感器如图 5—1—12 所示。汽车正常行驶时，钢球被永久磁铁吸引，触点处于断开状态。当汽车发生碰撞时，钢球在惯性力的作用下，摆脱磁铁的吸引力滚向触点端将触点接通，向安全气囊控制单元发出汽车碰撞电信号。

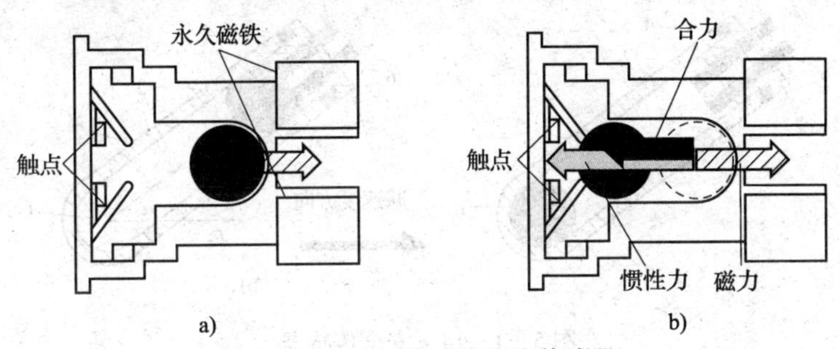

图 5—1—12　滚球式碰撞传感器

a）碰撞力小，触点断开，安全气囊不引爆　b）碰撞力大，触点接通，安全气囊引爆

（3）滚柱式碰撞传感器

滚柱式碰撞传感器用滚柱替换了滚球。滚柱式碰撞传感器工作原理同滚球式碰撞传感器相似。

（4）电子式碰撞传感器

安全气囊系统所用的电子式碰撞传感器主要有压电式和压敏电阻式两种，此处主要介绍压敏电阻式碰撞传感器。

如图 5—1—13 所示，为压敏电阻式碰撞传感器，其敏感元件是受力变形后其电阻值会相应改变的电阻应变片，它被固定在传感器测量悬臂端部。当汽车发生碰撞时，测量悬臂端部受减速惯性力的作用而变形，测量悬臂端部的电阻应变片产生形变而使其电阻值相应改变。电阻应变片连接于传感器测量电路（电桥）中，当其电阻值发生改变时，就使得电桥输出端有相应的电压信号（U_S）输出。

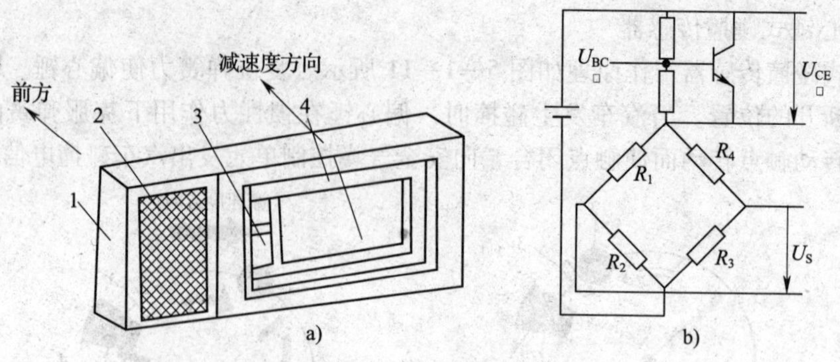

图 5—1—13　压敏电阻式碰撞传感器

a）传感器结构　b）传感器检测电路

1—集成电路　2—测量悬臂　3—电阻应变片　4—悬臂架

（5）安全传感器

安全传感器的原理如图 5—1—14 所示。当汽车发生碰撞时，传感器内下方的水银在惯性力的作用下向上移动，将位于上方的两个电极接通，发出汽车碰撞电信号，接通点火器电源电路，使安全气囊被引爆；而在汽车正常行驶或故障检修时，由于两个电极互不连通，即使车前碰撞传感器或有关电路短路而造成电子控制单元误判，气囊充气装置也会因为点火器未接通电源而不能被引爆。

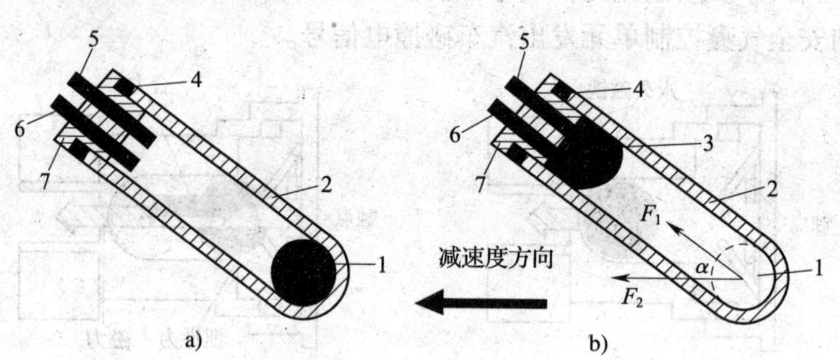

图 5—1—14　安全传感器

1—水银　2—壳体　3—水银受撞击后位置　4—O 形圈

5—电极 1　6—电极 2　7—盖

2．气囊组件

气囊组件由充气系统（气体发生器、点火器）、气囊和衬垫等组成（见图 5—1—15）。

（1）气体发生器

气体发生器又称为气囊充气器，用于在点火器引爆点火剂时产生气体并向安全气囊充气，使气囊膨胀打开。气体发生器用专用螺栓及螺母固定在气囊支架上，装配时只能用专用工具进行装配。目前大多数气体发生器都是利用热效反应产生氮气而充入气囊。在点火器引爆点火剂的瞬间，点火剂产生大量热量，叠氮化钠受热立即分解释放氮气，经过过滤从充气孔充入气囊，如图 5—1—16 所示。

气体发生器通常分为固体燃料式和混合式两种。固体燃料式气体发生器所产生的气体全部来自气体发生剂的燃烧，所以气体灼热。混合式气体发生器则是在储气缸中储有的压缩气

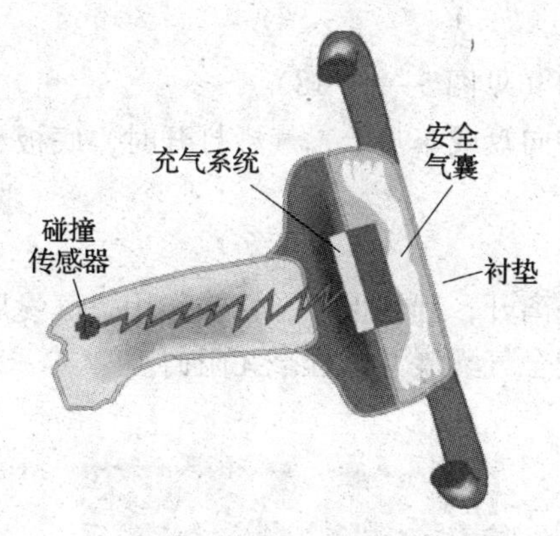

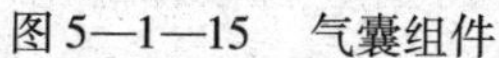

图 5—1—15 气囊组件

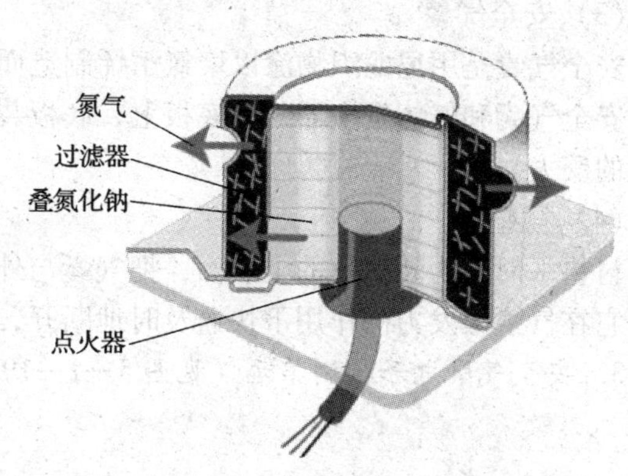

图 5—1—16 气体发生器

体中混有一小部分火药，工作时火药将储气缸阀门炸开，压缩气体冲出。由于瞬间储气缸内没有热交换，储气缸内的温度将骤然下降，并引起气体压力下降。为了补偿失去的压力，利用燃烧的火药对冲出的气体加热，以使气囊内部有足够的工作压力。使用混合式气体发生器时的温度比使用固体燃料式气体发生器时的温度要低，但是对于人体来说，气囊的温度还是比较高。

（2）点火器

点火器是安全气囊的一部分，如图 5—1—17 所示为点火器分解图。它装在气体发生器中，接收安全气囊控制单元的低电流点火信号，发热点燃叠氮化钠。由于点火器负责启动并使气囊膨胀炸开，所以必须采取一定的预防措施确保电流信号通过这个电路。一个标准的点火器里面安装着一个大约 2 Ω 的电阻器（每个点火器的触点电阻为0. 08 Ω），安全气囊控制单元用该电阻器来调节电路。修理时绝不能用数字式万用表来测量电路，否则气囊会膨胀。

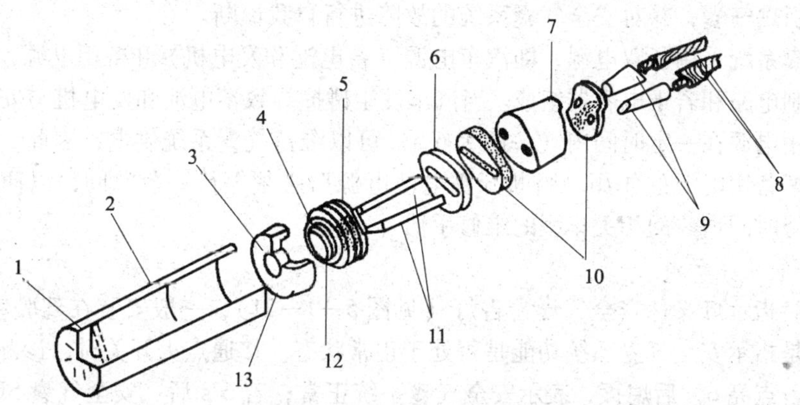

图 5—1—17 点火器分解图

1—底药 2—药筒 3—引药 4—电热丝 5—电热头 6—放静电盘 7—磁头
8—引线 9—连接器 10—隔板 11—电极 12—玻璃封 13—药托

当 SRS ECU 发出点火指令时，电热丝电路接通，电热丝迅速红热引爆炸药，爆炸瞬间产生热量，药筒内温度和压力急剧升高并冲破药筒，使叠氮化钠受热分解释放氮气充入气囊。

(3) 安全气囊

安全气囊是用尼龙织物涂以聚氯丁烯制造而成的（见图5—1—18）。

安全气囊和气体发生器装在底板上，底板装在转向盘或车身上，气囊打开时，底板承受气囊的反力。

(4) 衬垫

衬垫平时作为转向盘的上表面，把气囊与外界隔离开，起到保护、修饰作用。气囊展开时，它在气囊爆发力的作用下快速及时地断开，对安全气囊展开过程毫无阻碍。

3. 安全气囊电子控制单元（见图5—1—19）

图5—1—18 安全气囊

图5—1—19 安全气囊电子控制单元

安全气囊电子控制单元及其安全传感器通常安装在驾驶室变速杆前、后的装饰板下面（见图5—1—20）。

安全气囊电子控制单元的功能为接收碰撞传感器及其他各个传感器的输入信号，判断是否需要点火引爆气囊，并对安全气囊系统的故障进行自我诊断。

安全气囊系统采用了双电源，即汽车电源（蓄电池和发电机）和备用电源，备用电源电路由电源控制电路和若干电容器组成。当汽车发生碰撞导致蓄电池和发电机与安全气囊系统断开时，备用电源在一定时间内（一般为6 s）可以维持气囊系统供电，因此，在维修气囊系统时应注意备用电源的作用。当断开蓄电池电源后必须等待一段时间，以便备用电源放电，具体等待时间请参阅相关车型的维修手册。

4. 安全气囊指示灯

安全气囊指示灯又称安全气囊警告灯（见图5—1—21），一般安装在驾驶室仪表板上。其主要功用是指示安全气囊系统功能是否处于正常状态。接通点火开关时，诊断单元对系统进行自检，若点亮6 s后熄灭，表示安全气囊系统正常；若6 s后，安全气囊SRS指示灯依然闪烁或一直不熄灭，或者是点火开关打开后指示灯熄灭并重新亮起来，则表示安全气囊系统有故障，提示驾驶员应进行维修。

5. 安全气囊系统线束

为了便于将气囊系统的线束与其他电气系统线束区别开来，目前大多数汽车的气囊系统线束采用黄色连接线束（见图5—1—22），也有采用深蓝色或暗红色连接线束。连接线束采用了导电性能和耐久性能良好的镀金端子，并设计有防止气囊误爆机构，以保证气囊系统可靠工作。

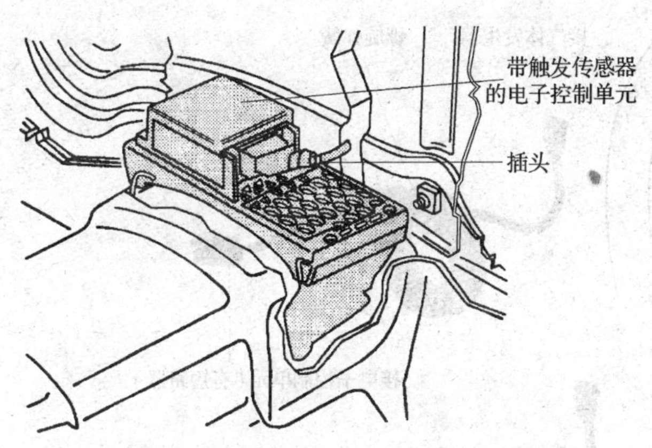

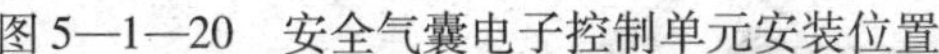

图 5—1—20 安全气囊电子控制单元安装位置

图 5—1—21 安全气囊指示灯

从气囊电子控制单元到点火器之间的连接器采用了防止气囊误爆的短路片机构（铜质弹簧片，又称为短路弹簧片）。当连接器拔开时（插头拔下或插头与插座未完全结合），短路片自动将靠近气囊点火器一侧插头或插座的两个引线端子短接，防止静电或误通电造成气囊误爆。

为了保证转向盘具有足够的转动角度且又不损伤驾驶席气囊组件的连接线束，在转向盘与转向柱管间采用了螺旋电缆（见图 5—1—23），即将连接线束安装在螺旋形弹簧内，再将连接线束、螺旋形弹簧放入弹簧壳体内（见图 5—1—24）。

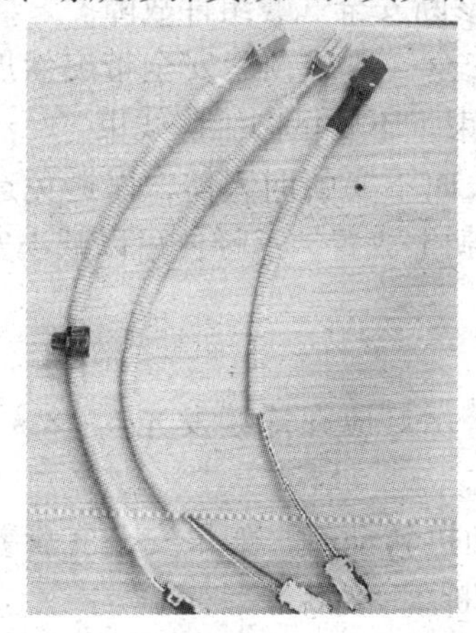

图 5—1—22 安全气囊系统线束

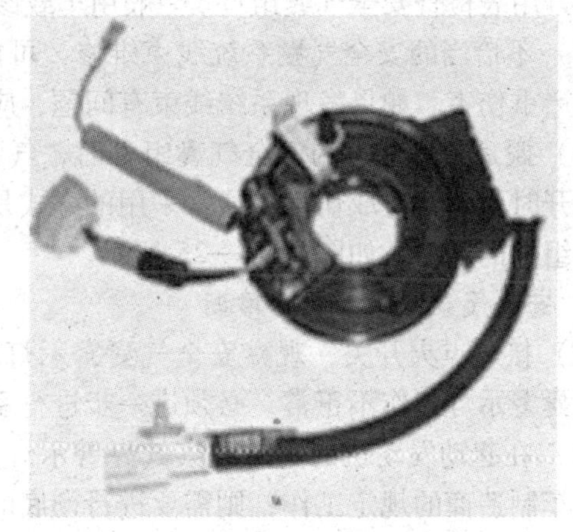

图 5—1—23 螺旋电缆

螺旋弹簧在转向盘和转向柱之间安装时，需要注意安装位置和方向。

当拆卸和安装转向盘时，应将转向柱固定在“直向前”的位置，以免损坏螺旋电缆，其安装位置及方向应保证不影响转向盘的转动。

四、安全气囊的检修与诊断

1. 检修注意事项

（1）检修工作必须在点火开关关闭时，并且拆下蓄电池搭铁线 30 s 或更长一些时间才能开始。当拆下蓄电池搭铁线之前，应将音响系统的内容记录下来。

（2）如果发生了轻微碰撞而安全气囊未打开，也要对气囊传感器和气囊组件进行检查。

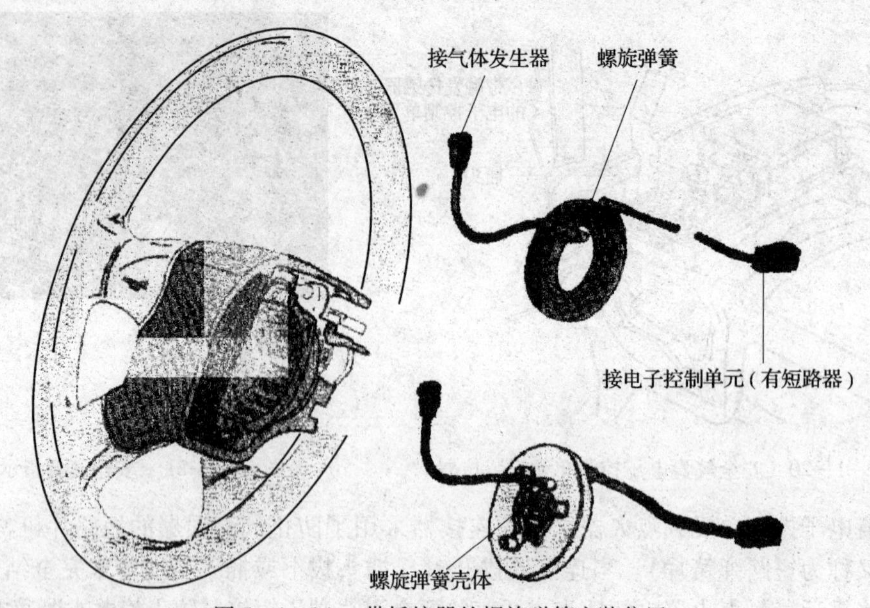

图 5—1—24　带插接器的螺旋弹簧安装位置

（3）安全传感器总成内含有水银，不要将换下的旧零件毁掉。当报废车辆或只更换安全传感器本身时，应拆下安全传感器总成并作为有害废物处置。

（4）用万用表检查安全气囊组件时会使安全气囊突然展开，这会导致严重伤害。因此不要用万用表检查安全气囊组件。一般用车载诊断系统诊断安全气囊组件故障。

（5）不恰当的安全气囊系统线束维修，可能导致安全气囊或预紧安全带突然展开，这会引起严重伤害。如果发现系统线束有问题，应更换线束，不要试图维修线束。

（6）搬运未爆开过的安全气囊组件时，气囊的前表面不要朝向人体，以避免造成气囊突然爆开时对人体造成伤害。通常采用的方式是将正面朝上放置，这样便可以减小安全气囊展开时组件的运动，如图 5—1—25 所示。

2. 安全气囊系统的故障诊断

（1）接通点火开关，观察安全气囊警示灯。气囊警示灯应在连续发光 6 ~ 8 s 后熄灭。如果气囊警示灯工作不正常，必须进一步进行系统诊断。

（2）在起动发动机的同时观察气囊警示灯，在发动机转动时，如果安全气囊警示灯不能依汽车制造商的规定工作，则需要进行彻底的系统诊断。

（3）起动发动机之后观察安全气囊警示灯。该灯应在闪亮 6 ~ 9 次之后保持熄灭。如果安全气囊警示灯保持发光，应使用故障检测仪或闪光故障码方法来获得故障码。

3. 安全气囊系统的关闭

在检修安全气囊系统元件时应关闭系统，以防止安全气囊不正常展开。

（1）断开点火开关。

（2）断开蓄电池负极线，按照汽车制造商的规定等待一段时间。

（3）断开位于转向柱基部的安全气囊系统接口。

（4）在安全气囊系统接口安装临时负载。一般车辆配置有检修时用的临时负载。

（5）在完成检修工作后，一定要断开点火开关，断开蓄电池负极线，按指定的时间等待一会儿，再断开负载。

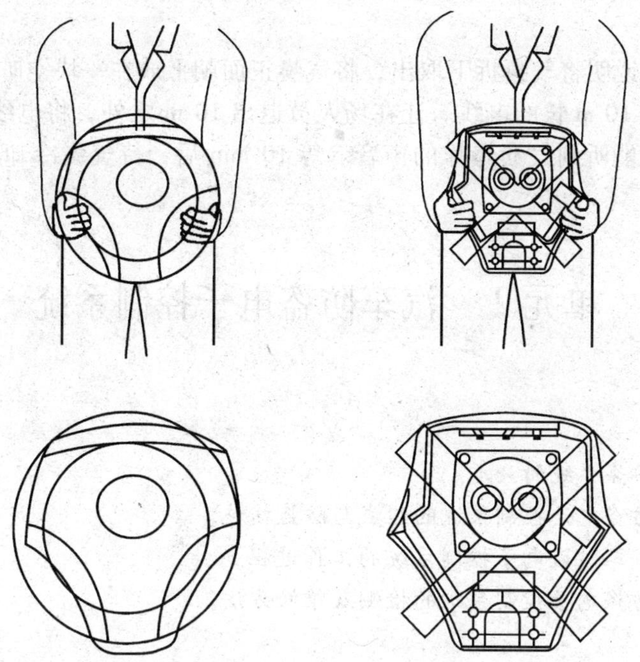

图 5—1—25　安全气囊的搬运

（6）连接安全气囊系统接口。

（7）检查安全气囊警示灯工作是否正常。

4．安全气囊系统的诊断与维修要点

（1）在诊断或维修任何安全气囊系统元件时，在检修之前应断开蓄电池负极线，隔离该线末端，按汽车制造商的规定等待一段时间。

（2）在更换安全气囊系统元件时，不可使用低质量元件。

（3）不要使安全气囊系统传感器受到冲击或振动。

（4）必须按规定力矩拧紧所有传感器和托架。

（5）在诊断安全气囊系统之前，要观察安全气囊警示灯在安全气囊系统诊断检查时工作是否正常。

（6）有些安全气囊系统，如果系统中发生一次故障，安全气囊警示灯将开始闪现故障码；在其他安全气囊系统上，必须将一根跨接线连接到故障诊断插座上指定的接线端，气囊系统警示灯才闪现故障码。而在有些安全气囊系统上，必须使用解码仪才能查找故障码。

5．安全气囊的处置

（1）车内引爆

1）将车移到空闲场所，打开所有车窗和车门。

2）摘下蓄电池负极和正极电缆，将蓄电池搬出车外。注意：摘下蓄电池电缆后应等30 s后再进行下一步工作。

3）摘下安全气囊电子控制单元连接器，在气囊引发器端各接一条 10 m 长的电线。让在场人员退出 10 m 之外，将电线触及 12 V 蓄电池的正负极，此时应能听到气囊爆炸的声音。

4）等 10 min 后，待气囊冷却，烟尘散尽，人才可靠近。

（2）车外引爆

按保养手册的说明将气囊拆下取出，将气囊正面朝上放在一块空旷的平地上，在气囊引发器端各接一条 10 m 长的电线。让在场人员退出 10 m 之外，将电线触及 12 V 蓄电池的正负极，此时应能听到气囊爆炸的声音。等 10 min 后，待气囊冷却，烟尘散尽，人才可靠近。

单元2　汽车防盗电子控制系统

学习目标

1. 了解汽车防盗系统的分类。
2. 掌握汽车防盗电子控制系统的组成与防盗措施。
3. 掌握典型汽车防盗电子控制系统的工作过程。
4. 掌握汽车防盗电子控制系统的检测及维修方法。

一、汽车防盗系统的分类

汽车防盗系统实质上是一种用来增加盗车难度，延长盗车时间的装置（见图 5—2—1）。当外人进入车内触发防盗系统后，电子控制式防盗系统会发出刺耳的声音和闪光，增加盗贼的心理压力，使其主动放弃盗窃行动，同时也提示路人和车主以便采取相应措施；当盗贼非法企图起动车辆时，防盗系统使起动机或发动机电子控制系统处于锁止状态，使其无法起动车辆，延长其盗车时间。

目前汽车防盗系统分为两大类：机械式和电子控制式。电子控制式又分为电子式、网络式。

1. 机械式防盗系统

（1）转向盘锁

转向盘锁止方式有两种：点火开关钥匙锁止转向盘，车辆无法正常行驶；把转向盘与车内其他部件连接在一起，使转向盘不能做大角度转向，汽车无法正常行驶（见图 5—2—2）。

图 5—2—1　汽车防盗系统

图 5—2—2　转向盘锁

(2) 变速杆锁

图 5—2—3　变速杆锁

变速杆锁（见图 5—2—3）可使变速器不能换挡。通常在停车后，把变速杆推到 P（驻车）或 N（空）挡位置，加上变速杆锁，可使汽车不能换挡。

(3) 车轮锁

车轮锁（见图 5—2—4）可锁住汽车轮胎，使汽车无法行驶。

机械式防盗锁的局限性使得现代的汽车广泛采用电子式防盗系统。

2. 电子式防盗系统

电子式防盗系统（见图 5—2—5）主要靠锁定发动机控制器或起动线路来达到防盗的目的，同时具有声音和灯光报警功能。因此，电子式防盗系统在系统被触发时发动机无法起动，同时防盗喇叭鸣叫和外部灯光闪烁发出警报。

图 5—2—4　车轮锁

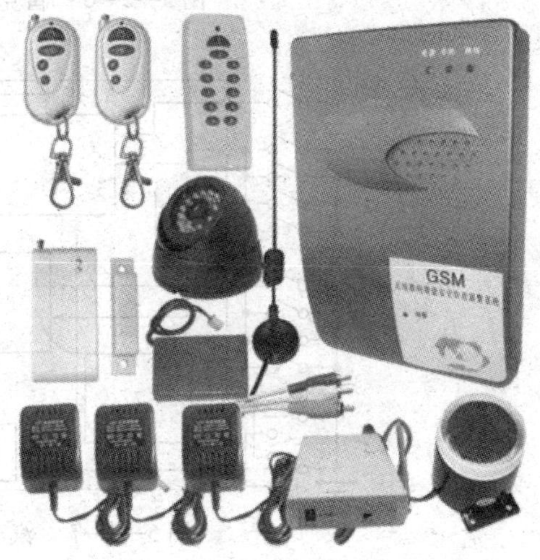

图 5—2—5　汽车电子式防盗系统

虽然电子式防盗系统的安全性能较好，但是也有一些缺点：

(1) 无线电信号干扰或屏蔽可能导致系统失效。

(2) 因电源中断或其他原因造成系统失效，需要采用专用仪器或特殊程序恢复性能。

(3) 对于具备专业知识或拥有专用仪器的盗贼，盗窃车辆反而更加简便。

(4) 如果盗贼采用拖吊等方式盗取车辆，则车辆仍然逃脱不了被盗的命运。

3. 网络式防盗系统

网络式汽车防盗系统（见图 5—2—6）大多采用卫星定位跟踪系统（简称 GPS），除了靠锁定汽车的起动机或发动机控制系统达到防盗的目的外，同时还可通过 GPS 系统（或其他网络系统），将报警信息和报警车辆所在位置无声地传送到报警中心，利用这个系统，还可以增加交通事故、防盗系统意外失效、抢劫等自动报警功能。

网络式防盗系统从技术上来讲是可靠的，但效果也不尽如人意。原因是这些系统要构成网络、消除盲区（少数接收不到信号的地区），要靠政府的支持和社会各方面的配合，要有完善的配套设施等。

二、汽车防盗电子控制系统的组成与防盗措施

1．汽车防盗电子控制系统的组成

防盗电子控制系统由开关和传感器、防盗 ECU 和执行机构 3 部分组成，如图 5—2—7 所示。

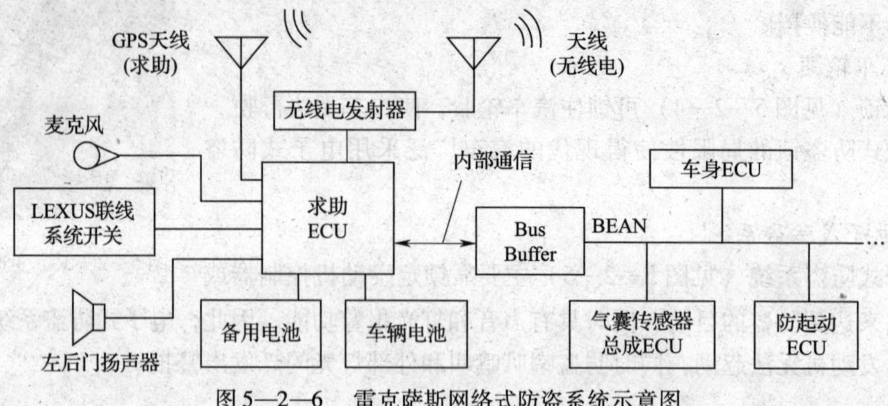

图 5—2—6　雷克萨斯网络式防盗系统示意图

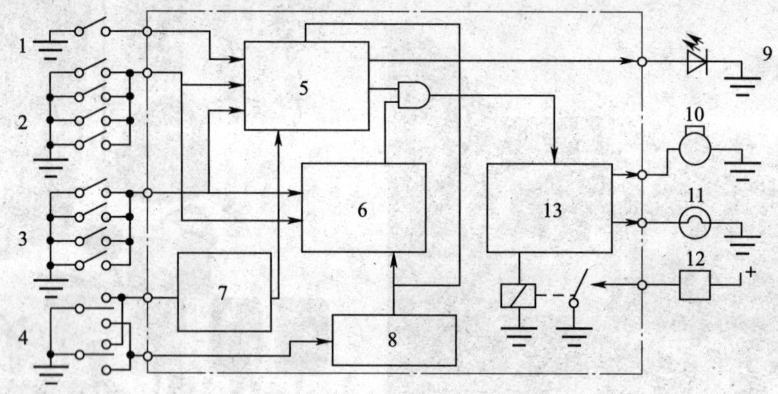

图 5—2—7　汽车电子控制防盗系统的组成

1—钥匙存在开关　2—开门开关　3—锁门开关　4—钥匙操作开关　5—警报状态设置
6—是否盗贼检测　7—30 s 定时器　8—解除警报状态　9—LED 指示灯　10—报警器
11—警报灯　12—起动断电器　13—警报控制

当用钥匙锁好所有车门时，该系统处于 30 s 检测时间警报状态。之后，系统中的指示灯（一般为发光二极管）开始断续闪光，表明系统处于警报状态，当第三方试图解除门锁或打开车门时（当所有输入开关均设定为关闭状态时），系统则发出警报。

当车主用钥匙开启门锁时，这种警报状态或警报运转将被解除。警报一般以闪烁灯或发声警报形式发出。警报发生后持续时间约为 1 min，但起动电路在采用钥匙打开汽车门锁之前始终处于断路状态。

当防盗系统启动后，只有通过遥控器发出的开门信号被遥控模块接收到，或用车钥匙插入钥匙孔开门，才能使防盗 ECU 解除警戒状态，此时才可以正常开启车门。若有人不通过上述手段打开车门，即为非法开启，此时车门微型开关线路闭合，而遥控模块和车门锁孔开关并没有将开门信号送给防盗控制 ECU，ECU 即判断为非法，于是使喇叭线路及其相关的各种灯的开关模块的断电器控制线路接通。

这种防盗系统极为简单，防止开门的手段只有门锁、遥控器及微型开关，而且根本没有

办法防止窃贼将车开走，所以人们又想办法增强防盗系统的功能。

2. 防盗电子控制系统的防盗措施

(1) 强化中央门锁系统功能

1）测量开门锁钥匙的电阻。每一把钥匙内部均有一定的电阻，每部车的中央控制 ECU 将记住该电阻值。此时若用齿形相同但阻值不同的钥匙开启车门或起动发动机，则防盗系统认为是非法，如图 5—2—8 所示。

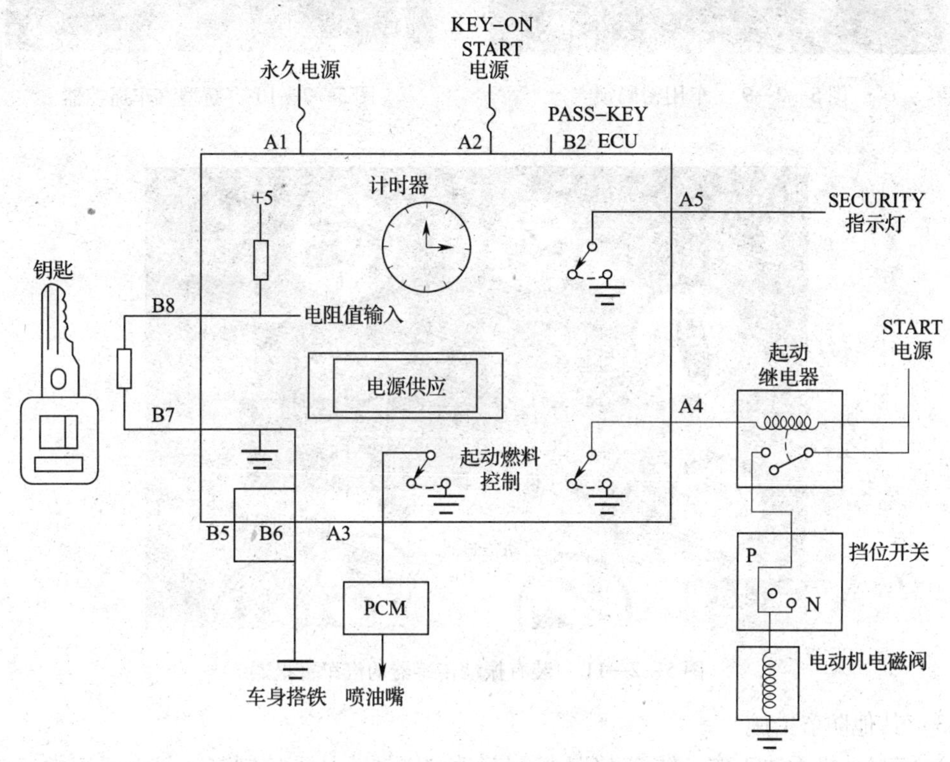

图 5—2—8　钥匙带电阻的防盗系统

当该车系复制钥匙时，必须先使用专用仪器读取钥匙中设定电阻的阻值挡位，然后向原厂购买相同挡位的钥匙模，再进行加工。这种系统也有 个缺点，即当蓄电池拆过后，需向中央控制 ECU 重新输入钥匙中的设定电阻值，但这需要维修人员掌握如何重新设定的技术，而且也给防盗系统留下一个漏洞。

2）加装密码锁。车用密码锁（见图 5—2—9）与钥匙、遥控器处于同一种地位。密码锁有 10 位键，而密码则一般取 5 位数，而且已设定的密码也可以由车主任意改变。

3）遥控器增加保险功能。为防止窃贼复制遥控器轻松打开车门，新型遥控器（见图 5—2—10）与防盗 ECU 配合，由固化程序设定频率（即每次车主重新锁门后，遥控器与接收器均按事先设定的程序同时改变为另一频率），这样遥控器便无法复制。

(2) 意外振动警报器

为了防止窃贼将车拉走，现在有些车采用了意外振动警报装置（见图 5—2—11）。它的工作原理是在汽车内部加装振动传感器，若汽车受到意外移动、碰撞，使振动传感器反馈信号大于标准值时，警报喇叭、灯光一起工作，以提示车主注意。

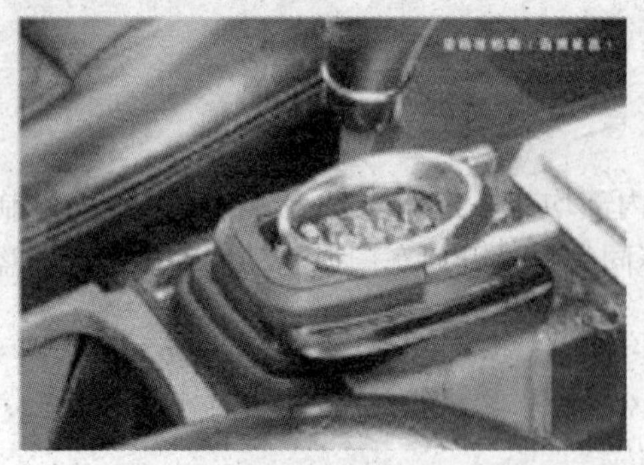

图 5—2—9　车用密码锁

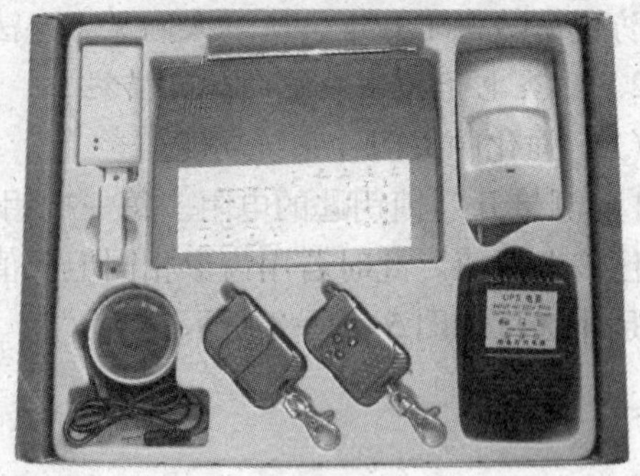

图 5—2—10　新型汽车遥控器

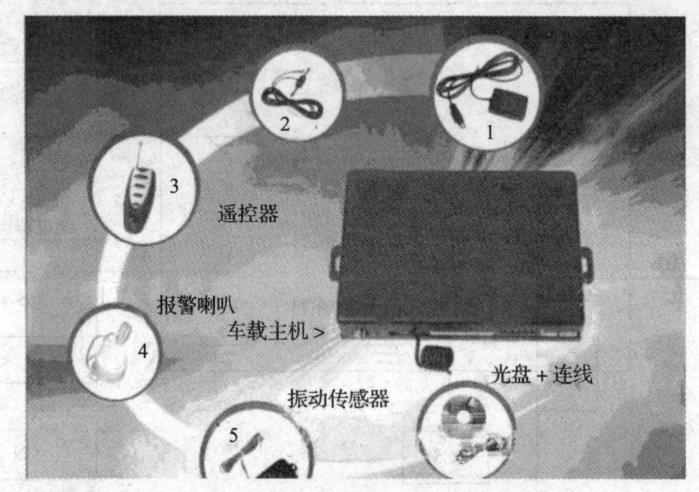

图 5—2—11　装有振动传感器的汽车警报器

（3）其他防盗措施

1）使起动机无法工作。防盗 ECU 控制起动继电器，从而控制起动机能否正常起动。

2）使发动机无法工作。汽车防盗 ECU 不仅控制着起动线路，同时也可切断汽油泵继电器控制线路，使发动机处于无油供给状态，另外又控制自动变速器继电器控制线路，使得变速器液压油路控制板中的电磁阀无法打开，从而使变速器无法工作。

另外，也有某些车系同时可以切断发动机 ECU 板中的某些搭铁线路，使点火系统不工作，喷油嘴电磁阀处于切断位置，从而使发动机无法工作。

3）使发动机 ECU 处于非工作状态。前两种防盗措施都可以通过自行连接搭铁线路来解决，因此，现在又出现一种新的防盗措施，即防盗 ECU 通过连线把某一特定频率的信号送到发动机 ECU。解除防盗警戒后，防盗 ECU 板便发出该信号，这时发动机 ECU 才能正常工作；若未解除防盗警戒或直接切断防盗 ECU 电源，则该信号不存在，发动机 ECU 便停止工作，使发动机无法起动。

三、典型防盗电子控制系统的工作过程

上海大众桑塔纳 2000 轿车防盗系统由带转发器的钥匙、识读线圈、防盗控制器和防盗指示灯组成，如图 5—2—12 所示。

1. 带转发器的钥匙

每一把钥匙中都有一只棒状转发器，长约13.3 mm、直径约3.1 mm的玻璃壳体内含有运算芯片和一个细小的电磁线圈。在系统工作期间，该线圈与收发线圈一起完成防盗控制器与转发器中运算芯片的信号及能量传递工作。在点火开关打开后，受防盗控制器的驱动，收发线圈在它周围建立起电磁场，受该电磁场的激励，转发器中的电磁线圈就可以提供转发器中运算芯片工作所需的能量，并在运算芯片与控制器之间传递各种信号。

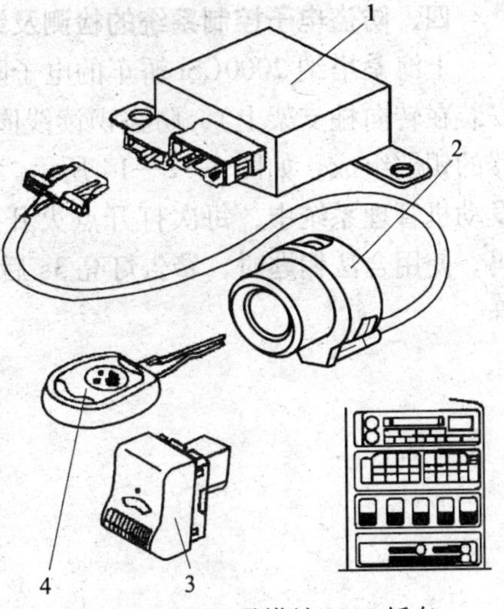

图5—2—12　桑塔纳2000轿车防盗系统的组成
1—防盗控制器　2—识读线圈
3—防盗指示灯　4—带转发器的钥匙

2. 识读线圈

识读线圈也称收发线圈，安装在点火锁芯上，通过一定长度的导线与防盗控制器相连。作为防盗控制器的负载，担负防盗控制器与转发器之间信号及能量的传递任务。

3. 防盗控制器

防盗控制器是一个包含一个微处理器的电子控制器，也称防盗控制系统，只有在点火开关打开时才工作。它进行系统密码运算、比较过程，并控制整个系统的通信过程（包括与转发器和发动机控制器的通信），同时它还完成与诊断仪的通信工作。

每辆桑塔纳2000型汽车的防盗控制器都存储了本车发动机控制器的识别码以及3把钥匙中转发器的识别码，同时每个转发器中也存储了相应的防盗控制器的有关信息。当用户把钥匙插入锁孔并打开点火开关时，经过一番特定的运算后，转发器将结果反馈回控制器；防盗控制器将其与自己经过相同特定运算的结果相比较，如果结果相吻合，系统即认定该钥匙。防盗控制器对发动机控制器也要通过特定的通信过程来完成鉴别过程。只有钥匙（转发器）、发动机控制器的密码都吻合时，防盗控制器才允许发动机控制器工作，如图5—2—13所示。

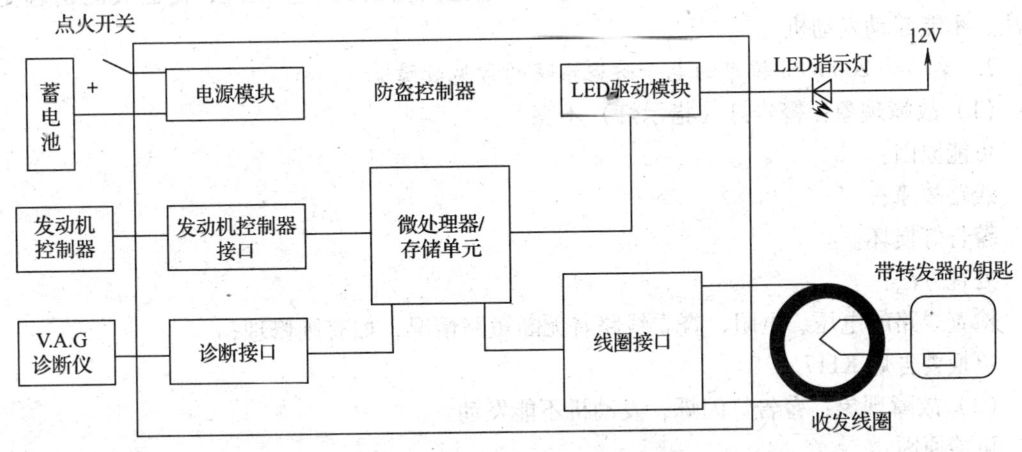

图5—2—13　系统连接示意图

四、防盗电子控制系统的检测及维修

上海桑塔纳 2000GSi 轿车的电子防盗装置主要由防盗控制器 J362（大众公司元件编码，安装在转向柱支架上），防盗识读线圈 D2，防盗系统警告灯 K117，发动机控制器及带转发器的钥匙组成，如图 5—2—14 所示。防盗控制器经过与发动机控制器匹配后，信息存储到发动机管理系统中，每次打开点火开关，防盗识读线圈便读取钥匙中转发器发出的答复代码。使用合法钥匙时，警告灯亮 3s 后熄灭；如钥匙非法或系统中有故障，警告灯将连续闪烁。

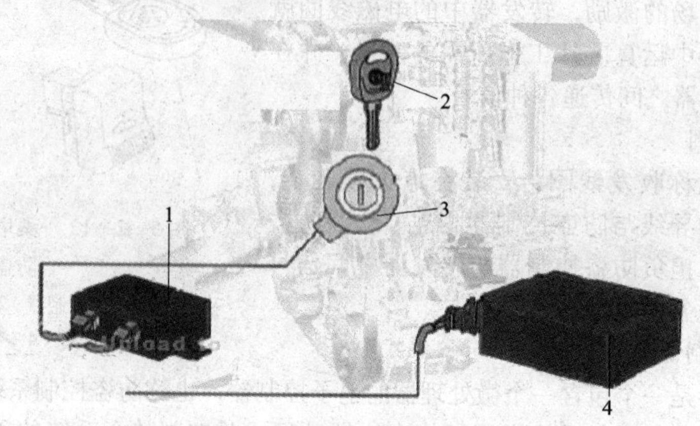

图 5—2—14　桑塔纳 2000GSi 轿车防盗器

1—防盗控制器　2—带转发器的钥匙　3—防盗识读线圈　4—发动机控制器

这类防盗系统具有故障自诊断功能，可使用解码器读取控制器的故障内存。桑塔纳 2000GSi 轿车的故障检测接口在换挡手柄防尘罩下。

1. 关于汽车钥匙和钥匙匹配的说明

（1）只有使用被防盗控制器认可（匹配）的钥匙，发动机才能发动。

（2）匹配钥匙时，需要对所有的钥匙一一进行匹配。

（3）如果重新配钥匙或增配钥匙，也必须匹配所有钥匙。

（4）如不慎遗失一把钥匙，为安全起见，应把其他钥匙重新匹配，使丢失的钥匙变为非法，不能起动发动机。

2. 桑塔纳 2000GSi 轿车的电子防盗系统的常见故障

（1）故障现象：警告灯（指示灯）不亮。

可能原因：

线路故障；

警告灯损坏。

处理方法：

检查线路的电压、电阻，查看线路有无断短路情况，如有则修理；

更换警告灯 K117。

（2）故障现象：警告灯闪烁，发动机不能发动。

可能原因：

使用了非法钥匙或钥匙转发器损坏；

防盗识读线圈 D2 故障；

发动机控制器与防盗控制器的连线断路或短路；

更换了新的发动机控制器而未进行匹配；

防盗控制单元故障。

处理方法：

使用合法有效的钥匙；

检查识读线圈与防盗控制器的连接可靠性，更换识读线圈；

检查发动机控制器与防盗控制器之间的连线并修理；

重新进行发动机控制器与防盗控制器的程序匹配；

更换防盗控制器，并进行全部钥匙的匹配；

如果不小心使用了非法钥匙而导致发动机无法起动，必须找到维修站重新匹配钥匙，此时需要防盗系统的密码。

桑塔纳 2000GSi 轿车电子防盗装置故障的诊断多用解码器（故障阅读仪）来进行诊断检测，通过控制器的内存提供的信息，进行全面的检查，找出故障所在，进行维修。

3. 桑塔纳 2000GSi 轿车电子防盗装置故障检测

桑塔纳 2000GSi 轿车电子防盗装置故障的诊断一般用解码器 V. A. G1551，V. A. G1552 或更先进的大众车系故障阅读仪来进行诊断检测，通过控制器内存提供的信息，进行全面的检查，找出故障所在并进行维修。表 5—2—1 为常见故障的代码、故障原因、产生的后果及排除方法。

表 5—2—1　　常见故障的代码、故障原因、产生的后果及排除方法

V. A. G1552 显示	故障原因	产生的后果	排除方法
65535 控制器故障	控制器 J362 损坏	发动机不能起动，故障警告灯闪烁	更换 J362
00750 警告灯故障	线路损坏、线路开路、警告灯 K117 损坏	警告灯闪烁或警告灯不亮	检修线路 更换 K117
01128 防盗器识读线圈故障	识读线圈 D2 损坏 线路短路断路	发动机不能起动，故障警告灯闪烁	更换识读线圈 检修线路
01176 转发器损坏 钥匙信号弱或匹配不当 非法钥匙或识读线圈故障	转发器损坏 钥匙信号太弱或匹配不当 非法钥匙或识读线圈故障	发动机不能起动，故障警告灯闪烁	重新配钥匙 匹配钥匙 更换识读线圈
01177 发动机控制器匹配故障	更换发动机控制器，发动机与防盗器控制器的线路故障或不匹配	发动机不能起动，故障警告灯闪烁	完成匹配 检修线路
01179 钥匙匹配程序不正确	钥匙匹配不正确	警告灯每秒闪亮两次	查询故障 清除故障内存 完成钥匙匹配

当更换从其他车上拆下来的防盗控制器后，需重新做一次发动机控制器与防盗控制器匹配程序，然后再重新做一次所有钥匙匹配程序。

【操作提示】

匹配汽车钥匙时的注意事项如下：

（1）此功能将清除以前所有合法钥匙的代码。

（2）必须将所有的汽车钥匙（包括新配的钥匙）与防盗控制器匹配，同时完成匹配新配钥匙或者增加钥匙数量，最多合法钥匙不能超过8把。

（3）如果用户遗失一把合法的钥匙，为了安全起见，必须将其他所有合法钥匙重新完成一次配钥匙程序。这样能使丢失在外的钥匙变为非法，不能起动发动机。

（4）配钥匙的时候，必须先输入密码，从用户保存的一块涂黑的密码牌上刮去涂黑层可见密码。

（5）匹配一把钥匙的操作不能超过30 s。如果只是插入钥匙，而没有打开点火开关，那么这把钥匙匹配无效。

（6）如果系统在读钥匙的过程中发现错误，如将已匹配过钥匙再次进行匹配等，则警告灯以每秒两次的频率闪亮，读钥匙过程自动中断。每次匹配钥匙的过程顺利完成后，警告灯则点亮2 s，然后熄灭0.5 s，再亮0.5 s，最后熄灭。

单元3　汽车防撞电子控制系统

学习目标

1. 了解汽车防撞电子控制系统的作用。
2. 掌握汽车防撞电子控制系统传感器的结构与原理。
3. 掌握汽车防撞电子控制系统的原理。
4. 了解车距监控防撞系统的组成与工作过程。
5. 掌握汽车防撞电子控制系统的检测与维修方法。

一、汽车防撞电子控制系统的作用

防撞电子控制系统的作用是防止行驶车辆之间或行驶车辆与路边车辆之间的碰撞。

防撞电子控制系统是由各种传感器、控制单元和执行机构（控制发动机动力及制动装置）组成的安全系统。汽车正常行驶时，该系统处于非工作状态；当汽车车头非正常接近前车车尾时，该系统将发出防追尾警告信号。在发出警告后，如果驾驶员没有采取减速制动措施，该系统便启动紧急制动装置，以避免发生追尾事故，如图5—3—1所示。

防撞电子控制系统必须装备测距传感器，该传感器利用光线、激光或超声波测得汽车与障碍物间的距离，将这个距离信号、车速信号和车轮转角等信号送入控制单元，通过计算求出该汽车和前方或后方物体实际距离以及相互接近的相对速度，并向驾驶员发出预告会车、超车的信号，显示前方或后方物体的距离，当快要撞车时，首先发出警告，进而ECU向制

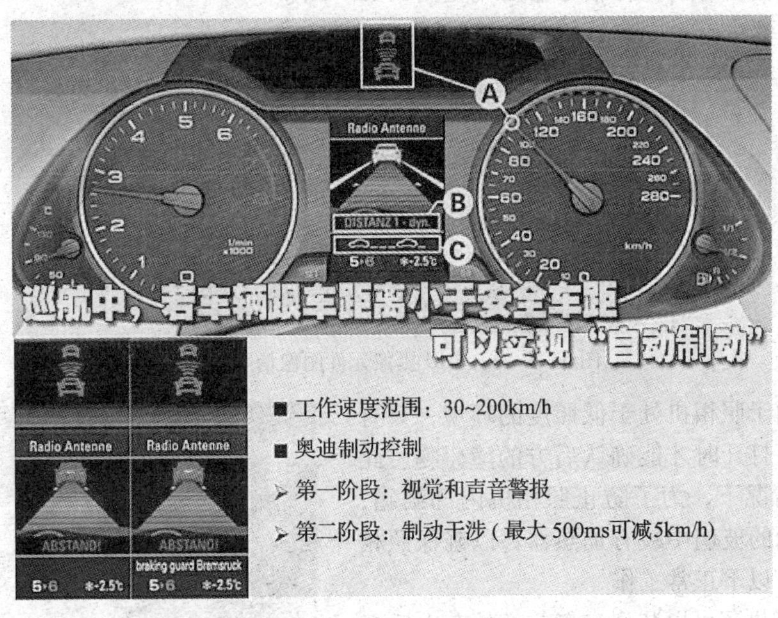

图 5—3—1 防撞电子控制系统功能

动器和节气门控制电路发出控制指令，即可使汽车减少动力输出或及时制动，从而有效地避免撞车。

二、防撞电子控制系统传感器的结构与原理

1. CCD 照相机

汽车倒车时，为了弥补目视不能确认车辆后方实际距离的缺陷，在汽车后部装设这种监视照相机，如图 5—3—2a 所示。如图 5—3—2b 所示，则是将照相机装设在汽车前部，作前视监控之用。后视照相机的散光镜采用了扩大视野的超广角镜。当点火开关接通、变速器换挡杆换到倒挡位置时，多功能显示板上就会显示出车辆后方的图像。

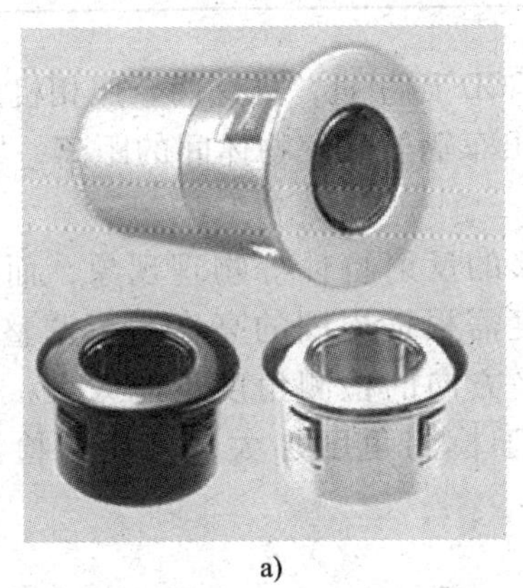
a)

b)

图 5—3—2 CCD 照相机及在车上安装的位置

a）CCD 照相机 b）CCD 照相机在车上的安装位置

CCD（电荷耦合器件）摄像元件按照受光元件接收的光通量放出的电流值，可以读取后方的障碍物，并作为图像信号输出（见图5—3—3）。

图5—3—3　CCD摄像元件图像信号输出

夜间，由于照相机处于低照度的环境，只有在汽车后照灯打开时才能确认后方的障碍物。此外，在低温情况下，为了防止照相机内部结霜，在其镜头前面的玻璃中装有加热器，以确保照相机能在－15°C以下正常工作。

CCD照相机还可以装到汽车前部的车内后视镜上，如图5—3—4所示，可用它来识别车道，可为汽车作辅助驾驶使用。CCD照相机主要参数见表5—3—1。

图5—3—4　CCD照相机安装在车内后视镜上

表5—3—1　CCD照相机的主要参数

检测距离		0～40 mm
检测角度	水平	45°
	垂直	35°
计算周期		100 ms

CCD照相机的测距原理：由于采用了两个CCD照相机，且这两个照相机成像有差别，因此根据三角测距的原理，即可较精确地计算出车辆至某一物体间的距离，如图5—3—5所示。

CCD照相机的测距方式不依赖于被测对象的反射特性等物理现象，而是根据其对图像的处理来认识物体。但该照相机的灵敏度需根据周围的亮度进行调整，夜间还要给予被测对象适当的照明。另外，照相机水平方向的检测角度不能太大，否则拍摄出的图解周边歪斜，使检测精度降低。同时由于检测角度加大，可能的检测距离就会变短。

2. 激光雷达

激光雷达将激光发射至被测物体，然后反射回来被接收，其间所用的时间即可用来计算传感器至障碍物的距离。

早期的车用激光雷达都是发送出多股激光光束，并依靠前行车的反射镜的反射时间来测

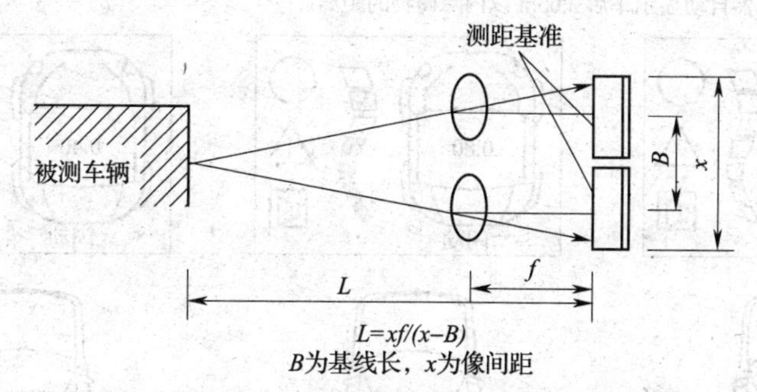

图 5—3—5　CCD 照相机的测距原理示意图

定距离。但由于要对前方多辆车进行辨识，因而现在开始采用扫描式激光雷达（见图 5—3—6）。这样，不但至前方车辆的距离可测，而且其横向位置也可以检测出来。

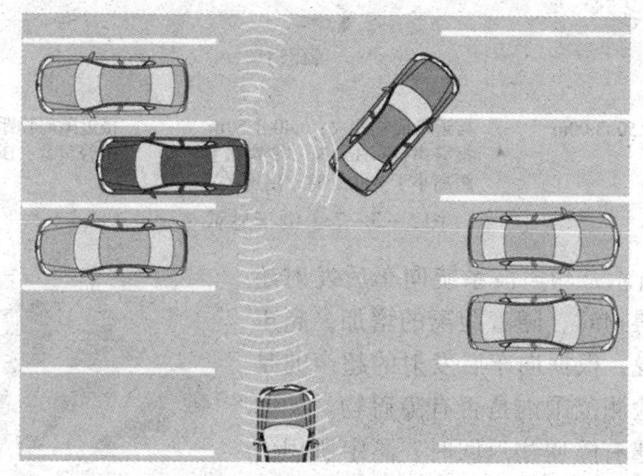

图 5—3—6　扫描式激光雷达

根据物体的反射特性不同，激光的反射光量变化很大，因此可能检测出的距离也是变化的。由于车辆后部的反射镜等容易反射，故可以检测出稳定的较长距离。另外，在检测侧方及后方障碍物时，与检测前方障碍物的情况不同，如果障碍物上没有反射镜，那么由于各种障碍物的反射特性相差很大，故测出的距离可能会不太准确。

3. 超声波传感器

所谓超声波，是指耳朵无法听到的高频声波。超声波（距离）传感器的主要作用是在车辆倒车时，利用超声波检测车辆后方的障碍物，并利用指示灯及蜂鸣器等把车辆到障碍物的距离及位置等通知驾驶人员，起到确保安全的作用，如图 5—3—7 所示。

超声波传感器（见图 5—3—8）采用压电元件锆钛化铅（一般称为 PZT）制成，这种传感器的特点在于它具有方向性，传感器用蜂鸣器的纸盆为椭圆形，其目的就是使传感器的水平方向特性变宽，而垂直方向受到限制。

其工作原理犹如人对着大山呼喊能产生回声，利用这种现象制成汽车所用的倒车超声波系统，主要由发射传感器、接收传感器、微机及显示装置等组成。

挂倒车挡时，显示器自动显示车后 3.00m 以内障碍物的距离。

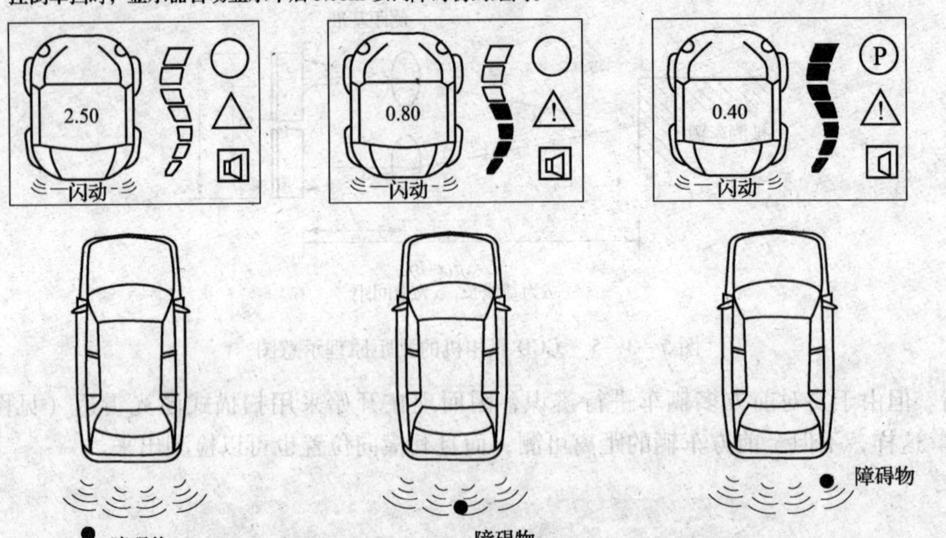

接近障碍物距离：1.50~3.00m
报警声音：无

接近障碍物距离：0.40~1.50m
报警声音：Be...Be... 变声报警
距离小于 0.80m 时，出现⚠

接近障碍物距离 0.10~0.40m
报警声音：Be... 连续音 Ⓟ闪动

图 5—3—7　倒车显示

如图 5—3—9 所示，超声波系统向车后发射超声波，当车后无障碍物时，随着距离的增加，超声波逐渐衰减。就是说，根据向车后发射的超声波是否返回，可以判断检测范围内是否有障碍物。如向车后发射的超声波遇有障碍物返回时，测定所用的时间，再根据时间与距离的正比例关系，判断出汽车到障碍物的距离。此外，将车辆后方划分为若干区域，如图 5—3—10 所示，可以判断出障碍物在何处。这种系统还具有自检功能，用以检验本系统工作是否正常。超声波（距离）传感器和微机组件之间用屏蔽线相连，因此消除了信号干扰。

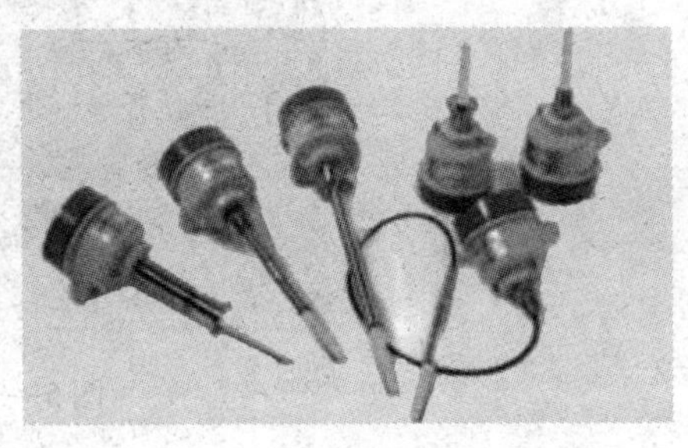

图 5—3—8　超声波（距离）传感器

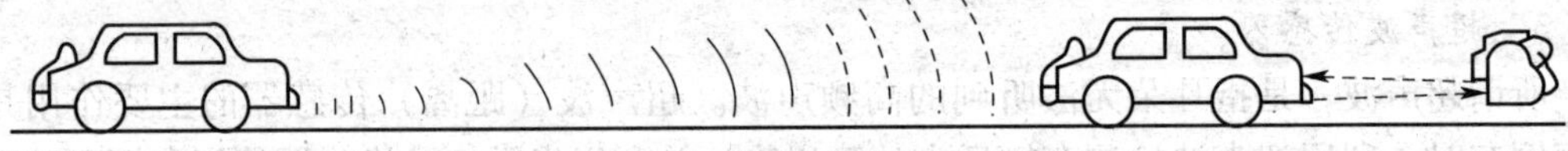

图 5—3—9　倒车超声波的示意图

4. 电磁波传感器

电磁波传感器可以通过发射电磁波信号来检测车辆周围是否有物体出现。

三、防追尾电子控制系统的原理

1. 防追尾电子控制系统的原理

防追尾电子控制系统主要由行车环境监测、防碰撞预测和车辆控制三部分组成，如图 5—3—11 所示。

（1）行车环境监测原理

行车环境监测系统由测量车间距离和前面车辆方位的激光扫描雷达及能够判定路面状况的道路传感器组成。

激光扫描雷达安装在车辆前端的中央位置（见图 5—3—12），功能是测量与前车的距离和前面车辆的方位，并将所测数据传输到防碰撞判定系统。

图 5—3—10　超声波系统检测范围

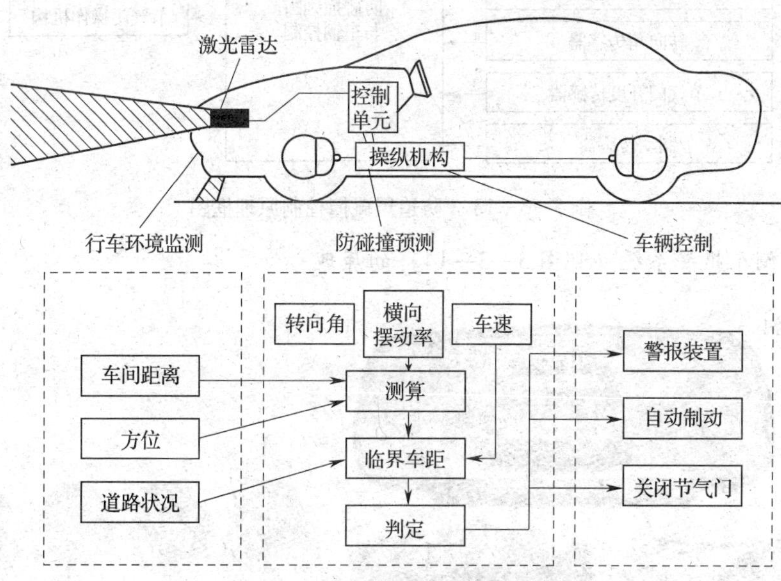

图 5—3—11　防追尾电子控制系统结构框图

（2）防碰撞判断

防碰撞判断分为两步：第一步是进行路径估算，即从激光扫描雷达所获“距离与方位”的大量数据组中抽取有用数据进行计算；第二步是进行安全危险判断，即判断追尾碰撞的危险程度。

（3）车辆控制

该系统是由安全/危险预警信号控制的自动制动操作机构，并配有制动防抱死系统（ABS），同时采用高速电磁阀进行纵向加速度反馈控制。该自动制动操作机构的优点是当自动操作机构处于工作状态时，如果驾驶员的脚制动力大于自动控制的制动力时，则驾驶员的脚制动力有效。自动制动操作机构失灵时，脚制动系统并不受影响。由于该系统中采用了液压制动分泵，因此会使液压回路之间产生液压差。

车辆防追尾碰撞电子控制系统的工作原理如图 5—3—13 所示。

图 5—3—12　激光扫描雷达

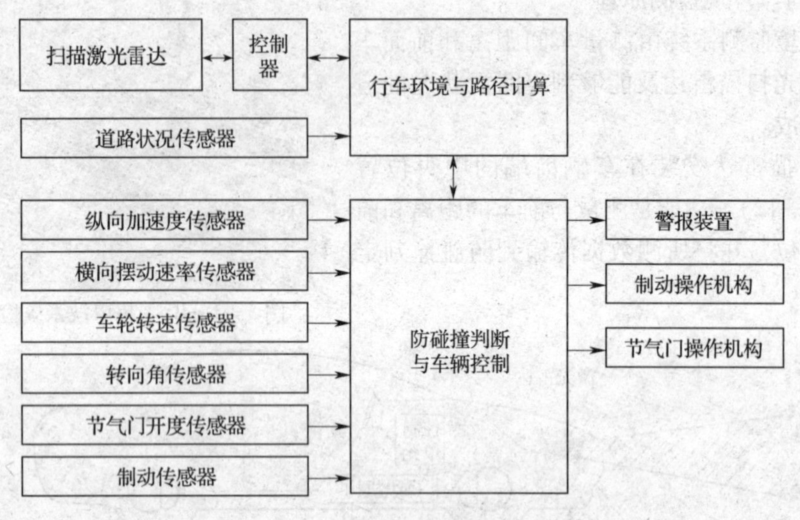

图 5—3—13　防追尾碰撞控制原理框图

2. 汽车倒车报警系统（见图 5—3—14）的原理

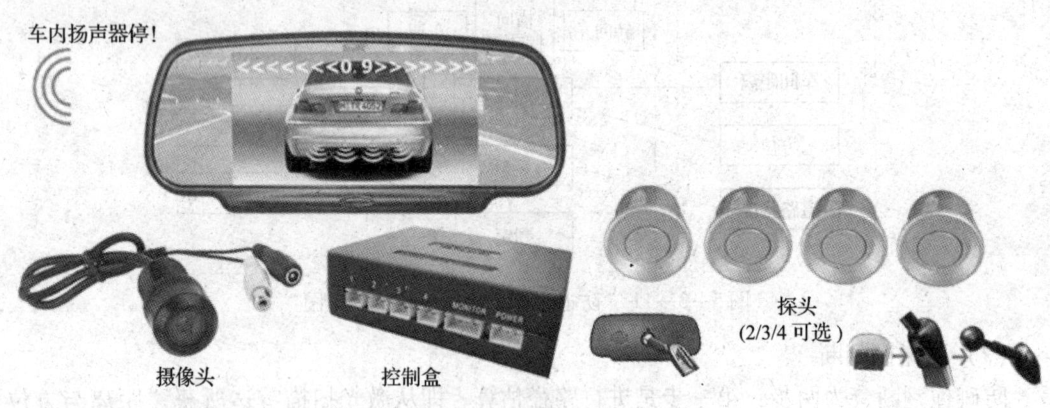

图 5—3—14　倒车报警系统

汽车倒车报警系统有超声波倒车报警系统和雷达倒车报警系统两种，因雷达倒车报警系统造价高，所以目前多用超声波倒车报警系统。

超声波倒车报警系统一般由安装在汽车保险杠内的 4 个传感器（探头）（见图 5—3—15）、仪表盘上的显示器和控制器等组成。

超声波传感器既是执行元件又是传感器，既发射信号，也接收信号，控制器向四个超声波传感器中的一个发出命令，该传感器即发出超声波，四个传感器都接收超声波的回波。在超声波传感器内，回波信号被转换成数字信号，并将其传递到控制器，控制器根据回波的传播时间计算出与障碍物的距离，发出报警指令，如图 5—3—16 所示。

当挂上倒车挡后，超声波倒车警报系统即开始工作，发出“嘟—嘟”的声音，表明该系统状态良好；当车与障碍物相距 0.4 ~ 1.5 m 时，可听见间歇警报声（离障碍物越近，声音越急促），如距离小于 0.1 ~ 0.4 m，则连续发出警报声。警报声间隔及音量用故障检测仪（解码器）设定。

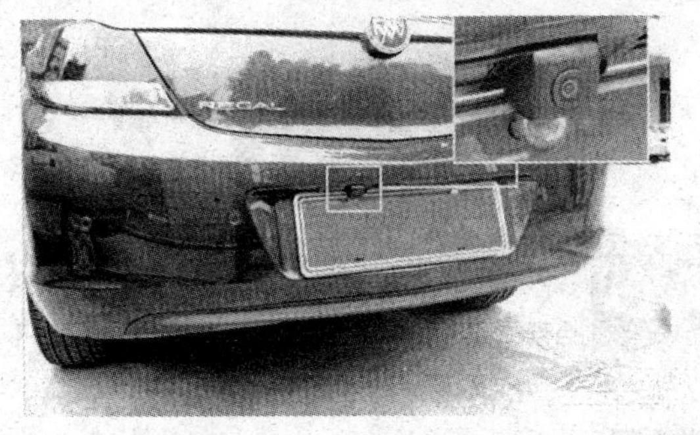

图 5—3—15　汽车保险杠传感器

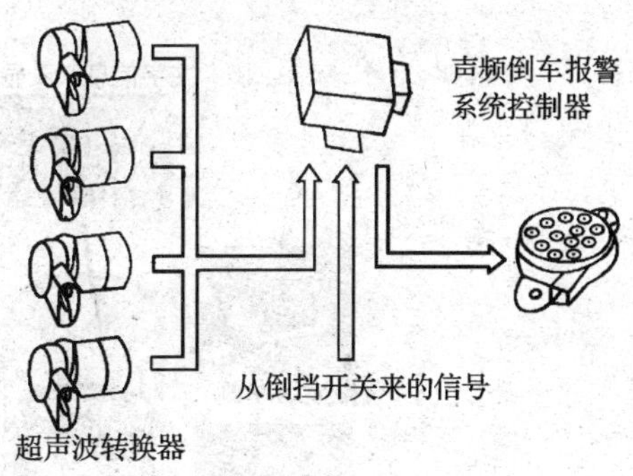

图 5—3—16　倒车报警系统原理

四、车距监控防撞系统的组成与工作过程

车距监控防撞系统是一种新型电子控制防撞系统，该系统减小了驾驶员长时间驾车的劳动强度，同时提高了驾驶的安全性能（见图 5—3—17）。该系统由主动巡航系统、侧向辅助系统和车道保持系统组成。车道保持系统功能、侧向辅助系统功能如图 5—3—18、图 5—3—19 所示。

图 5—3—17　奥迪轿车车距监控防撞系统

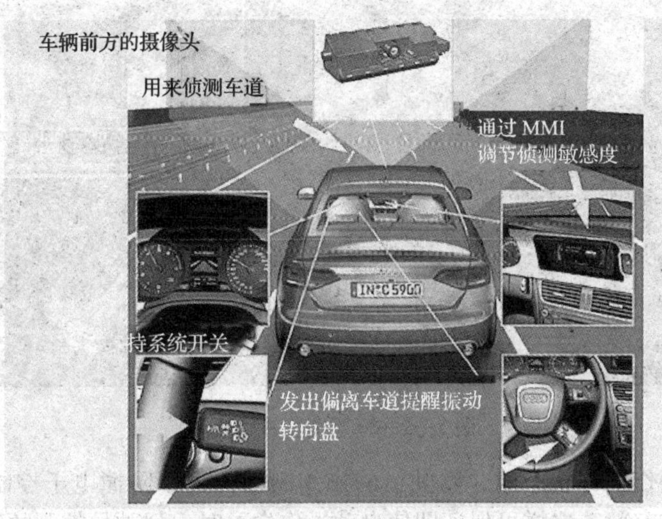

图 5—3—18　车道保持系统功能

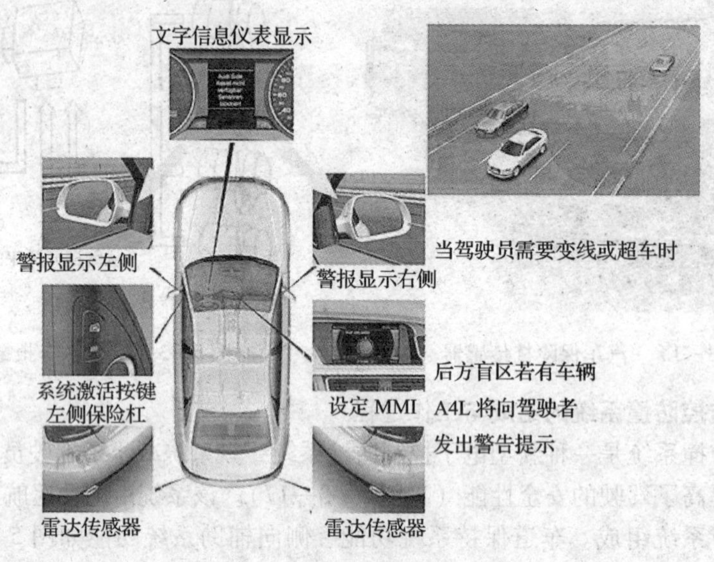

图 5—3—19　侧向辅助系统功能

主动巡航系统功能参见图 5—3—1，当驾驶者驾驶车辆处在定速巡航状态下时，该系统起作用，与前面的车辆保持一定的距离，让驾驶者更安全。

该系统主要通过摄像头侦测前方障碍物距离车头的远近，并在显示屏上显示，如图 5—3—20 所示。当发现障碍物已达到可测范围（距离），则危险距离警告灯会依障碍物的实际距离亮起。当距离过近时，有些车型警告喇叭会“嘀嘀”响起，以警告驾驶者注意前方障碍物已经接近车体，ECU 通过限制发动机输出转速，调节制动作用力及变速箱挡位，控制定速巡航的车速。若前方无障碍物（10 m 为限）则警告灯会熄灭。

图 5—3—20　距离检测显示

如果在自动操作工作状态时，驾驶员的操作制动力大于防撞电子控制系统提供的制动力，则驾驶员操作有效，这样可保证即使自动操作失灵时，驾驶员控制的制动系统仍能起作用。一旦汽车回到安全状态或驾驶员采取了相应措施，防撞电子控制系统对车辆的控制将自动解除，回到正常工作状态。

五、防撞电子控制系统的检测与维修

1. 汽车防撞电子控制装置使用注意事项

（1）倒车时应保持 5 km/h 以下的速度行驶。

（2）由于物理特性，物体的位置、角度、大小、材质或背景复杂的场所等关系，可能造成检测范围变窄，产生不动作或误动作，并非系统不正常。

（3）尤其在上坡或下坡倒车时，可能引起错误的报警，此时驾驶员应更加小心。

（4）当听到长鸣声或有“STOP”闪烁时，应立即停车，该系统设计最短检测显示为“STOP”，可以根据不同的应用场所，选择更长的停车距离。

（5）当遇到下列不良场所或障碍物时，易造成不检测或检测不到的情形：

1）铁丝网、绳索类细小物体。

2）草地或崎岖不平的路面。

3）棉质或表面吸收声波的材料。

4）检测器表面附着异物。

5）同频率（40 kHz）的超声波、金属声或高压气体排放声等的干扰。

6）障碍物为锐角反射体、锥状物等。

（6）在 50 ~ 55 cm 处可检测到物体表面积应大于 25 cm^2。

（7）在车上使用非标准的无线通信设备会影响此系统的功能（不含移动电话、音响系统）。

2. 汽车防撞电子控制装置的故障诊断与检修

下面以风神蓝鸟汽车为例，介绍故障诊断与检修方法。

（1）尚未挂入倒挡即发生长鸣现象

故障可能原因：

电源线与非倒车挡电源并接。

诊断：

确认电源是否与倒车挡电源并接。

检修方法：

将电源线与倒车挡电源并接。

（2）进入倒车挡，但无声音产生（倒车灯亮）

故障可能原因：

蜂鸣器插头未插或损坏；

控制主机损坏。

诊断：

确认蜂鸣器插头电源是否为 12 V；

确认主机电源电压是否正确；

确认主机是否损坏。

检修方法：

插上相应插头或更换主机。

（3）进入倒车挡时，为两短声

故障可能原因：

检测器未与车上线束连接或有一组检测器损坏。

诊断：

确认线束连接及测试检测器。

检修方法：

将检测器拔出重新插入；先更换其中一个检测器，确认是否仍为两短声，若是，则更换另一个。

（4）进入倒车挡时，虽车后有障碍物，但无声音发出

故障可能原因：

检测器损坏，超过检测范围；

控制主机损坏，障碍物反射面积小。

诊断：

确认检测器是否损坏；

确认障碍物是否在检测范围内；

换一个新控制主机，确认是否正常；

反射面积是否小于 25 cm^2。

检修方法：

更换新检测器，用量尺测量待测物距离；

更换控制器，用反射面积大于 25 cm^2 的反射物检测。

（5）进入倒车挡后，虽车后无障碍物，但蜂鸣器长鸣

故障可能原因：

检测器上沾有泥、水滴等异物；

检测器损坏。

诊断：

确认检测器上是否有异物；插入另外两组新的检测器看是否正常。

检修方法：

将检测器擦拭干净，确认正常与否；

更换检测器。

（6）进入倒车挡时，车后无障碍物，蜂鸣器间断鸣叫

故障可能原因：

检测器未安装在指定位置；

检测器检测到凹凸不平地面。

诊断：

确认安装是否正确；

确认地面是否凹凸不平。

检修方法：

重新安装检测器；

移动车辆到平整路面。

（7）在某些情况下系统工作不正常，其他情况正常

故障可能原因：

检测器受到其他声波的干扰。

诊断：

此情况下系统是好的。

检修方法：

排除干扰源。

模块六　汽车车身舒适性及其他电子控制系统

单元1　汽车监测显示系统

学习目标

1. 了解汽车监测显示系统的组成。
2. 掌握车辆状况监测系统的组成和工作原理。
3. 掌握电子仪表的结构与工作原理。
4. 掌握汽车监测显示系统的使用及检测方法。

一、汽车监测显示系统的组成

汽车监测显示系统（见图6—1—1）是驾驶员了解汽车信息的重要渠道，它对保证汽车行驶的动力性、经济性和安全性起到重要作用，同时也能美化汽车内部环境。随着汽车技术的不断发展，在汽车上使用计算机驱动的仪表也日益普及，这些仪表比常规的模拟仪表有更精确的读数。

图6—1—1　汽车监测显示系统

汽车监测显示系统由两部分组成：车辆状况监测系统和电子仪表。

1. 车辆状况监测系统

车辆状况监测系统实际上是传统机械式仪表报警功能的改进和发展，由传感器、电控单元、显示器组成。它在汽车行驶前和行驶中可以监视很多变量，例如，制动系统故障、发动机系统故障、车灯故障、电源系统故障、各种液位故障等。

电控单元能使驾驶员获得如何正确操作和驾驶的有关信息。例如，平均油耗、瞬时油耗、平均车速、可行驶里程、行驶时间等。车载计算机提供的信息能提高行驶安全性、乘坐舒适性及燃油经济性。车载计算机的特点是这些信息在不需要时不显示，需要时通过键盘和按钮调出。

2. 电子仪表

电子仪表为驾驶员提供汽车行驶时最基本的操作信息。这些信息在仪表板上连续显示出来。显示项目有汽车行驶速度、已行驶里程、发动机转速、机油压力及温度、冷却液温度、燃油量等。常用的显示方法有模拟显示和数字显示两种。

（1）模拟显示

信息在刻度盘上显示出指针连续运动的模拟值。模拟显示分为指针摆动（见图 6—1—2）和直线滑动两种形式，适用于速度表、转速表、燃油表、温度表等仪表。

（2）数字显示

信息以数字形式显示在仪表盘上，如图 6—1—3 所示。当需要正确读出数值时，数字显示比模拟显示更优越，读取时间更短。

图 6—1—2　指针摆动式仪表

图 6—1—3　数字显示时速的仪表盘

二、车辆状况监测系统的组成与工作原理

1. 车辆状况监测系统的组成

车辆状况监测系统主要由传感器、电子控制单元、显示器 3 部分组成。

（1）传感器

传感器主要用于监测汽车状态的极限值。汽车用主要传感器如图 6—1—4 所示，车辆状

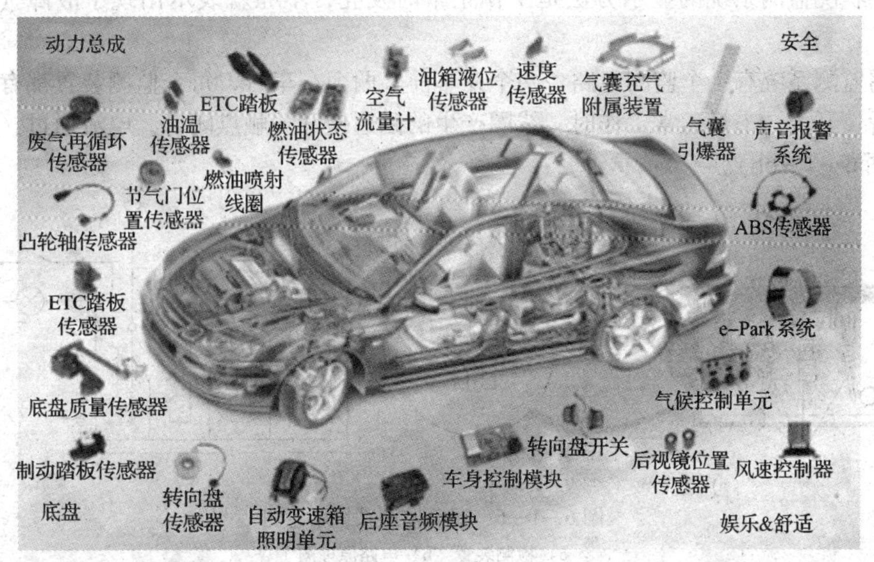

图 6—1—4　汽车主要传感器

况监测系统常用的传感器有液位传感器、压力传感器、温度传感器、车速传感器、轮胎压力传感器等。

（2）电子控制单元

点火开关接通后，电子控制单元连续读取传感器信号，通过软件判别有无被监测的参数超出极限值。

（3）显示器

车辆状况监测系统的显示器结构和形式有很多种，是仪表盘的重要组成部分，如图6—1—5所示，为一款运动车型仪表盘。发光元件主要有灯泡、发光二极管、液晶显示器等。

图6—1—5　运动车型仪表盘

2. 车辆状况监测系统的工作原理

（1）照明系统监测

这种安全装置在车辆上应用很广泛，主要负责监测照明系统、转向指示灯和停车灯。当灯泡的灯丝或照明电路有故障时，监测系统使图形显示板上的小灯泡发亮以警示驾驶员。也有的车辆状况监测系统的显示方法是工作正常时发亮，不亮就表示出现了故障（见图6—1—6a）。

照明监测系统有4个监测电路，两个在车前，两个在车后，每个监测装置都有一个外绕线圈的舌簧开关。当灯正常工作时，线圈产生的磁通使开关触点闭合，电流通过，仪表灯点亮（见图6—1—6b）。

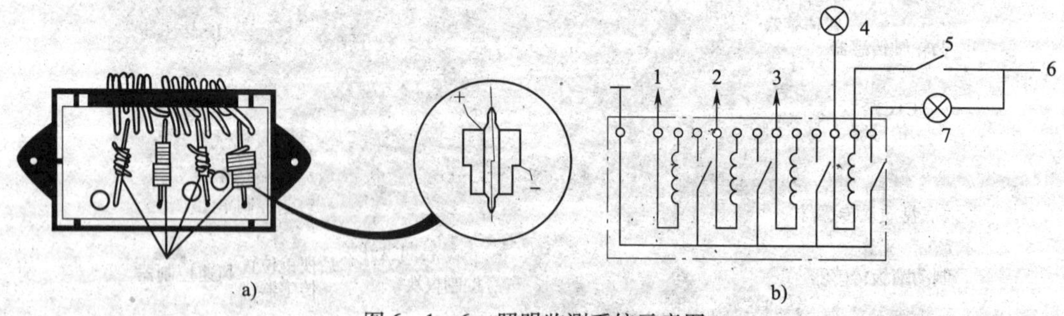

图6—1—6　照明监测系统示意图

a）检测装置　b）电路原理图

1—前照灯远光　2—转向指示灯　3—前照灯近光　4—示宽灯　5—示宽灯开关　6—接蓄电池　7—显示仪表板灯

差动继电器式灯泡监测装置用两个极性相反的线圈形成差动式继电器。它可以监测两个灯。当两个灯都正常工作时，因两个线圈产生的磁通方向相反，触点断开。如果有一个灯损坏，则车灯连接的线圈内的电流将减小或中断，此时，在磁通作用下触点闭合，受到负载电阻控制的电流通到电子控制单元，使中央警告灯发亮（见图 6—1—7）。

（2）制动摩擦片磨损监测

制动器（见图 6—1—8）是制动系统的主要部件，在制动摩擦片内装上传感器，当摩擦片使用到极限厚度时，发出信号报警。

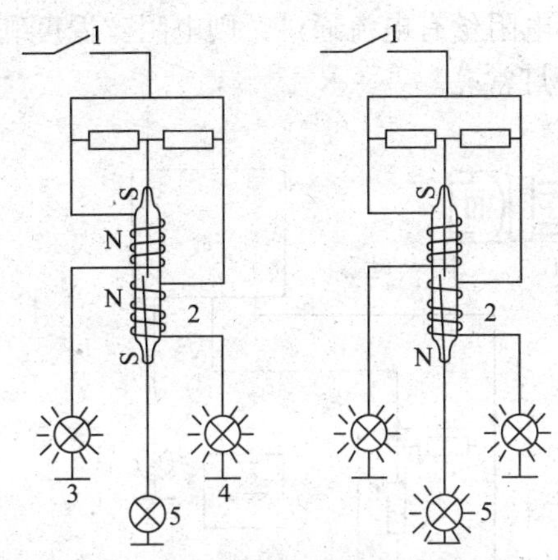

图 6—1—7　差动继电器式灯泡监测装置工作原理

1—照明开关　2—差动舌簧开关　3—左前照灯远光
4—右前照灯远光　5—警告灯

图 6—1—8　制动器

图 6—1—9a 所示为制动摩擦片磨损监测开环系统，在每个摩擦片表面，都埋进一个绝缘触点，当摩擦片磨损到使用极限时，触点就和制动鼓或制动盘接触，此时仪表板上指示灯发亮。这种监测系统可靠性比较差，因为如果系统出现开路，即使摩擦片使用到极限，警告系统也不能工作。所以现在应用比较多的是制动摩擦片磨损监测闭环系统（见图 6—1—9b）。这种系统是在摩擦片中埋入一根导线，当摩擦片磨损到极限时，导线即被磨断，使电路中断，发出警告。

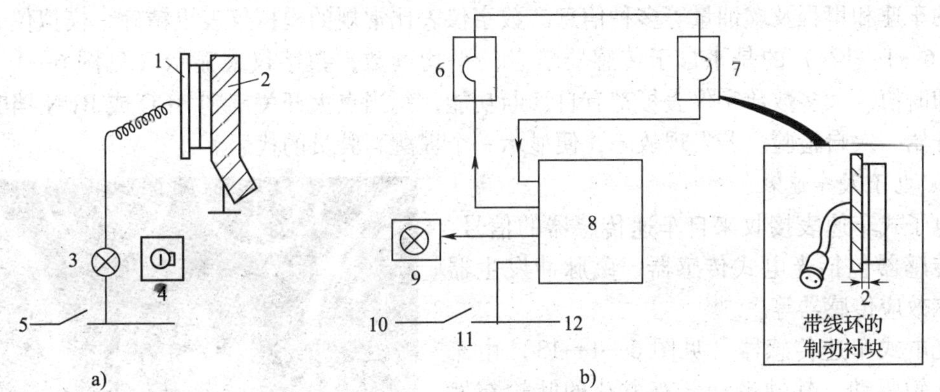

图 6—1—9　制动摩擦片磨损监测系统

a）开环控制　b）闭环控制

1—摩擦衬块　2—制动盘　3—警告灯　4—警告图像　5—接蓄电池　6—左摩擦块　7—右摩擦块
8—电子控制装置　9—警告灯　10—接蓄电池　11—点火开关　12—接点火系统

(3) 机油液位监测

机油液位监测是在一个空心塑料筒内装一根电阻丝（热线），筒上有和普通机油尺一样的液位标记。如图6—1—10所示，机油尺上有两根导线与电子控制单元相连接。工作原理是：在初接通点火开关或发动机停转3 min以上再接通点火开关时，会有大约0.2 A的电流供给电阻丝。当这个大约0.2 A的小电流通过电阻丝约1.5 s后，电阻丝阻值增大，报警灯亮。如果电阻丝浸在机油中，则电阻丝有电流通过时，电阻丝的热量会扩散到机油中，温度不会明显增高，阻值也不会增大，电子控制单元接到低阻值信号后使报警灯熄灭。如果机油液位高度低于油尺“低”标记3 mm以上时，电阻丝有电流通过，则电阻丝温度和阻值都增大，电子控制单元接到高阻值信号后，使报警灯常亮。

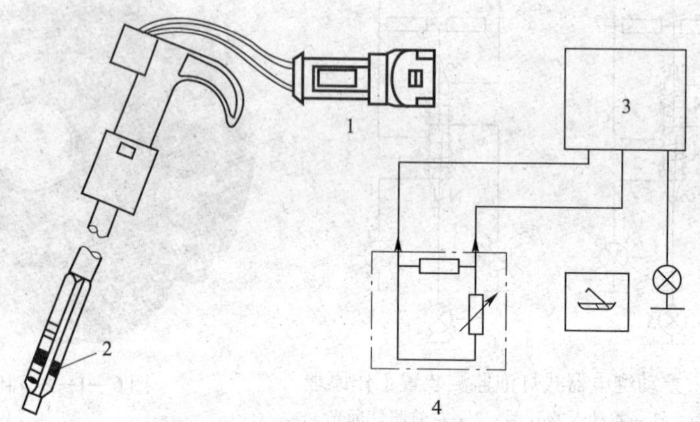

图6—1—10　机油液位监测系统

1—连接器　2—电阻丝（热线）　3—电子控制装置　4—量油尺

(4) 轮胎压力监测

轮胎压力监测，是指系统持续地监控轮胎压力，并将该压力值与基准值作对比，当与基准值相差比较大时，发出报警信号，或在仪表盘上显示，如图6—1—11所示。

三、电子仪表的结构与工作原理

汽车电子仪表系统采用微处理器采集处理不同传感器的信号，控制并显示发动机转速、汽车的车速和里程及燃油量等多种信息。数字仪表比常规的模拟仪表更精确，模拟仪表显示（见图6—1—12a）的是来自于传感器信息的平均读数，数字仪表显示（见图6—1—12b）的是即时值。大多数数字仪表板都有自诊断功能，每当点火开关旋到ACC或RUN挡时，仪表便开始一次自检验。若发现故障，便显示一个提醒驾驶员的代码。

1. 电子式车速表

电子式车速表接收来自车速传感器的信号，车速传感器包括光电式传感器、磁脉冲发生器和霍尔效应传感器等。

图6—1—11　轮胎压力监测

光电式车速传感器（见图6—1—13）由车速表软轴驱动，软轴带动开有方孔的叶轮在发光二极管和光电晶体管之间旋转。由于叶轮的叶片轮流遮断发光二极管发射的光束，光电晶体管便发出一连串的电脉冲信号送至发动机控制

a)

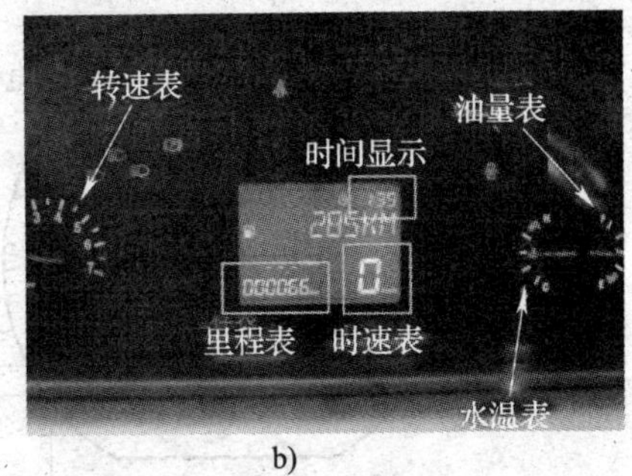

b)

图 6—1—12　汽车电子仪表

a）模拟仪表显示　b）数字仪表显示

模块（ECU），车身计算机模块（ECU）分享此信号。车身计算机计算车速，然后经串行数据口将此信息提供给电子车速表开启车速显示。福特、通用和丰田等汽车公司都采用光电式车速传感器。

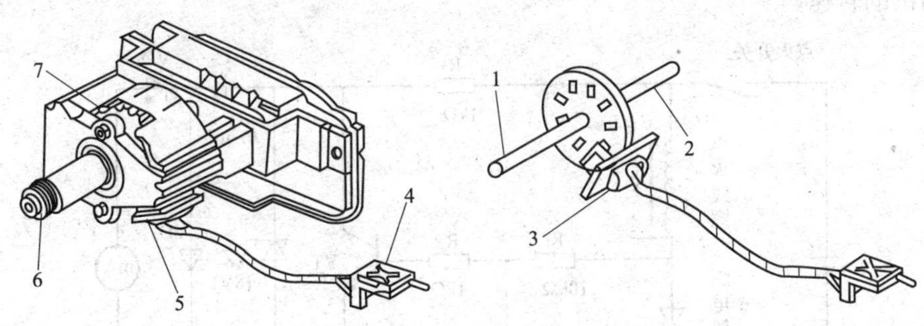

图 6—1—13　光电式车速传感器

1—车速表驱动软轴　2—接里程表　3，5—光电式传感器

4—从光电式传感器接至仪表的插头　6—车速表软轴连接器　7—带窄缝的轮子

2. 电子车速里程表

车速里程表用来指示汽车行驶速度和汽车的累计行驶总里程，它由车速表和里程表两部分组成。

传统的机械式车速里程表是由变速器或分动器接软轴来驱动仪表，图 6—1—14 所示为机械式里程表基本结构。

电子式车速里程表是一个带有通电线圈的指针机构，在恒定磁场下受磁场力的作用，当汽车以不同车速行驶时，在车速里程表传感器上就产生一个不同频率的脉冲信号，从而改变了车速表指针机构中的线圈电流，于是它在恒定磁场中受到的作用力大小就发生了变化，车速表指针就指示出相对应的行驶车速（见图 6—1—15）。

带有里程小计的里程表是个步进电动机，通过减速齿轮驱动两个十进位计数器，其中小计里程用做日行驶里程记录，只能记录到 999.9 km，而里程表累计记录可达 999 999 km，汽车行驶速度不同时，车速传感器的脉冲信号频率不同，经 64 分频电路给步进电动机的电源信号也不同，使其旋转速度及里程积累速度也不同。里程小计可以随时清零。

图 6—1—14　机械式里程表

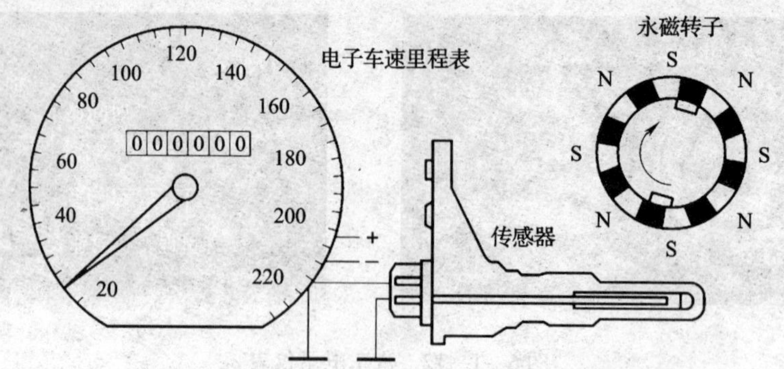

图 6—1—15　电子式车速里程表与干簧式车速传感器（奥迪）

3．电子转速表

如图 6—1—16 所示，为汽车上较为常见的脉冲式电子转速表电路。当发动机正常工作时，断电器触点不断开、闭，其开闭次数与发动机转速成正比。因此，表面读数就可直接反映出发动机的转速。

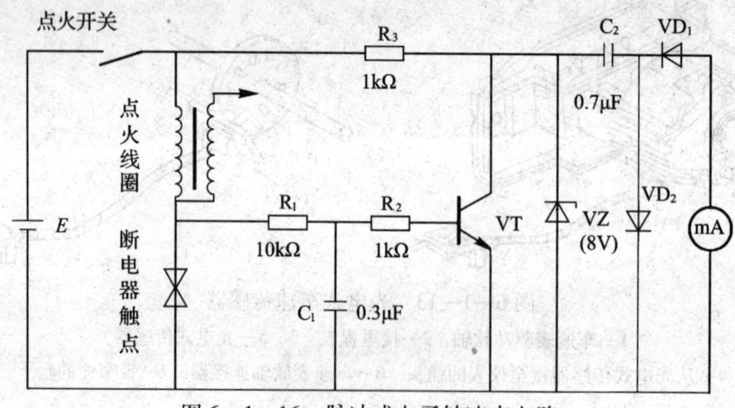

图 6—1—16　脉冲式电子转速表电路

四、汽车监测显示系统的使用及检测

1．奥迪轿车信息显示系统（见图 6—1—17）

（1）EPC（Electronic Power Control）指示灯

此灯用于监控汽油发动机的发动机功率电子控制系统，在打开点火开关进行功能检查时亮起。如果在行驶时此指示灯亮起，则表示发动机功率电子控制系统出现故障，必须立即检查发动机。

（2）预热装置指示灯

在预热期间，指示灯一直亮着，此指示灯熄灭后，应当立即起动发动机。如果发动机已达到工作温度或车外温度高于 8℃，则此指示灯只会亮 1 s 左右。如果在行驶时预热装置指示灯闪烁，则表示发动机功率电子控制系统有故障，应立即检查发动机。如果在打开点火开关时此指示灯根本不亮，则可能是预热装置有故障，应立即检查发动机。

（3）发电机指示灯

此指示灯用于显示发电机故障或汽车电气设备故障，在打开点火开关时亮起。如果发动机已经起动，则此指示灯必须熄灭。如果指示灯在行驶中亮起，则一般情况下仍可以将汽车开到就近的服务站去。因为此时汽车由蓄电池供电，所以应当关闭那些非必需的电器。

(4) 车身稳定性电子控制系统（ESP）系统指示灯

此指示灯用于监控 ESP 系统。指示灯具有以下功能：行车中 ESP 系统工作时，此指示灯闪烁。打开点火开关时此指示灯亮起约 2 s，表示在进行功能检查。如果 ESP 系统出现故障，此灯亮起，由于 ESP 系统装置与 ABS 一起工作，所以 ABS 有故障时此灯也会亮起。

(5) 安全气囊系统指示灯

该指示灯用于监控安全气囊系统和安全带拉紧系统。指示灯在打开点火开关时亮起几秒钟。如果指示灯一直不熄灭，或者在行驶时亮起、闪烁，则表示存在系统故障。如果打开点火开关时此指示灯不亮起，则也表示有系统故障。

(6) 转向信号装置指示灯

在转向信号装置已接通的情况下，此指示灯一起闪烁。根据转向信号灯的接通方向，左侧或右侧的指示灯会相应地闪烁。在接通了闪烁报警装置时，这两个指示灯同时闪烁。如果有一个转向信号灯不能工作，则指示灯的闪烁频率快约 1 倍。

(7) 废气监控系统指示灯

此指示灯亮起表示废气监控系统出现故障，应尽快到服务站为汽车排除故障。

(8) 可调空气悬架指示灯

打开点火开关后进行功能检查时此指示灯亮起几秒钟，然后熄灭。如果此指示灯一直亮着，说明可调空气悬架有系统故障，或 ESP 系统某项功能失灵。如果指示灯闪烁，表示汽车处于极限高位高度，不要马上开动汽车。例如，从汽车上取下很重的负载时汽车可能会急剧升高（极限高位高度）。一旦汽车的高度重新保持平衡，指示灯便会停止闪烁，才可以开动汽车。

(9) 安全带警告灯

此指示灯用于提醒驾驶员及乘客系上安全带。打开点火开关后，指示灯便会亮起，直到驾驶员侧/前排乘客侧的安全带系好后才会熄灭。如果是在车速约 10 km/h 及以上的情况下，还会发出声音警告信号（报警锣音）。

(10) 远光灯指示灯

此指示灯在远光灯打开时亮起。在远光灯已接通时或在执行远光灯瞬时接通功能时，指示灯亮起。

(11) 驾驶员信息显示

驾驶员信息系统的信息显示在组合仪表中央的显示屏上。利用组合仪表中的驾驶员信息系统可以迅速了解本车当前的运行状态。打开点火开关时以及行驶期间，该系统检查汽车的某些功能和汽车组件是否正常。如有功能故障或必须进行保养维护便会发出声音信号，同时在显示屏上会出现红色或黄色符号指示灯和驾驶指南。红色符号表示危险，黄色符号表示警告。奥迪轿车信息显示系统示意图如图 6—1—17 所示。

2. 汽车电子仪表检验（以奥迪轿车为例）

(1) 检查车速信号

连接 V. A. G1551 或 V. A. S5051，选择 08 读取测量数据块，输入 001 组号，并进行试车，观察仪表盘上的车速与检测仪上的数据是否一致。

(2) 检查燃油表传感器信号

连接 V. A. G1551 或 V. A. S5051，选择 08 读取测量数据块，输入 002 组号，观察仪表盘上显示的燃油量与检测仪上的数据是否一致。使用汽车专用万用表检测燃油表传感器阻值。

图 6—1—17　奥迪轿车信息显示系统示意图

方法：拆卸组合仪表，用 V. A. G1598/25 接到 32 针蓝色插头上，用万用表测量第 5 针与第 7 针之间的阻值，油箱全满时，阻值约为 270 Ω；油箱全空时，阻值约为 70 Ω。

（3）检查冷却液温度传感器信号

连接 V. A. G1551 或 V. A. S5051，选择 08 读取测量数据块，输入 003 组号，观察仪表盘上显示的温度与检测仪上的数据是否一致。使用汽车专用万用表检查冷却液温度传感器阻值。方法：拆卸组合仪表，用 V. A. G1598/25 接到 32 针蓝色插头上，用万用表测量第 8 针与第 7 针之间的阻值，当冷却液温度为 60℃时，阻值约为 259 Ω；当冷却液温度为 90℃时，阻值约为 107 Ω；当冷却液温度为 120℃时，阻值约为 40 Ω。

单元 2　汽车自动座椅与安全带电子控制

学习目标

1. 掌握汽车自动座椅的组成。
2. 掌握汽车自动座椅电子控制系统的原理。
3. 掌握安全带电子控制的结构与原理。
4. 掌握汽车自动座椅与安全带电子控制的使用及检测方法。

一、汽车自动座椅的组成

自动座椅的主要功能是为驾驶员提供便于操作、舒适而又安全的驾驶位置。汽车座椅（见图 6—2—1）必须具有良好的静态与动态舒适性，其外形必须符合人体生理功能；必须具有充分的强度、刚度和耐久性；汽车座椅应具有各种调节机构，且调节操纵简便，动作平稳，要有可靠的锁止机构，以保证安全；同时尽可能采用最经济的结构，尽可能地减少质量。

汽车座椅按位置调节方式可分为手动调节座椅、电动座椅和自动座椅。

汽车手动调节座椅，一般都可以进行前后（水平）、上下（垂直）以及靠背倾斜度的调节，如图 6—2—2 所示，使各种不同身材的驾驶员和乘员乘坐舒适。

图 6—2—1　汽车座椅

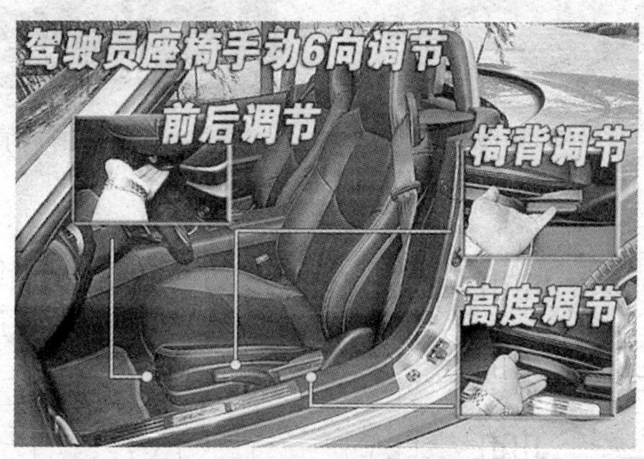

图 6—2—2　手动汽车座椅调节

电动座椅主要由电动座椅驱动机构和位置传感器等组成（见图 6—2—3）。电动座椅的驱动机构包括前后垂直、前后水平、靠背倾斜以及头枕位置调节等装置和微型驱动电动机。传感器与其驱动机构相对应，也分别设置了前垂直、后垂直、前后水平、靠背倾斜、头枕位置调节等传感器，还有一些连接件和导轨或蜗轮、蜗杆等。

电动座椅位置传感器主要由永久磁铁、霍尔集成电路等组成。永久磁铁安装在由电动机驱动的转轴上。由于转轴的旋转而引起通过霍尔元件磁通量的变化，使霍尔元件产生霍尔电压（信号），再经霍尔集成电路进行放大并处理，然后取出旋转的脉冲信号送往电动座椅的电子控制器 ECU。

自动座椅都具有前后上下调整、前后水平调整的功能并能储存 2 ~ 3 个座椅位置，（见图 6—2—4）。利用存储与复位开关进行单键操作，座椅便能自动调整到相应位置。

这种座椅其控制系统主要由控制开关、继电器、驱动电动机以及断路器等组成。

汽车座椅调节装置的多功能化，是指座椅的前后、上下移动与靠背倾斜角的调节。

二、自动座椅电子控制系统的原理

如图 6—2—5 所示为自动座椅电子控制系统原理框图，其由位置传感器、电子控制器 ECU 和执行机构的驱动电动机 3 大部分组成。位置传感器包括座椅位置传感器、后视镜位置传感器、安全带扣环传感器以及转向盘倾斜传感器等。ECU 包括输入接口、微机 CPU 和输出处理电路等。执行机构主要包括执行座椅调整、后视镜调整、安全带扣环以及转向盘倾斜调整等微型电动机，而且这些电动机均可灵活地进行正、反转，以执行各种装置的调整功能。另外，该系统还备有手动开关。当手动操作此开关时，各驱动电动机电路也可接通进行各种调整。

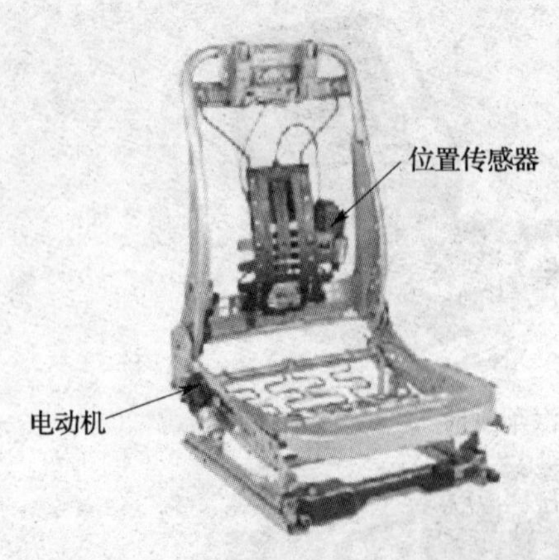

图 6—2—3 汽车电动座椅的基本结构

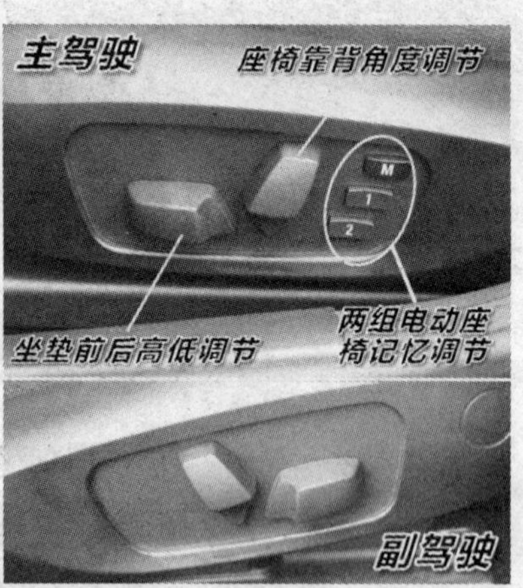

图 6—2—4 自动座椅调节装置

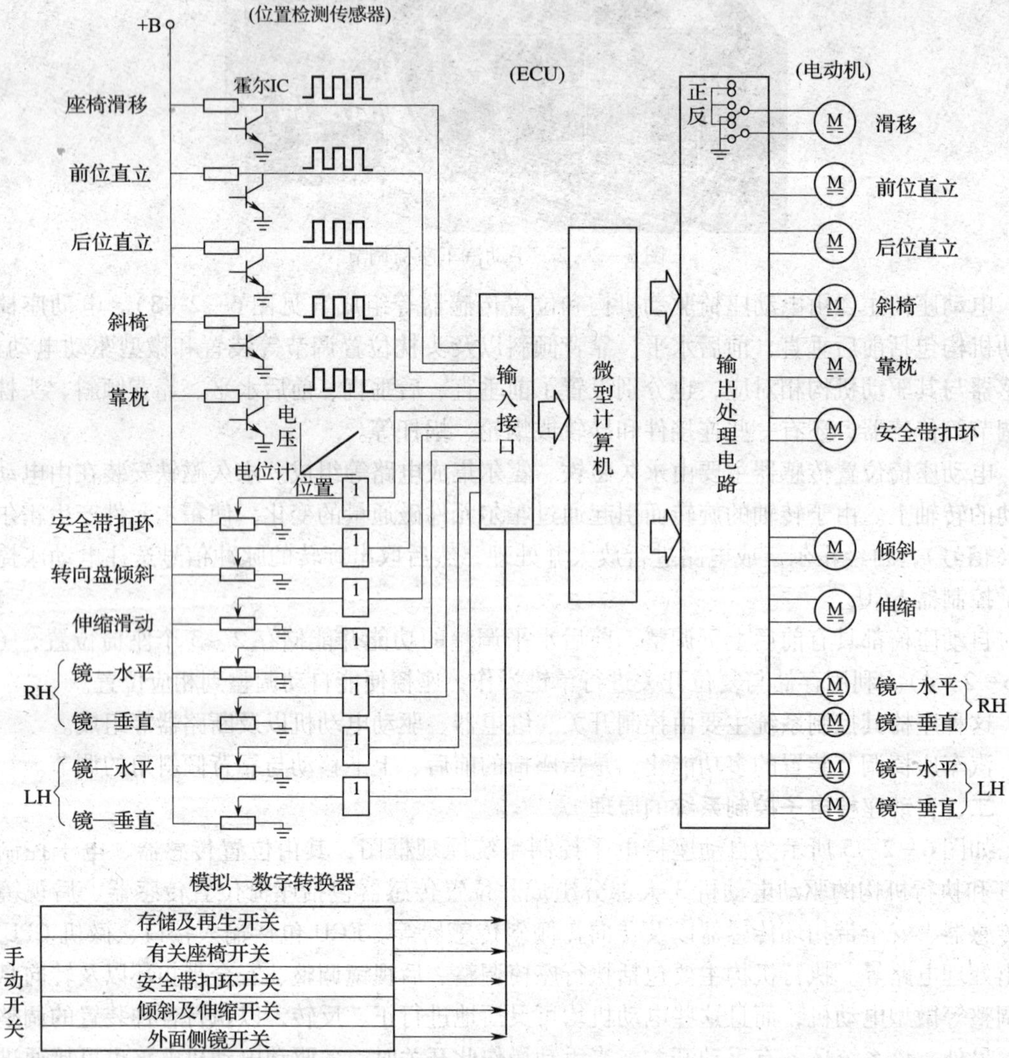

+B
(位置检测传感器)
霍尔IC
座椅滑移
前位直立
后位直立
斜椅
靠枕
电压
电位计
位置
安全带扣环
转向盘倾斜
伸缩滑动
RH 镜—水平
镜—垂直
LH 镜—水平
镜—垂直
1
模拟—数字转换器
(ECU)
输入接口
微型计算机
输出处理电路
正
反
(电动机)
M 滑移
M 前位直立
M 后位直立
M 斜椅
M 靠枕
M 安全带扣环
M 倾斜
M 伸缩
M 镜—水平 RH
M 镜—垂直
M 镜—水平 LH
M 镜—垂直
手动开关
存储及再生开关
有关座椅开关
安全带扣环开关
倾斜及伸缩开关
外面侧镜开关

图 6—2—5 自动座椅电子控制系统电路原理框图

自动座椅为驾驶员提供便于操作、舒适而又安全的驾驶位置，而安全带尤其是电子控制安全带则能在一定程度上保证驾驶员的安全。

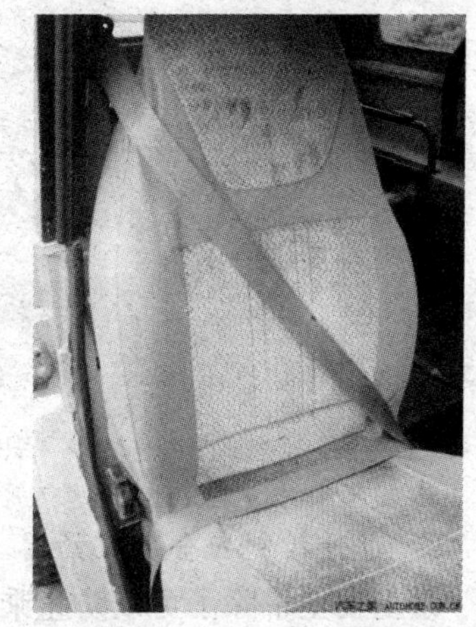

图 6—2—6　汽车安全带

三、安全带电子控制的结构与原理

安全带如图 6—2—6 所示，是车辆上保护乘员安全的最重要、最有效、最经济、最普及的安全防护装置。而安全气囊则是安全带的辅助安全装置。

根据国外统计数据表明，仅有 10% 的前碰撞事故才能使安全气囊充气，因此安全气囊起作用的机会远低于安全带。

重大道路交通事故，往往造成乘员从车内甩出，或车辆严重翻转时安全气囊不起作用，但如果乘员事先系好安全带，就有可能避免重大伤亡事故的发生。安全带在可靠性以及普及率方面也远高于安全气囊。

1. 安全带的作用与组成

乘员由于惯性而急剧向前冲撞时，座椅安全带产生束紧力，限制乘员向前冲撞，从而保护乘员。前排座椅安全带的结构如图 6—2—7 所示。安全带主要包括织带、锁扣、高度调节器、安装附件、织带卷收器等。

（1）织带卷收器

不使用安全带时，织带卷收器（见图 6—2—8）将织带收回，必要时可以锁紧。当织带拉出的加速度大到一定程度时，卷收器会锁紧安全带，起到保护使用安全带的人员的作用。

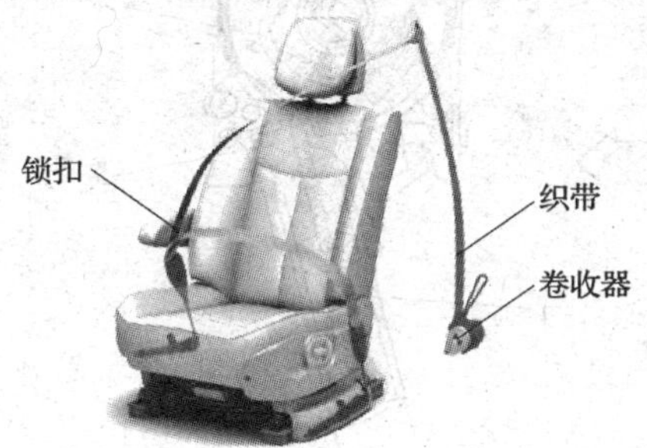

图 6—2—7　前排三点式座椅安全带

图 6—2—8　织带卷收器

（2）织带

织带（见图 6—2—9）用合成纤维织成。作用是将乘员保护在座椅上，以免制动时乘员在惯性的作用下离开座椅受到大的伤害，同时织带也可以以一定的速度伸展或收缩，允许使用者自由调节（加速度较小的情况下）。

（3）高度调节器

高度调节器（见图 6—2—10）一般在肩部，可以调节安全带以适应不同身高乘员的需要。

（4）导向板

用于控制安全带的拉伸方向。

（5）锁舌与锁扣

两者配合构成安全带的系/脱连接关系。将锁舌插入锁扣内，安全带起作用，可将乘员束缚于座椅上。

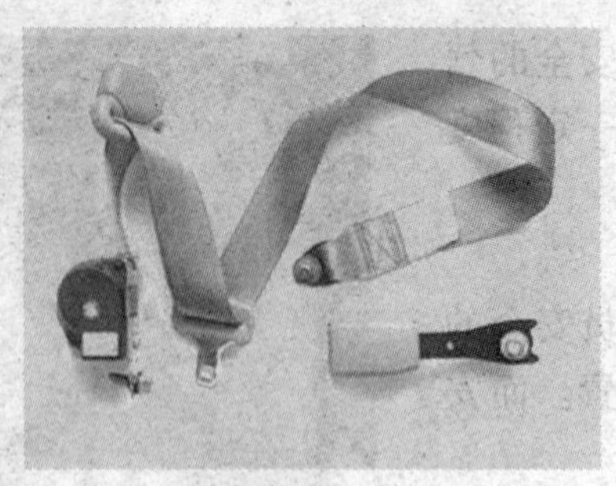

图 6—2—9　织带

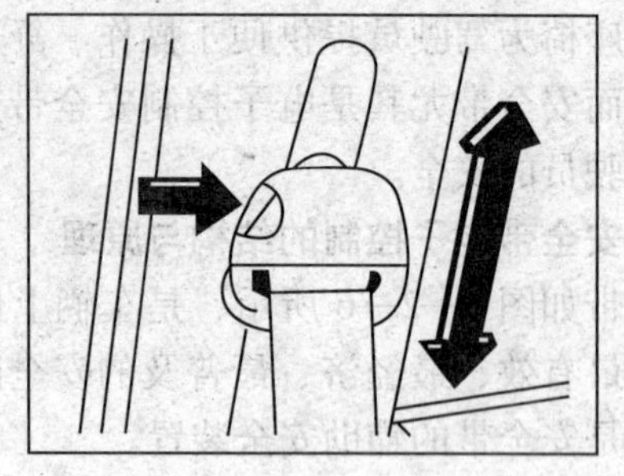

图 6—2—10　高度调节器

2. 电子控制安全带收紧器

系上安全带除了可以防止乘员在碰撞事故中被抛出车外，还可以减少乘员与车内物件的二次撞击。但安全带并不能将乘员完全固定在座椅上，安全带与乘员之间还留有些许空间。因此，在严重撞击中，虽然系上安全带所受的冲击会比未系上安全带小很多，但是乘员仍可能会碰撞到车内物件从而造成伤害。在严重的正面撞击中，座椅电子控制安全带收紧器立即起作用，它通过快速的收紧反应，使安全带在乘员往前移动之前就回缩一定的长度，这样就可减少乘员向前的移动量，如图 6—2—11 所示。

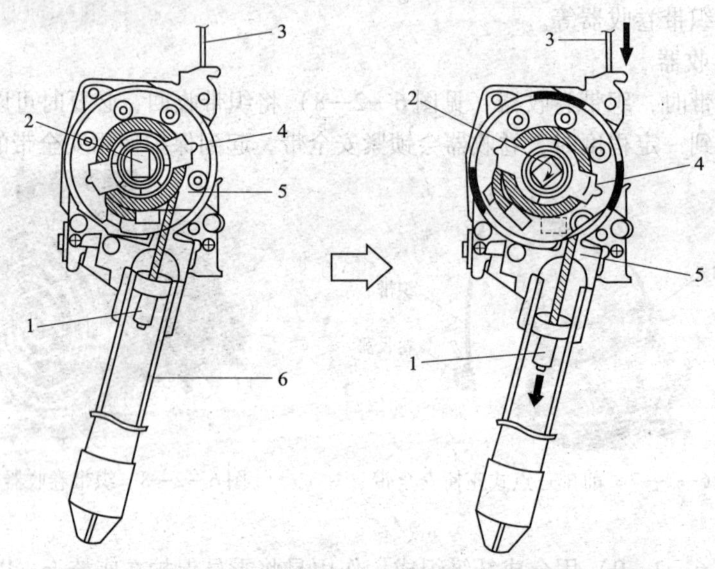

图 6—2—11　安全带固定机构（左侧为未动作，右侧为已动作）

1—活塞　2—轴　3—安全带　4—鼓轮　5—拉索　6—缸筒

（1）活塞式安全带收紧器

活塞式安全带收紧器是在普通安全带的基础上加装了点火器形成的收紧系统，如图 6—2—12所示。当汽车发生碰撞时，电子控制单元根据碰撞传感器的信号判断汽车碰撞强度。如果需要收紧安全带，则向安全带收紧器的点火器发出指令，使气化剂膨胀，推动活塞，促使安全带迅速收紧，将车内乘员拉向座椅靠背。如果电子控制单元经判断后认为需要安全气囊展开，则同时输出气囊引爆和安全带收紧指令，在气囊完全展开以前，使安全带收紧器将安全带收紧。

注意：安全带收紧器只能工作一次；安全带收紧器工作时，可能会发出工作声响，且会有少量烟雾放出（这些气体是无害的）；即使座椅上没有乘员，安全带收紧器也可能会工作。

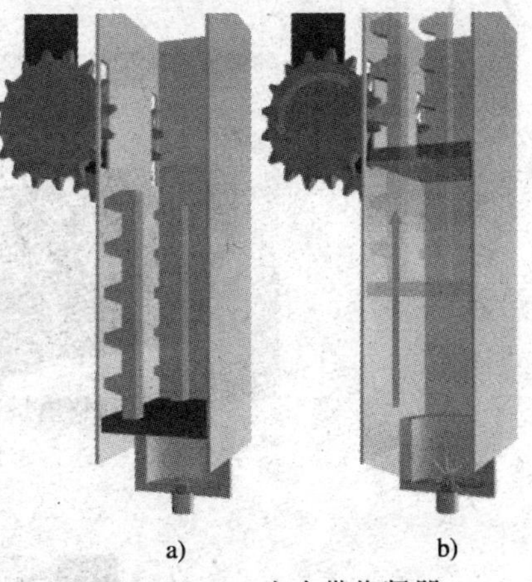

图 6—2—12　安全带收紧器

a）安全带未收紧　b）安全带收紧时

（2）钢珠式安全带收紧器

钢珠式安全带收紧器的结构如图 6—2—13 所示，主要由气体发生器、点火器、钢珠、带齿转子、安全带卷筒和钢珠回收盒组成。

气体发生器和点火器的结构原理与安全气囊系统的气体发生器和点火器基本相同，但体积很小。点火器安放在气体发生器内部，钢珠安放在气体发生器前面的滚道内。带齿转子固定在安全带卷筒的一端，如图 6—2—13a 所示。

当点火器电路接通时，电热丝通电红热并引爆炸药，引爆炸药释放大量热量使充气剂受热分解并迅速释放出大量氮气冲击钢珠。滚道内的钢珠在膨胀气体的推力作用下连续射向转子齿槽，从而驱动转子和安全带卷筒转动，将安全带收紧。如图 6—2—13b 和图 6—2—13c 所示。

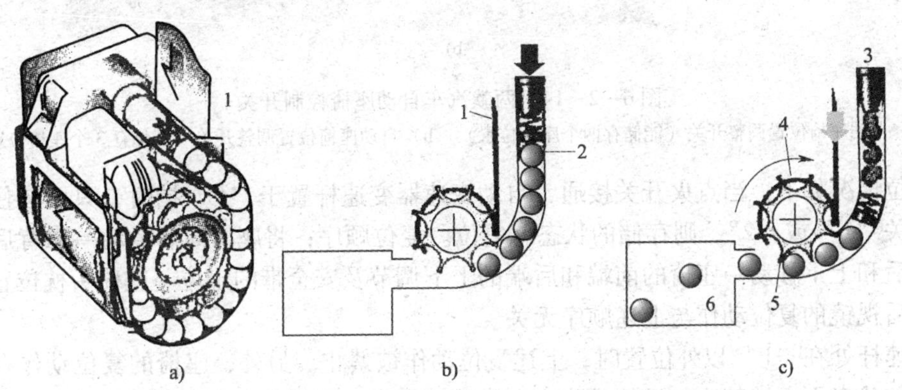

图 6—2—13　捷达、宝来轿车用钢珠式安全带收紧器的结构原理

a）钢珠式安全带收紧器结构　b）点火器电路接通时钢珠位置　c）点火器引爆后钢珠位置

1—安全带　2—钢珠　3—气体发生器　4—安全带卷筒　5—带齿转子　6—钢珠回收盒

（3）安全带收紧限力器

当发生严重撞击而使安全带收紧器收紧时，若安全带施加在乘员身上的张力达到预定值，限力器则限制这一张力，以此控制施加在乘员胸部的安全带张力。

四、自动座椅、安全带电子控制的检测及维修

1. 自动座椅的操纵与使用

如图 6—2—14 所示，为两款汽车自动座椅控制开关，可分别存储 2～3 人的座椅位置，利用存储与复位开关和调整开关进行单键操作，便可调整座椅位置。在按设置开关“SET”或“M”开关的同时，按住存储与复位开关“1”和“2”，ECU 就把座椅各调整位置、转向盘位置、安全带位置、外后视镜位置等进行存储。其前提条件是将自动变速器的变速杆置于停车挡“P”的位置，否则点火电路不能接通。

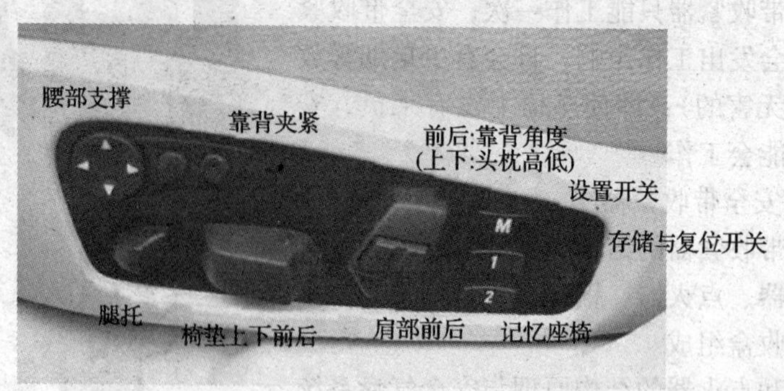

a)

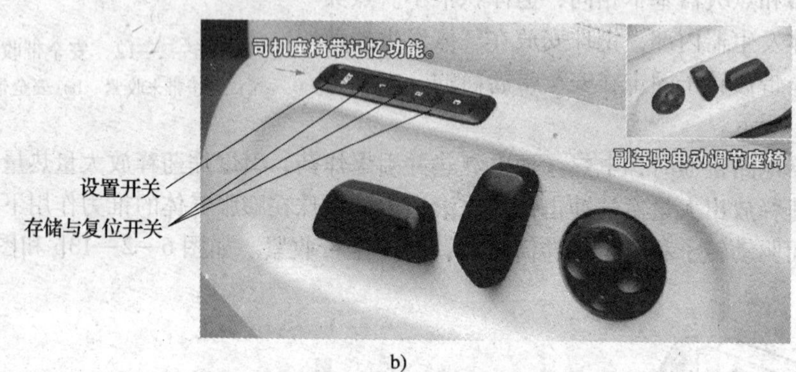

b)

图 6—2—14　两款汽车自动座椅控制开关

a）自动座椅位置调整开关（能储存两个座椅位置）　b）自动座椅位置调整开关（能储存 3 个座椅位置）

复位情况如下：当点火开关接通，自动变速器变速杆置于“P”挡时，只要按住存储与复位开关“1”或“2”，则存储的状态就复位。复位顺序：将座椅向后滑动→靠背后倾→转向盘前后和上下移动→座椅的前端和后端的上下调节及安全带的定位→座椅头枕位置上下调整。外后视镜的复位动作与上述顺序无关。

变速杆处在“P”以外位置时，上述复位动作被禁止。另外，座椅的复位动作在踩下制动踏板的状态下也被禁止，目的是防止在行驶过程中，因部位产生变化而影响行车安全。

2. 自动座椅的检查

（1）检查断路器

用测试灯检查断路器时，不接通点火开关，测试灯在断路器两端时都应点亮。

（2）检查控制开关

从座椅上拆下控制开关，检查控制开关上是否有电压，如有电压，用万用表欧姆挡检查控制开关的通断情况。

（3）检查搭铁线

主要检查变速器、离合器控制电磁阀与车身之间的搭铁是否良好。

（4）存储功能失效的检查

检查存储电位计是否损坏，接触是否良好。

3. 安全带的检修

（1）安全带的检修注意事项

1）安全带检修步骤。首先检修前排座椅安全带的卷收器，再检修安全带的锁扣部分，最后再对其余部分进行检修调整。

注意：不要将标准安全带和豪华安全带混用。

2）防止锐利物损伤安全带的任何部分。

3）避免弯曲安全带锁扣的任何部分。

4）安全带锁扣、收缩机构应换新件，不要试图修理。

5）座椅安全带的螺栓应按规定力矩拧紧。

（2）安全带的检查

1）织带的检查。应特别注意织带最大应力接触点处（如搭扣、D 形圈及卷收器处等），这些地方受损会削弱安全带，因此织带最大应力处有受损迹象的应立即更换。即如果看到织带被切割或损坏、织带的丝线有断裂或受拉、织带边缘有割损的孔眼、暴露于太阳光下或化学介质中造成的织带退色、织带弯曲成弓形时，应检查和更换织带。

检查时，应注意纠正由于连接搭扣不正确造成的织带扭绞；充分地伸长卷收器中的织带（如果织带不能从卷收器中拉出或不能返回到收藏位置，检查是否有以下情况，并进行清理与纠正：织带粘有胶质、奶油或其他异物，织带扭曲，中间立柱上的高度调节器或卷收器安装孔眼错位）。不要对织带进行漂白或染色，应使用淡肥皂水和清水进行清洗。

2）锁扣的检查。把织带上的锁舌插入锁扣并听到“咔嗒”声响后，再把织带重新拉回，以确定锁扣锁闭是否正常。如果锁扣不能锁闭就应更换安全带组件。按下锁扣上的按钮，松开安全带。按下按钮的压力大约为 100 N。

如果锁扣外罩断裂、按钮松动或松开按钮所需的压力过高，都应更换安全带组件。

3）卷收器的检查。用手抓住安全带并急速拉动，卷收器应收紧锁住，如果没有锁住，应更换座椅安全带的卷收器。

对每个安全带都作制动测试（车速为 10 ~ 15 km/h，快速制动）。如果织带不收紧，就更换座椅安全带组件。但标有 R 的卷收器只能用在右侧，标有 L 的只能用在左侧。

4）固定装置的检查。座椅安全带的固定支座安装在卷收器与车身的连接处。撞击过程中，该处会产生高冲击力。因此，应仔细检查固定支座区。查看卷收器和 D 型圈固定支座处金属是否有裂纹和变形。驱动轨道组件中尽量不使用垫片。在座椅安全带系统上实施任何维修前，车体的损伤必须正确修理，使车辆完全复原到准确的尺寸技术要求。查看连接卷收器与车身的螺栓是否有裂纹、变形、松动。最后，检查固定支座处是否有污物和腐蚀。

螺栓有松动一律更换。如果装配区的金属有损伤，应完成正确的修理后，再重新连接固定支座。还应做到焊接正确清理、焊接规范、焊后防腐蚀保护措施到位。

（3）报警灯和声音系统

接通点火开关，不系紧安全带，报警灯应亮起，蜂鸣器发响。否则，检查熔断器是否烧毁或电路是否断开。如果只有声音没有灯光，则检查灯泡是否损坏或烧毁；如果报警灯亮但没有蜂鸣声，检查电路中导线、开关、蜂鸣器是否有损坏或松动。总之，参照座椅安全带报警系统电路，进行一些基本的电路检查非常必要。

注意：检查座椅安全带系统应采用系统的方法，并要注意细节，不要漏掉任何细节。

单元3　汽车自动空调系统

学习目标

1. 了解汽车空调系统的结构和原理。
2. 掌握汽车自动空调系统传感器、执行器的结构与原理。
3. 了解汽车自动空调系统的控制过程。
4. 掌握汽车自动空调系统的检测方法。

一、汽车空调系统的结构与原理

1. 汽车空调系统的作用与原理

汽车空调系统（见图6—3—1）可以对车内空气温度、湿度、清洁度、风速、通风等进行调节，保证乘员在任何外界气候和条件下都处于舒适的环境之中，并能够防止车窗上产生雾和霜，以确保驾驶员视线清晰。

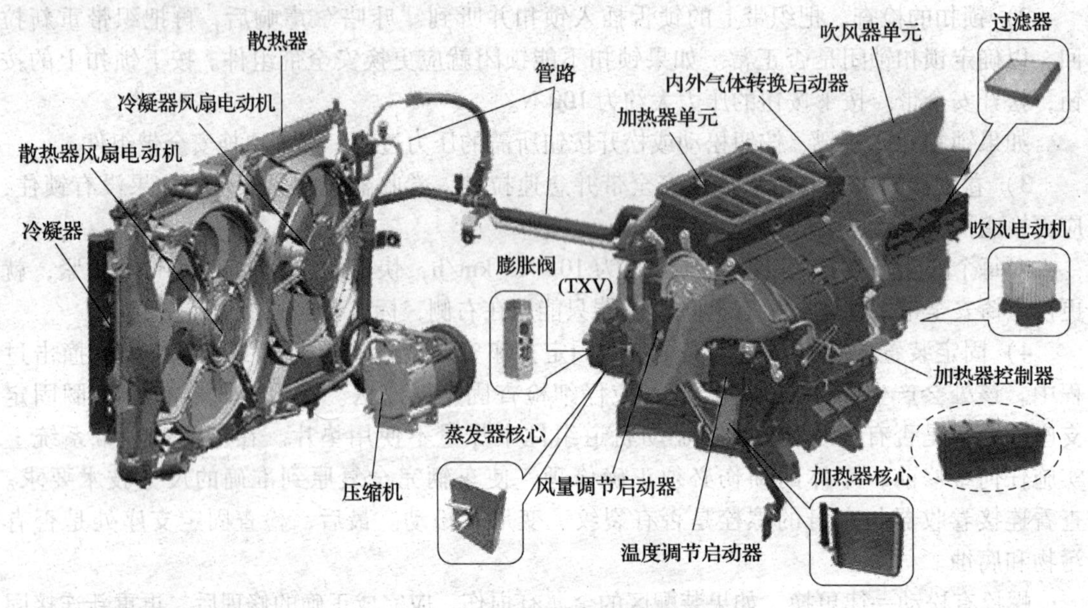

图6—3—1　汽车空调系统

普通空调系统仅是起到调节温度的作用，其原理如图6—3—2所示。而人们对冷暖的感觉不仅取决于温度的高低，也受到湿度和风速的影响。温度相同而湿度和风速不同也会产生不同的温感。

汽车空调系统可分为普通空调系统和自动空调系统。自动空调系统又分两类：半自动空调系统和全自动空调系统。半自动空调系统没有自诊断系统，而全自动空调系统具有自诊断系统；其次的差别是所用的执行机构形式和传感器数量。

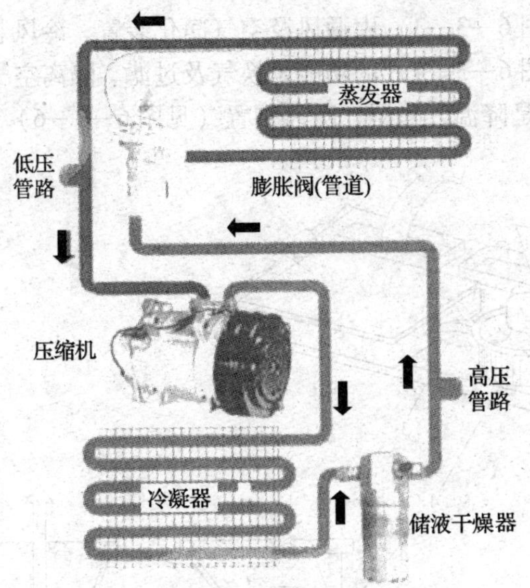

图6—3—2　空调制冷系统原理图

知识与能力拓展

根据温度、湿度、风速与人体舒适感的关系，美国、日本等国家通过实验制定出了相关的舒适环境指标。美国汽车工程师协会制定了舒适图，认为夏季空调可定为21～25℃，冬季空调可定为25～28℃，同时认为，车内温度与外界环境温度不能差距太大，否则会引起乘员不适。一般认为，车内车外的温差，轿车在10℃范围内，大型客车为8～12℃。

轿车自动空调能自动控制车内温度、湿度及空气流量，使车厢内部自动维持在某一指定的温度。

2．空调系统的组成

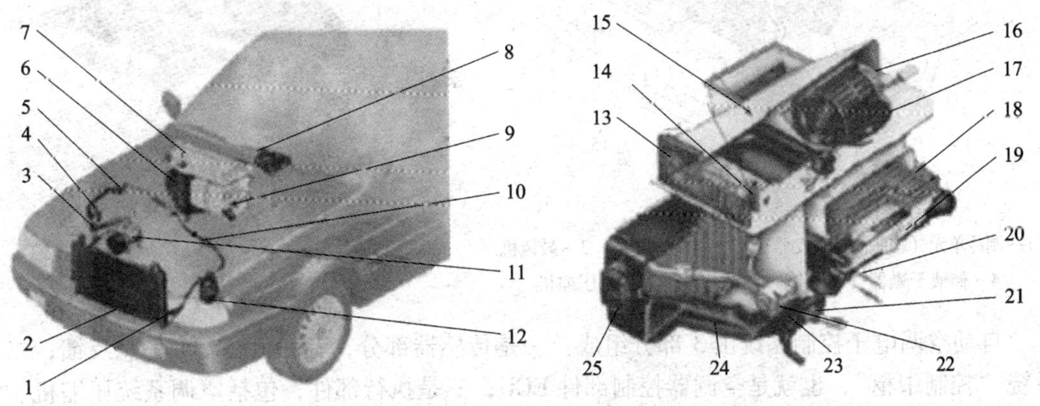

图6—3—3　现代轿车的空调系统

1—“C”管　2—冷凝管　3—“D”管　4—消声器　5—“S”管　6—蒸发箱　7—进风罩　8—暖风与空调控制装置　9—暖风装置的热交换器　10—“L”管　11—空调压缩机　12—储液干燥器　13—进风罩滤网　14—车厢温度开关　15—进风罩　16—鼓风机　17—真空阀　18—加热芯　19—出水口　20—进水口　21—制冷剂进口　22—制冷剂出口　23—膨胀阀　24—蒸发器芯　25—温控器

普通空调系统（见图6—3—3）由通风及空气净化装置、冷风装置、暖风装置组成。通风及空气净化装置（见图6—3—4）的功能是换气及过滤、隔离空气的有害尘埃，冷风装置（见图6—3—5）的功能是降温、除湿，暖风装置（见图6—3—6）的功能是采暖、换气。

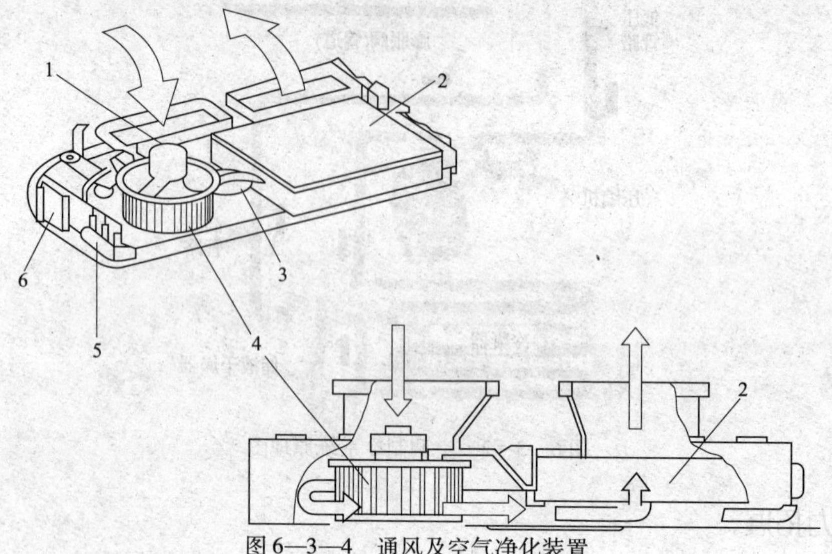

图6—3—4　通风及空气净化装置

1—风机电动机　2—滤清器　3—烟雾传感器　4—鼓风机风扇　5—调速电阻　6—放大器

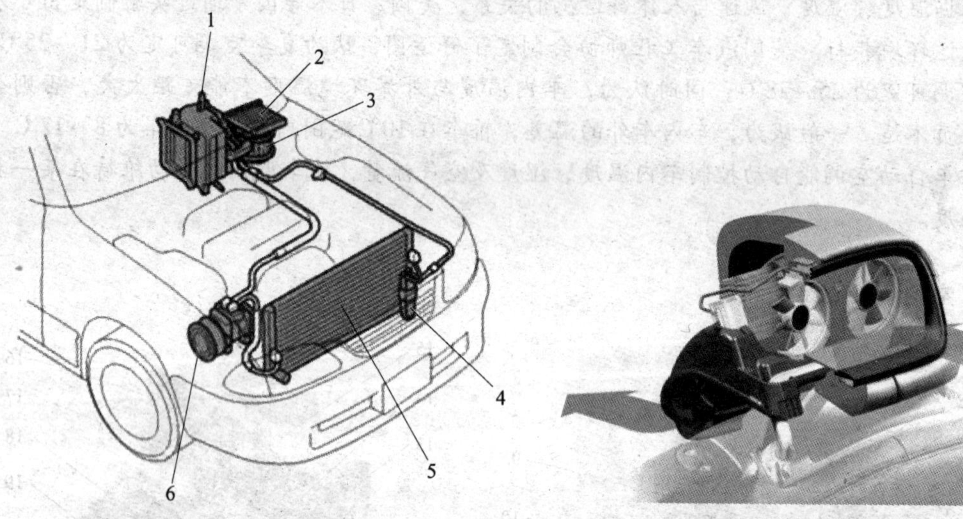

图6—3—5　冷风装置

1—制冷单元（膨胀阀、蒸发器）　2—空气滤清器　3—鼓风机
4—储液干燥器（视液镜）　5—冷凝器　6—压缩机

图6—3—6　暖风装置

自动空调电子控制系统由3部分组成：一是传感器部分，专门负责温度信息反馈；二是系统“控制中枢”，也就是空调器控制部件ECU；三是执行部件，包括空调系统压缩机、混合气流电动机、气流方式电动机，用以控制冷暖气组合，开启或关闭正面、侧面和脚部的出风口，如图6—3—7所示。单从上述结构看，现代汽车的自动空调系统比普通空调系统复杂得多。

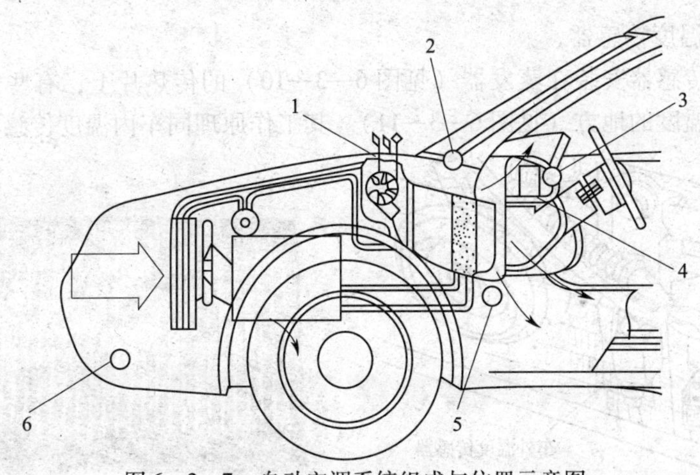

图 6—3—7　自动空调系统组成与位置示意图

1—进气温度传感器　2—日照强度传感器　3—仪表板温度传感器
4—控制单元　5—脚部出风口温度传感器　6—车外温度传感器

二、自动空调电子控制系统传感器、执行器的结构与原理

1. 传感器的结构与原理

（1）车内温度传感器

车内温度传感器是一个热敏电阻，它通常安装在仪表板内，如图 6—3—8 所示。一根抽风管从车内温度传感器连接到加热器和空调器管内，空气通过抽风管快速流入加热器管产生一个很小的真空度，使少量空气流过车内温度传感器和抽风管。有些空调系统中有个小的电动风扇，使空气通过车内温度传感器。

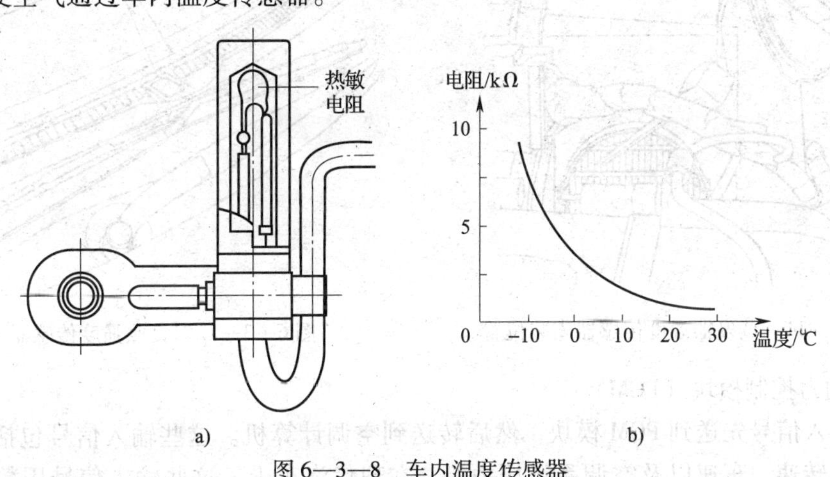

图 6—3—8　车内温度传感器

a）结构　b）特性

车内温度传感器电阻随温度而变化，当温度低时，它具有较高的电阻；反之，温度升高，使传感器电阻降低。空调计算机检测传感器两端电压降的变化来获得信号。

（2）车外温度传感器

车外温度传感器检测汽车周围空气的温度，它安装在能够感知车外空气温度的位置。一些车外温度传感器安装在发动机机罩锁扣处，如图 6—3—9 所示。车外温度传感器含有一个阻值随温度变化的热敏电阻，原理与车内温度传感器相同。

（3）蒸发器温度传感器

蒸发器温度传感器安装在蒸发器（见图 6—3—10）的传热片上，有些安装在测量从蒸发器出来的空气温度的地方（见图 6—3—11）。其工作原理同车内温度传感器。

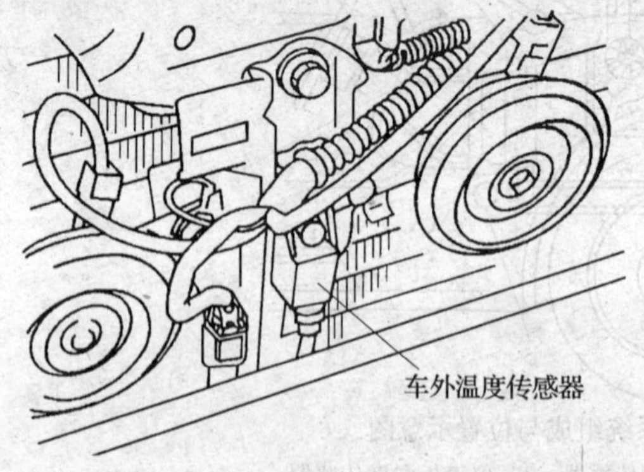

图 6—3—9　车外温度传感器安装位置

图 6—3—10　蒸发器

（4）日照强度传感器

日照强度传感器安装在能够感知汽车上阳光强度的地方，它一般安装在仪表板顶面，也有一些安装在除霜器栅格上，如图 6—3—12 所示。日照强度传感器内含有一个光敏二极管，它检测照在传感器上的太阳光量，并将光信号转变成电流值送到空调计算机。

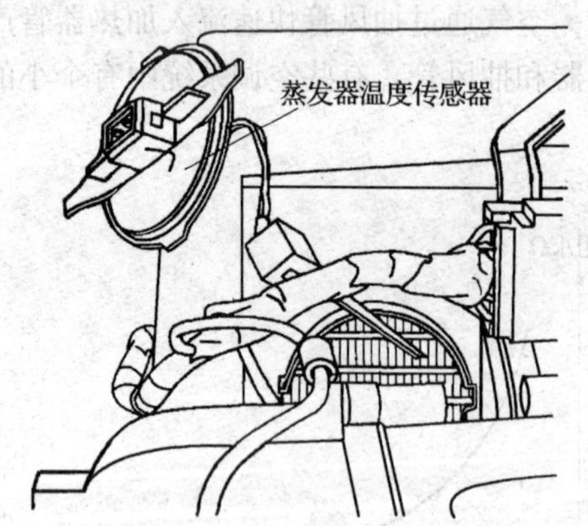

图 6—3—11　蒸发器温度传感器安装位置

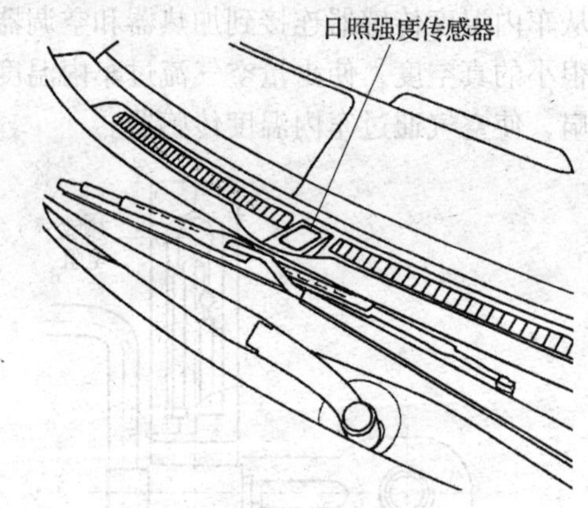

图 6—3—12　日照强度传感器

（5）动力控制模块（PCM）

一些输入信号先送到 PCM 模块，然后转送到空调计算机。这些输入信号包括冷却液温度、发动机转速、车速以及空调系统压力等。在现代汽车上，这些输入信号用数据总线在 PCM 和空调计算机之间传递。

（6）蓄电池和点火电压信号

蓄电池电压信号不停地送到空调计算机；每次点火开关接通时，点火电压信号就被送到空调计算机。

（7）反馈输入

传统空调混合空气模式门、再循环门如图 6—3—13 所示。自动空调每个模式门电动机内都有一个电位计，电位计阻值随门的开度而变化，当电位计阻值发生变化时，空调计算机感知电位计两端的电压降，于是就知道了模式门的精确位置。

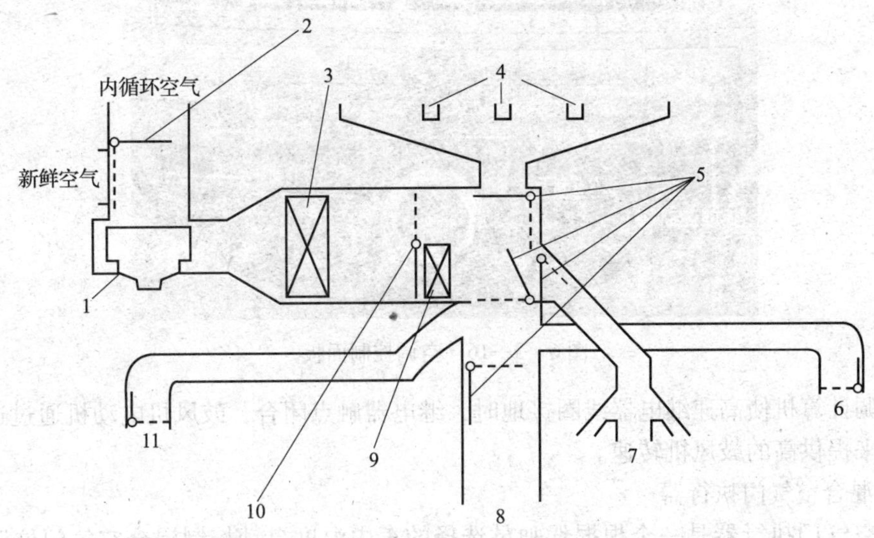

图 6—3—13 传统空调混合空气模式门、再循环门

1—鼓风机（电动机、风扇） 2—再循环门 3—蒸发器 4—除霜风口 5，10—混合空气模式门
6，11—侧出风口 7—脚下出风口 8—中央出风口 9—加热器芯

（8）空调控制板输入

空调控制板包括一组驾驶员操作开关，这些开关将输入信号送至空调计算机，空调计算机操纵一些必要的输出控制，以满足从控制板来的开关输入所请求的空调情况。如图 6—3—14 所示，为空调控制板面板。

2. 执行器的结构与原理

（1）鼓风机（见图 6—3—15）

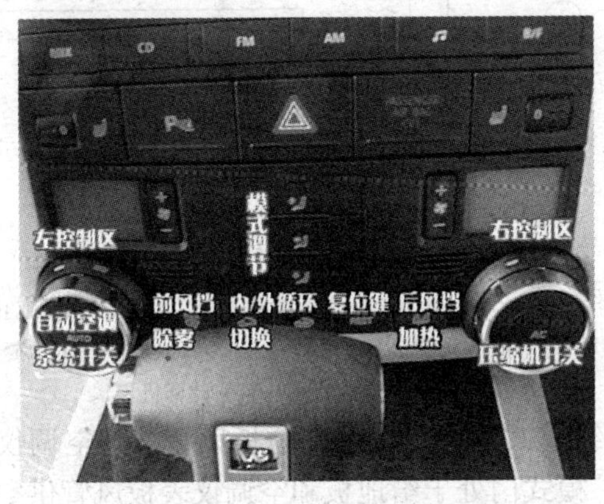

图 6—3—14 自动空调控制板面板

图 6—3—15 鼓风机

转速控制：空调计算机根据设定的温度、车外温度、车内温度、日照强度、蒸发器温度及混合空气门位置来控制鼓风机转速。鼓风机转速也可通过按下空调控制板上的风扇控制键进行手动控制（见图 6—3—16）。

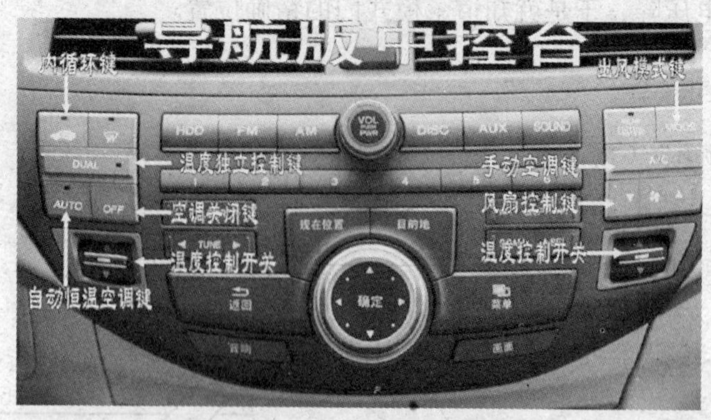

图 6—3—16　空调控制面板

当空调计算机使高速继电器线圈接地时，继电器触点闭合，鼓风机电动机通过这些触点直接接地来提供高的鼓风机转速。

（2）混合空气门执行器

混合空气门执行器是一个根据驾驶员选择的车内温度自动控制混合空气门位置的电动机，空调计算机控制混合空气门电动机工作，电动机使门移动到相应位置，这将很快使车内温度到达所选择的温度。

（3）冷却液截止阀和电磁阀

在一些计算机控制空调系统中电磁阀和冷却液截止阀可关闭流经加热器芯的冷却液，如图 6—3—17 所示。当空调系统处于最大空调模式时，空调计算机让冷却液电磁阀线圈接地，使电磁阀柱塞移动，把真空度供给在加热器软管中与冷却液截止阀相连的真空膜片。这样，截止阀关闭以阻止冷却液流经加热器芯。在其他运行模式时，空调计算机关断冷却液控制电磁阀线圈接地电路，使加热器软管中冷却液截止阀内真空度下降，加热器软管内的冷却液截止阀打开。

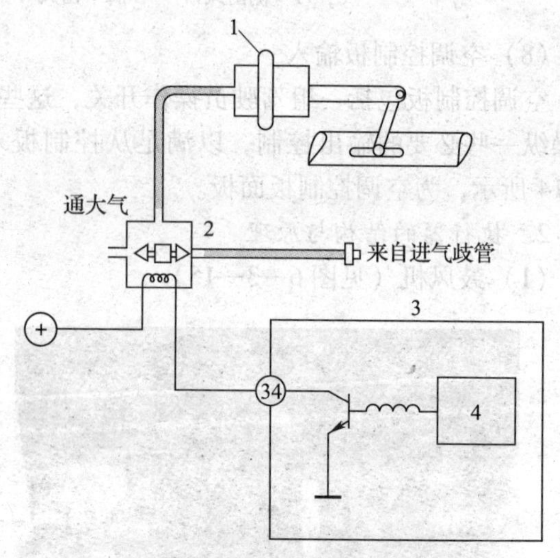

图 6—3—17　电磁阀和加热器软管内的冷却液截止阀

1—冷却液截止阀执行器　2—操纵冷却液截止阀的电磁阀

3—自动放大器　4—计算机

（4）模式门执行器

模式门执行器是一个与模式门相连的电动机，如图 6—3—18 所示。空调计算机操纵模式门可以提供到地板风管、到空调仪表板风管或除霜风管的空气流。在双水平模式中，模式门处于给地板和空调仪表板风管供空气的位置。混合模式时空气流从除霜风管和地板风管流出。空调计算机使模式门处于由驾驶员选择空气流的位置。例如，驾驶员按下空调控制板上的除霜按钮，空调计算机就命令模式门执行器让空气流从除霜风管流出。

（5）再循环/环境空气门执行器

再循环/环境空气门执行器是一个与再循环门相连的电动机，如图 6—3—19 所示。

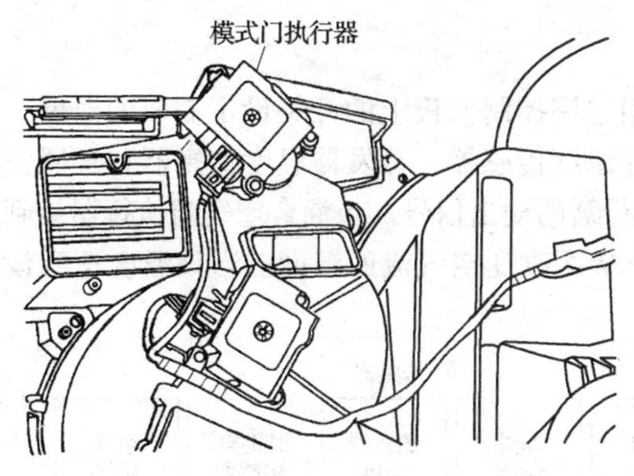

图 6—3—18　模式门执行器

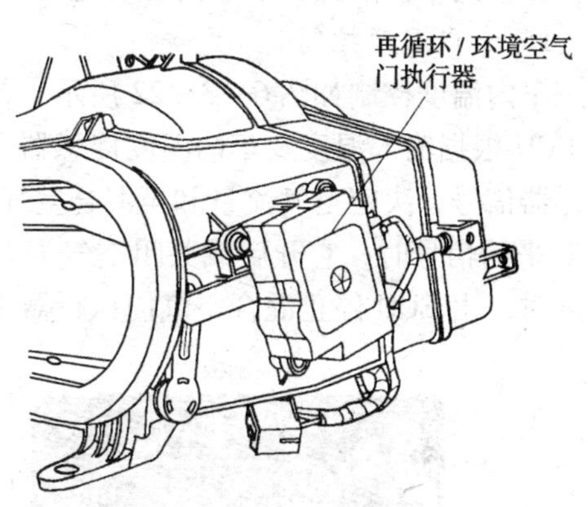

图 6—3—19　再循环/环境空气门执行器

空调计算机操纵再循环/环境空气门执行器，使门处于把环境空气或车内空气流入空调蒸发器或加热器壳体内的位置。如果空调处于最大空调模式，空调计算机即操纵再循环/环境空气门执行器，使门处于车内空气流入空调蒸发器壳体内的位置，这样可使车内能更快冷却；在多数模式下，空调计算机使再循环/环境空气门处于让环境空气流入空调蒸发器或加热器壳体内的位置。当驾驶员按下空调控制板上的再循环按钮时，系统进入手动再循环模式，空调计算机使再循环门处于车内空气流入空调蒸发器壳体内的位置。

（6）压缩机离合器（见图 6—3—20）

当驾驶员选择空调模式时，空调计算机即将压缩机离合器继电器的线圈接地，于是压缩机离合器接合，压缩机工作。

在很多空调系统中，如果车外温度传感器信号显示的温度低于其设定值，计算机就不接合空调压缩机离合器。

如果输入传感器显示发动机节气门开度大或发动机处于高速运转状态，计算机也不给压缩机离合器供电。

（7）后窗防雾器

如果按下后窗防雾器按钮，空调控制板将给后窗防雾器供电，如图 6—3—21 所示。在空调控制板中的一个定时器限制后窗防雾器的工作时间。

图 6—3—20　压缩机离合器

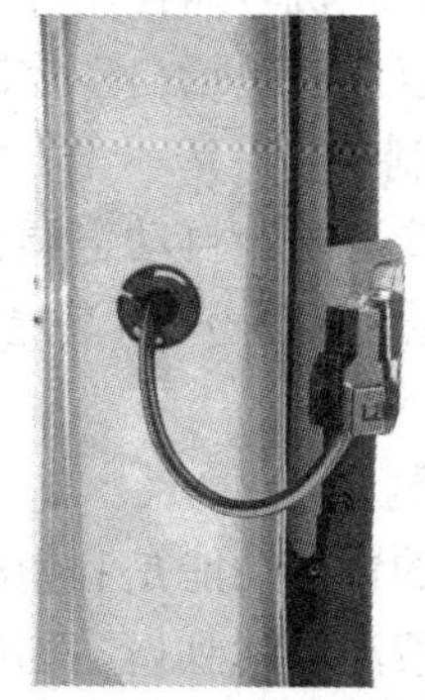
图 6—3—21　后窗防雾器

三、汽车自动空调系统的控制过程

1. 车内温度控制

车内温度控制如图6—3—22所示。首先用空调控制面板上的开关设定需要的温度。空调ECU根据输入温度及车内温度传感器、车外温度传感器、蒸发器温度传感器和日照强度传感器信号，决定空气流量和至混合空气门执行器的输出信号。当混合空气门执行器接到从ECU来的信号时，它开启或关闭空气混合门，从而改变空气流的温度。当该温度达到设定温度时，由ECU停止混合空气门执行器工作。

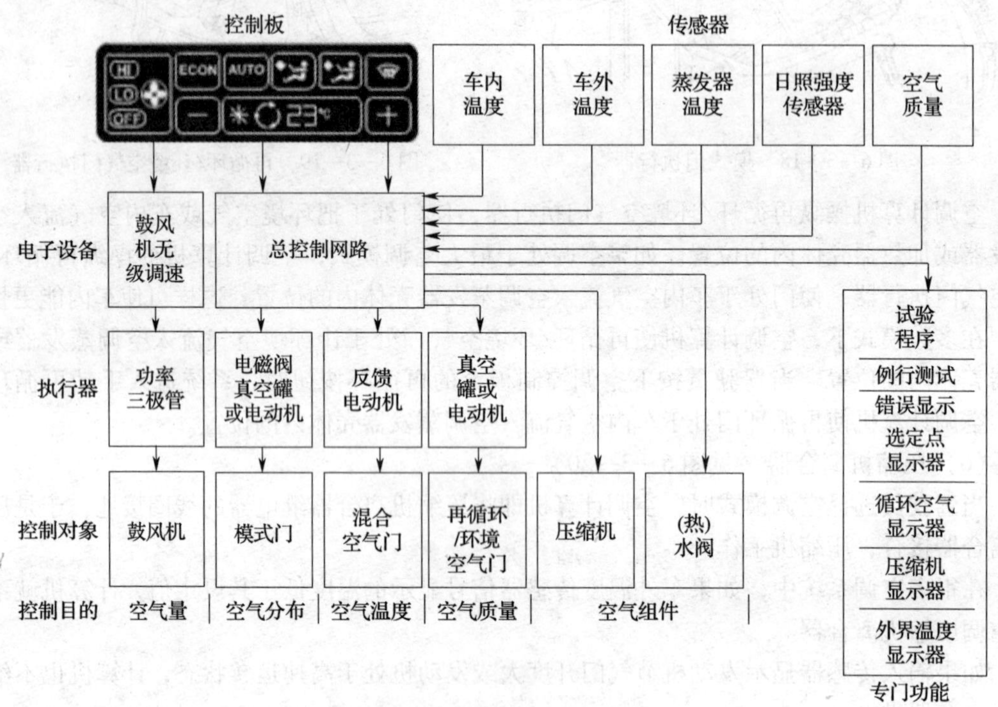

图6—3—22 车内温度控制

HI—高 LO—低 OFF—停 ECON—经济 AUTO—自动

2. 鼓风机转速控制

鼓风机工作时，推动空气通过蒸发器或加热器的芯体。为便于散热，将鼓风机控制模块安装在风道上。鼓风机转速控制开关自动改变鼓风机转速，冷却液温度控制开关则用于预热控制。鼓风机转速控制包括自动控制、预热控制、时滞气流控制、启动控制和手动控制。

（1）自动控制

当自动开关接通时，自动空调放大器根据输入信号（车内温度传感器、车外温度传感器和日照强度传感器信号）和设定温度，决定空气流量和至功率管的输出信号，从而控制鼓风机的转速。

（2）预热控制

自动控制器的预热功能是利用冷却液温度传感器检测发动机冷却液的温度进行工作的。只有发动机冷却液温度达到设定温度，鼓风机电动机才可能启动。

（3）时滞气流控制

如果车辆长时间停驻在炎热的阳光下，当空调器启动后，往往立即排出热空气，时滞气流控制功能可以防止这种情况的发生。

发动机起动后，如启动空调器，接通控制板上的自动开关，气流设置为 FACE 或 BI—LEVEL，时滞气流控制即根据蒸发器温度传感器检测到的冷风装置内的温度工作。

当冷风装置内的温度不低于 30℃时，接通压缩机，时滞气流控制不接通鼓风机，并保持约 4 s，使制冷装置内的空气冷却。在这以后约 5 s，时滞气流控制使鼓风机低速运转，使制冷装置将已冷却的空气送到车内。

（4）启动控制

鼓风机启动控制用以防止功率晶体管被启动电流损坏，即鼓风机启动控制工作时，鼓风机驱动信号要在鼓风机开关接通 2 s 后，才传到功率晶体管。在这 2 s 内，鼓风机启动控制系统工作，使鼓风机以低速运转。

（5）手动控制

手动控制是根据手动开关的操纵，将鼓风机驱动信号传输至功率晶体管。但如果操纵 HI 高速开关，这个开关就启动鼓风机风扇继电器，并使鼓风机以特高速运转。

3. 气流方式控制（见图 6—3—23）

首先接通自动开关，用 TEMP 开关设定想要的温度。ECU 根据输入信号和温度设定，决定空气流量方式和模式门电动机输出信号。电动机收到信号后，开启或关闭每只风门，确定空气流量方式和气流分配。

4. 压缩机控制

对于一般压缩机，只要按下暖风装置控制板上的自动开关，自动空调控制系统就可以根据车内、车外温度或蒸发器温度与设定温度比较后，反复接通和断开压缩机电磁离合器。压缩机的结构如图 6—3—24 所示。

图 6—3—23 气流方式控制

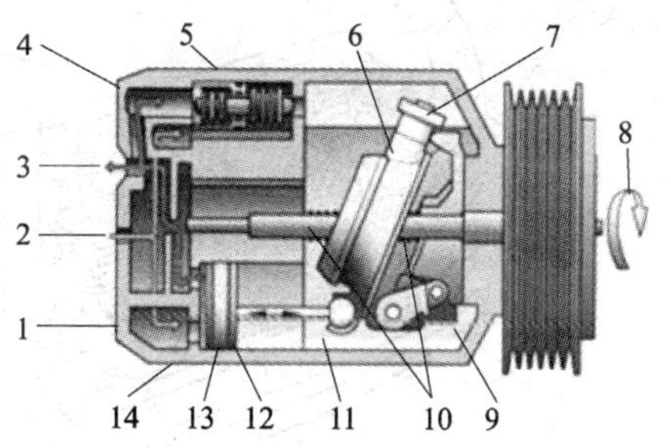

图 6—3—24 压缩机的结构

1，4—定径节流管 2—低压 3—高压

5—调节阀 6—斜盘 7—滑轨 8—输入轴

9—驱动毂 10—弹簧 11—腔内压力

12—底部 13—活塞 14—顶部

四、汽车自动空调系统的检测

1. 认识汽车自动空调系统

以雷克萨斯 LS400 自动空调系统为例，认识空调系统元件、传感器、执行器位置。了解空调系统的控制过程。

如图6—3—25所示，为雷克萨斯轿车自动空调系统，如图6—3—26所示，为雷克萨斯轿车自动空调系统元件位置。

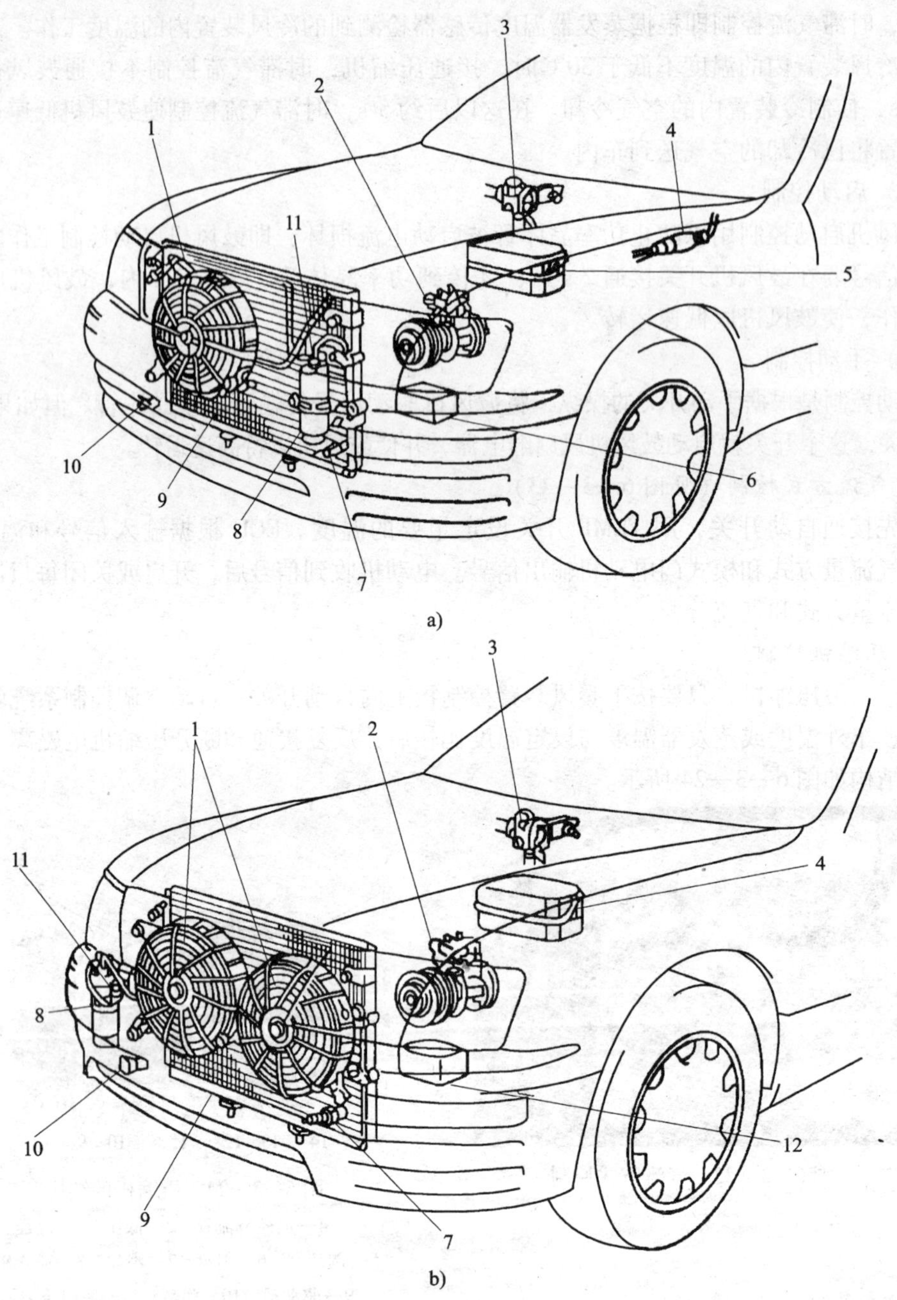

图6—3—25　雷克萨斯轿车自动空调系统

1—电动冷却风扇　2—压缩机　3—水阀　4—EPR（发动机压力调节器）

5—发动机室1号接线盒（电磁离合器继电器、暖气装置主继电器、发动机主继电器）

6—发动机室2号接线盒（冷却风扇1号、2号继电器）　7—冷却液温度开关（位于发动机散热器内）

8—储液干燥器　9—冷凝器　10—车外温度传感器　11—压力传感器开关

12—发动机室2号接线盒（冷却风扇1号、2号和3号继电器）

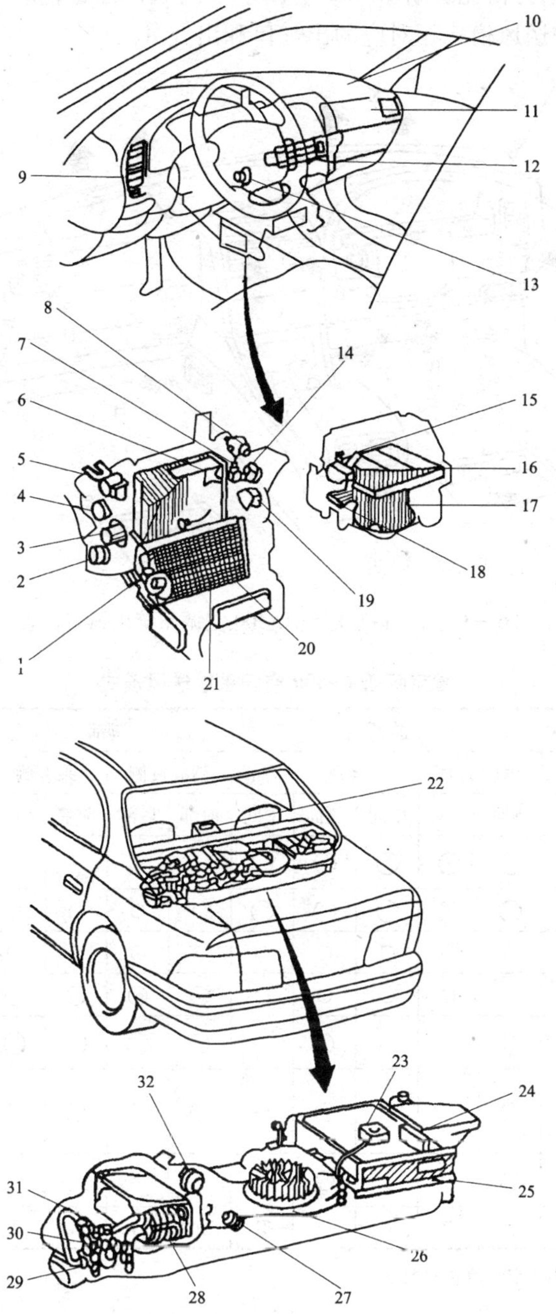

图 6—3—26　雷克萨斯轿车自动空调系统元件位置示意图

1—吸气器　2—水阀控制伺服电动机　3，19—空气混合伺服电动机　4—再循环/环境空气门伺服电动机　5—出气口伺服电动机　6，31—膨胀阀　7—压力调节阀　8—出气口伺服电动机　9，11—空气管道传感器　10—日照强度传感器　12—空调控制总成（空调控制板、空调放大器）　13—车内温度传感器　14—冷空气旁通风窗控制伺服电动机　15—进气口伺服电动机　16—空气滤清器　17—鼓风机电动机　18—鼓风机电动机控制继电器　20，30—热敏电阻　21—暖气装置散热器　22—后空调控制总成　23—温度传感器　24—后空调放大器　25—空气滤清器　26—后鼓风机电动机　27—后鼓风机电阻器　28—后蒸发器　29—磁性阀　32—排气风窗控制伺服电动机

如图 6—3—27 所示为雷克萨斯 LS400 空调系统出风口位置，表 6—3—1 所示为雷克萨斯 LS400 空调系统各种送风模式相对应的出气口和出气量。

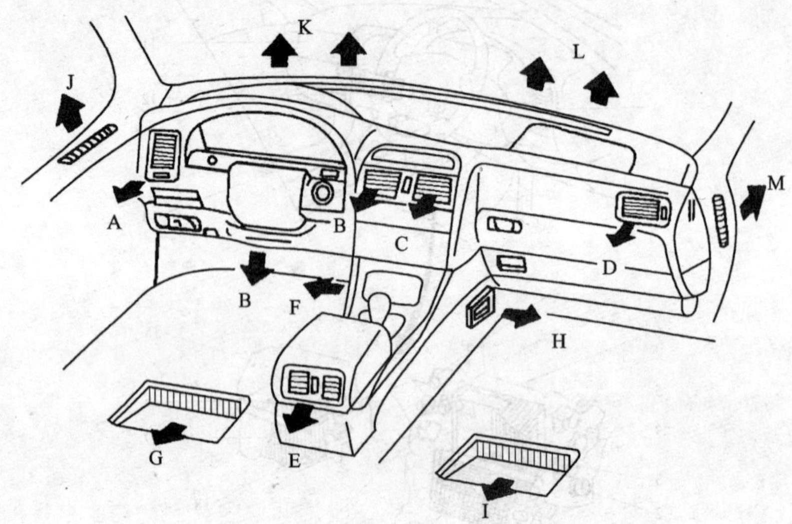

图 6—3—27 雷克萨斯 LS400 空调系统出风口位置

表 6—3—1 雷克萨斯 LS400 空调系统送风模式

送风模式		模式选择开关		脸部					脚部				除霜			
		自动	手动	驾驶员侧		乘客侧		后部	驾驶员侧		乘客侧		驾驶员侧		乘客侧	
				侧面	中间	中间	侧面	中间	前部	后部	前部	后部	侧面	正面	正面	侧面
脸部		●	●	◯	◯	◯	◯	◯								
双层 1		●	╱	◯	◯	◯	◯	◯	○	○	○	○				
双层 2		●	●	○	○	○	○	○	○	○	○	○				
双层 3		●	╱	○	○	○	○	○	◯	◯	◯	◯				
脚部		●	●	○			◯		◯	◯	◯	◯	◯	○	○	○
脚部/除霜		╱	●	◯			◯		◯	◯	◯	◯	◯	◯	◯	◯
除霜		╱	●	◯			◯						◯	◯	◯	◯
出气口位置				A	B	C	D	E	F	G	H	I	J	K	L	M

注：圆圈“○”的大小表示空气流量的大小。

2. 空调系统部分电子控制元件检测

（1）车内温度传感器

检查车内温度传感器电阻的方法：拆下仪表板下盖板，脱开车内温度传感器连接器，分别在 25℃和 50℃测量连接器端子 1 和 2 之间的电阻。

正常值：1.65～1.75 kΩ（25℃），0.55～0.65 kΩ（50℃）。

（2）车外温度传感器

检查车外温度传感器电阻值的方法：拆下车外温度传感器连接器插头，在 25℃和 50℃

下检查端子1和2之间的电阻值。

正常值：1.6～1.8 kΩ（25℃），0.5～0.7 kΩ（50℃）。

（3）蒸发器温度传感器

检查蒸发器温度传感器电阻值的方法：拆出蒸发器温度传感器，在0℃和15℃下测量端子1和2之间的电阻值。

正常值：4.5～5.2 kΩ（0℃），2.0～2.7 kΩ（15℃）。

（4）日照强度传感器

光敏二极管阻值与太阳辐射强度的关系如图6—3—28所示。

检查日照强度传感器的方法：脱开日照强度传感器连接器，用布遮住传感器，测量连接器端子1和2之间的电阻，万用表的正极接端子1，负极接端子2，正常时，电阻为∞即不导通；然后去除遮布，用电灯照射传感器，测量端子1和2之间的电阻，正常值为4 kΩ。

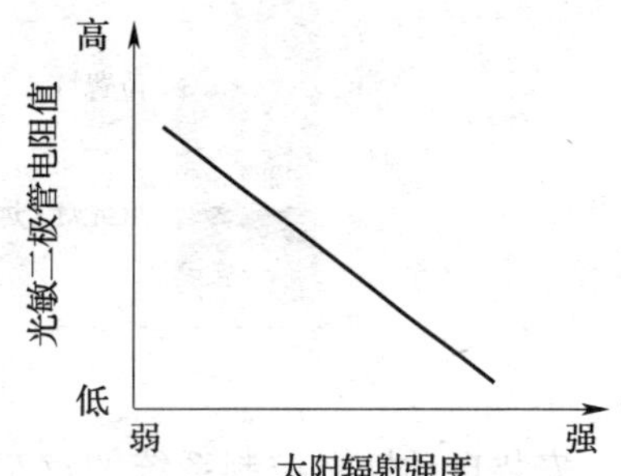

图6—3—28　光敏二极管阻值与太阳辐射强度的关系

（5）压缩机锁止传感器

1）检查压缩机的方法。检查压缩机传输带张力，起动发动机，将鼓风机开关和空调开关都处于ON位置，检查压缩机在运转过程中是否锁止。

2）检查压缩机锁止传感器的方法。用举升机举起车辆，脱开压缩机锁止传感器连接器，在20℃和100℃下测量连接器端子1和2之间电阻。

正常值：1.05～0.57 kΩ（20℃），1.44～0.72 kΩ（100℃）。

单元4　汽车新型照明与信号系统

学习目标

1. 了解汽车新型照明与信号系统的作用。
2. 掌握汽车照明与信号系统的常见故障与检修方法。

一、汽车新型照明与信号系统的作用

车辆使用的灯光包括照明灯（见图6—4—1）、信号灯和指示灯。

除了常用的照明系统外，根据不同地区和车辆等级，车辆还安装了一些新型灯光系统。

1. 灯光自动控制系统（昏暗自动变光系统）

普通汽车，天气变暗时，驾驶员通过操作灯光控制开关（见图6—4—2）使前照灯点亮，达到照明的目的。

图6—4—1　车辆前照明灯

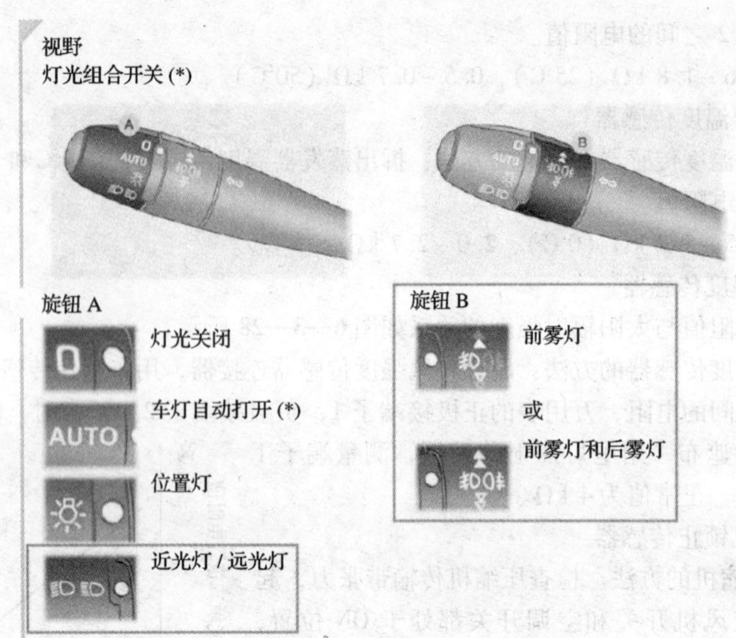

图 6—4—2　灯光控制开关

安装自动灯光控制系统的汽车，若灯光控制开关处于 AUTO（自动）位置（见图 6—4—3），自动照明控制传感器将自动检测环境的照明程度。

图 6—4—3　自动灯光开关

当光线变暗时，自动打开前照灯照明，如图 6—4—4 所示。

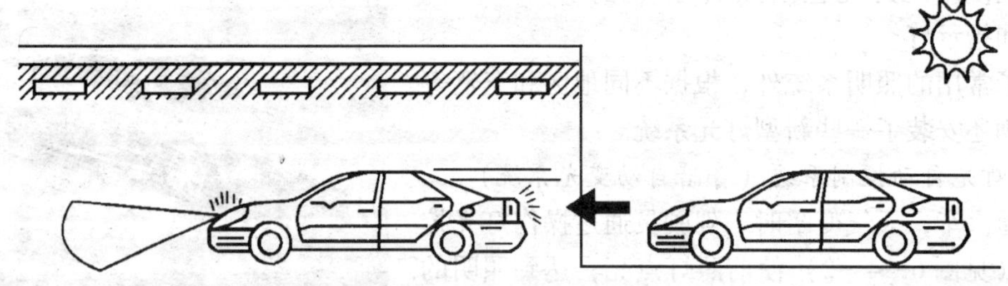

图 6—4—4　自动灯光控制系统

自动灯光控制系统的传感器在灯光控制开关处于 AUTO 位置时（无 AUTO 位置的车型则为 OFF 位置），自动检测环境的亮度水平，它向灯光控制装置发出一个信息，根据环境亮度状况，先开启尾灯，然后开启前照灯。

系统还有一种功能：当环境亮度忽明忽暗时，即打开尾灯，但不使前照灯忽明忽暗，例如在桥下行驶或在沿林荫道行驶时。但若一定时间过去后，环境亮度仍低于规定值时，前照灯将点亮。

2. 前照灯光束水平控制系统

前照灯（见图 6—4—5）应能保证车前有明亮而又均匀的照明，使驾驶员能够看清车前 100 m 内路面上的物体（随着现代汽车行驶速度的不断提高，对前照灯的要求也越来越高，现代高速汽车前照灯的照明距离应达到 200 ~ 250 m）；前照灯应具备防止炫目的功能，以避免夜间两车相会时，对方驾驶员炫目而造成交通事故。

图 6—4—5 前照灯

但随着乘员数目和行李的数量的不同，车身会倾斜，前照灯的光束会发生变化，从而导致对面车的驾驶员发生炫目。普通汽车对此无能为力，而安装了自动前照灯光束水平控制系统的汽车，则能自动将前照灯调到最佳垂直角度。

前照灯光束水平控制系统的控制开关有一个可变电阻，它根据旋钮位置输出相应的电流。驾驶员可用旋钮上、下调整前照灯的光束水平度（见图 6—4—6）。

前照灯光束水平控制执行器使电动机以顺时针或逆时针方向旋转，按动前照灯光束水平控制开关，使输出轴前后移动，使前照灯的光束移上移下。

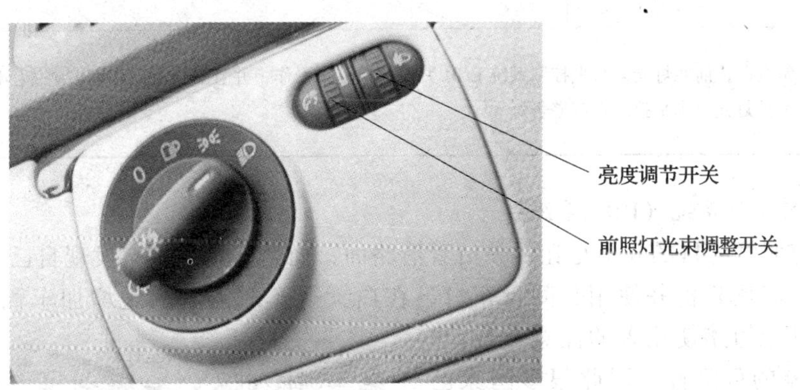

图 6—4—6 前照灯光束水平控制开关

知识与能力拓展

COROLLA 轿车前照灯光束水平自动控制系统

当车辆停止时，该系统使前照灯光束保持在一个恒定高度。该系统由前照灯光束水平控制系统 ECU 控制。该 ECU 通过高度控制传感器检测车辆姿态，并通过组合仪表检测车速。然后 ECU 根据这些信息控制前照灯光束高度调整电动机，以改变前照灯反射镜角度。

COROLLA 轿车前照灯光束水平控制系统零部件功能见表6—4—1。

表 6—4—1　　COROLLA 轿车前照灯光束水平控制系统零部件功能

零部件	功能和结构
高度控制传感器	检测车辆高度
组合仪表	向前照灯光束高度调整 ECU 输出车速信号。点火开关置于 ON（IG）位置时，组合仪表中的前照灯光束高度控制系统警告灯亮起 3 s，然后熄灭（灯泡检查功能） 检测到该系统故障时，组合仪表中的前照灯光束高度控制系统警告灯亮起以警告驾驶员
前照灯光束水平调整电动机	根据从前照灯光束高度调整 ECU 接收到的信号，各个电动机移动前照灯中的反射器以改变光束
DLC3	通过 DLC3 可执行高度控制传感器信号初始化和前照灯光束水平调整电动机操作检查
前照灯光束水平控制系统 ECU	车辆停止时，该 ECU 根据高度控制传感器和组合仪表发送的信号来检测车辆姿态的变化量 根据检测值，该 ECU 将控制信号输出给前照灯光束水平调整电动机 点火开关置于 ON（IG）位置时，该 ECU 使前照灯光束水平控制系统警告灯亮起 3 s（灯泡检查功能） 检测到该系统故障时，该 ECU 点亮前照灯光束水平控制警告灯以警告驾驶员
如果检测到异常情况，前照灯光束水平控制系统 ECU 失效保护模式操作，并且当检测到高度控制传感器故障时，点亮组合仪表中的前照灯光束水平控制系统警告灯	

3. 日间行车灯系统（DRL 系统）

白天开前照灯的目的并不是让驾驶员看清路面，而是让别人尽早发现自己。根据有关试验和论证，车辆装备并使用日间行车灯，在白天行车时能有效地增加车辆的显著性，较早地引起其他道路使用者的注意和避让，减少发生碰撞的危险性。因此很多国家已开始强制或推荐车辆装用日间行车灯（见图 6—4—7）。

装有日间行车灯系统时，只要发动机工作，释放手刹后，前照灯、专用日间行车灯或者前照灯和尾灯自动点亮（即使在白天也这样），使其他车辆可以很容易看到它，如图 6—4—8 所示。

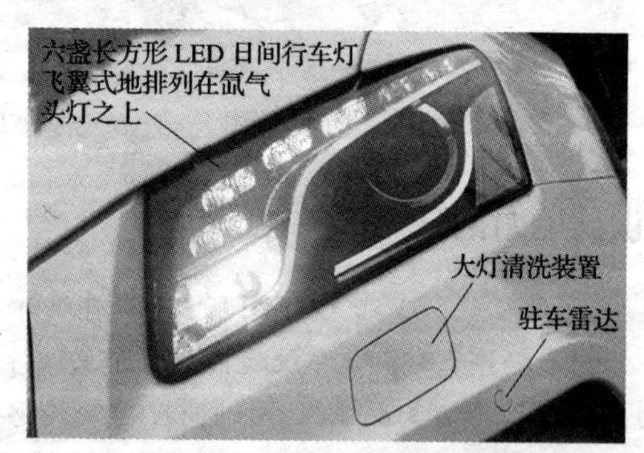

图 6—4—7　日间行车灯系统（DRL 系统）

图 6—4—8　装有日间行车灯系统的轿车在行驶途中

安装日间行车灯系统的汽车，在发动机工作期间，前照灯将一直开亮。如果前照灯以夜间同样的亮度连续点亮，灯泡使用寿命将大为缩短。为此，日间行车灯具有日间工作自动降低灯光强度的功能。

4. 灯光提示蜂鸣器系统/灯光自动关闭系统

灯光提示蜂鸣器系统/灯光自动关闭系统，能避免由于驾驶员忘记关掉前照灯和尾灯而把蓄电池电量用完的情况。用蜂鸣器通知驾驶员的系统称为灯光提示蜂鸣器系统，自动关闭前照灯的系统称为灯光自动关闭系统，如图 6—4—9 所示。

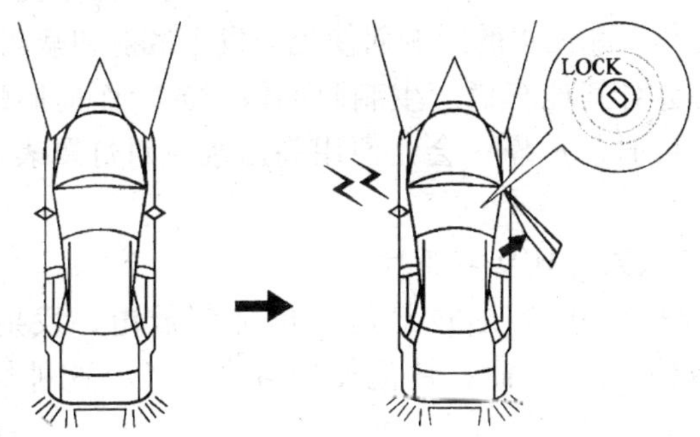

图 6—4—9　灯光提示蜂鸣器系统/灯光自动关闭系统

（1）灯光提示蜂鸣器系统

在设有钥匙提示系统的车型上，因为系统功能的优先权，当驾驶员车门打开，而点火开关仍在锁孔中时，钥匙提示蜂鸣器发出声音。

（2）灯光自动关闭系统

灯光自动关闭系统的尾灯和前照灯点亮时（点火开关在 ON 位置，灯光控制开关在 TAIL 或 HEAD 位置），如果点火开关从 ON 位置拨到了 ACC 或 LOCK 位置，驾驶员车门被关闭，ECU 将发出指令，尾灯和前照灯自动关闭。

在灯光自动关闭系统被触发后，如果灯光控制开关在 TAIL 或 HEAD 位置，通过将点火开关拨到 ON 位置，可以将自动关闭系统关闭的尾灯和前照灯再次打开。

5. 车后灯警告系统

汽车行驶中，当尾灯或制动灯不亮时，驾驶员无法及时发现，对汽车安全行驶非常不利。如果汽车上安装了车后灯警告系统，可以通过组合仪表中的警告指示灯通知驾驶员。尾灯和制动灯泡系统有了故障，应及时采取措施排除，避免危险情况的发生。

6. 智能弯道辅助照明系统

智能弯道辅助照明系统是为了解决夜间转弯时，灯光对弯道内侧照明不足而设计的一种系统，系统主要是通过传感器监控车辆的横向加速度或转向盘转向角，从而开启辅助照明灯光或者调整前照灯光源的方向来实现对转弯内角的照明，如图 6—4—10 所示。

图 6—4—10 智能弯道辅助照明系统

7. 前照灯自动清洗系统

前照灯自动清洗装置实际上是配合氙气前照灯而出现的一项配置。在雨雪天气中行驶，汽车的前照灯很容易被前车溅起的泥水弄脏。而氙气前照灯由于光源性质和卤素前照灯不同，特别容易受到灯罩上灰尘和泥水的影响而使光源发生散射和减弱的情况，不仅不能保证车辆自身的照明需要，还会对其他车辆产生刺眼的散射光。而前照灯自动清洗装置（见图 6—4—11）能够在雨刷开启时，每隔一会儿便用高压水流对灯罩表面进行清洗，从而保证了良好的照明效果。

8. 放电前照灯（氙气大灯、HID 前照灯）

放电前照灯（见图 6—4—12）通过灯泡内的氙气放电，发射白光，光的分布更宽（与卤素等相比），节能效果良好，而且灯泡使用寿命更长，这种灯在新型汽车上正逐渐推广使用。

图 6—4—11 前照灯自动清洗系统

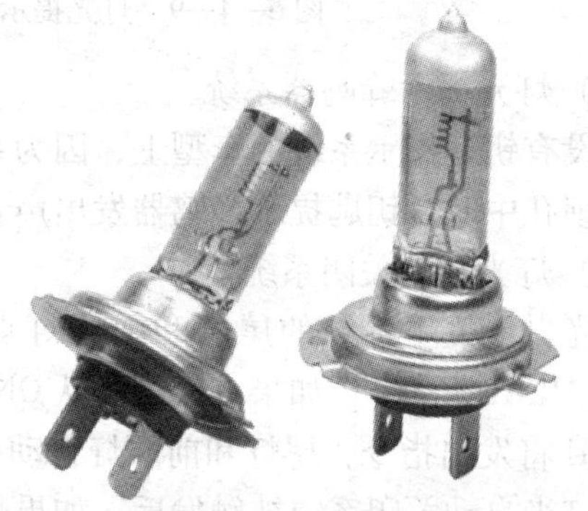

图 6—4—12 放电前照灯

9．前照灯延时关闭系统

前照灯延时关闭系统会在汽车停驶后，提供一段时间的照明，便于驾驶员离开汽车。

10．进车照明系统

夜间车内很暗，难以看清点火开关和足部区域，给驾驶员带来诸多不便。进车照明系统可将点火开关照明灯及车内灯点亮一定的时间，使驾驶员能够容易地将点火钥匙塞入锁芯，或者看清足部区域（只有顶灯开关处于 DOOR 位置时能看清）。点亮的时间随车型不同而不同（如丰田轿车为 15 s）。

COROLLA 轿车进车照明系统为夜间进出车辆提供便利。该系统控制车内照明灯和点火锁芯照明灯/发动机开关照明灯。该功能由主车身 ECU 控制，该控制系统的操作情况和条件描述见表 6—4—2。

表 6—4—2　　COROLLA 轿车进车照明系统

操作	条　　件
亮起	当符合下列任何条件时，车内照明灯和点火锁芯照明灯※1/发动机开关照明灯※2逐渐亮起： ①当发动机开关置于 OFF 位置且所有车门关闭时；②钥匙进入车门附近的执行区域※2；任一车门打开；③当点火开关置于 OFF 位置且所有车门关闭时，任一车门解锁；④当所有车门关闭时，将点火开关从 ON（ACC）位置转至 OFF 位置
立即熄灭	当符合下列任何条件时，车内照明灯和点火锁芯照明灯※1/发动机开关照明灯※2逐渐熄灭： ①当所有车门关闭时，将点火开关从 OFF 位置转至 ON（ACC 或 IG）位置；②当点火开关置于 OFF 位置时，所有车门锁止
大约亮 15 s，然后熄灭	当点火开关置于 OFF 位置时，所有车门关闭
逐渐熄灭（蓄电池节电控制）	当满足下列所有条件时，主车身 ECU 会使灯熄灭： ①点火锁芯中无钥匙※1；②钥匙不在执行区域※2；③车门状态保持 20 min 不变 当符合下列任何条件时，蓄电池节电计数会被清除。 ①钥匙插入点火锁芯中※1；②钥匙在执行区域※2；③所有车门打开

注：※1 为不带智能上车和起动系统；※2 为带智能上车和起动系统。

11．车内灯关闭系统

一般情况下，让车内灯开着离开车辆，可能会使蓄电池电量耗尽。若用了车内灯关闭系统后，点火开关在 LOCK 位置或点火钥匙没有插入点火锁芯的情况下，此系统在经过一定的时间后自动关闭车内灯（包括顶灯和点火钥匙锁芯的照明灯）。

提示：并非所有车辆均装有上述系统，具有上述功能。

二、汽车照明与信号系统的检测与维护

1．利用电路图诊断与排除汽车照明系统故障

【操作提示】

当电气系统出现故障时，首先应确定故障的现象和发生故障的条件，这样可以大致确定故障的范围。检查时，应首先对电源、故障系统的供电情况及故障元件本身进行检查，如果通过上述检查还不能确定故障原因，就需借助电路图进行故障诊断。电路图可以提供电气设备的基本电路、电器元件的安装位置、线束及连接器的基本情况。

在使用电路图进行故障诊断时，可按下述步骤进行。

（1）在电路图中找出故障系统的电路，并仔细阅读。

（2）通过阅读电路图，找出故障系统电路中所包含的电器元件、线束和插接器等。

（3）通过电路图找出上述电器元件、线束和插接器在车上的安装位置，以及电器元件、插接器上各端子的作用或编码。

（4）对怀疑有故障的元件进行检测。

（5）根据电路图检查线束的短路和断路情况，直至查出故障的部位。

2. 汽车照明系统的常见故障及其检修方法

汽车灯光照明系统常见故障有灯光不亮、灯光亮度低、灯泡频繁烧坏等。

（1）灯泡不亮

引起灯泡不亮的原因有灯泡损坏、熔断器熔断、灯光开关损坏、继电器损坏、线路短路或断路等。在进行故障诊断时，应根据电路图对电路进行检查，判断出故障的部位。

1）灯泡或熔断器损坏。如果一只灯不亮，一般为灯丝烧断。将灯泡拆下后检查，若灯泡损坏，则更换新灯泡。各种灯泡外形如图 6—4—13 所示。

图 6—4—13　各种灯泡外形

如果几只灯都不亮，先按喇叭，喇叭不响，则可能是总熔断器熔断（见图 6—4—14）；如熔断器良好，则从开关开始，往灯泡方向逐一查找。若同属一个熔断器的灯泡都不亮，则可能是共同熔断器被熔断。

图 6—4—14　熔断器

对于熔断器经常烧毁的故障，不可轻易更换熔断器后就了事，应找出故障原因并排除后，再更换上新的熔断器。查找方法是将熔断器所接各灯的接线从灯座上拔掉，用万用表测量灯端与搭铁之间的电阻，若电阻较小或为零，则可断定线路中有搭铁故障。

【操作提示】

更换前照灯灯泡的注意事项如下。

①即使只是薄薄一层油膜留在HID前照灯灯泡或卤素灯泡表面，也会因其在较高温度下点亮而使灯泡的使用寿命缩短。更换灯泡时，务必握住灯泡的凸缘连接部位，使手不会接触灯泡的玻璃部分。

②由于HID前照灯灯泡和卤素灯泡的内部压力很大，掉落、撞击或损坏均可能导致灯泡爆炸和碎裂。因此，操作时务必小心。

③常备一个新灯泡，以备急需时使用。HID灯泡的配光镜头长时间放置会使其变脏或变潮，所以更换灯泡时应先准备好新的灯泡，立即拆旧换新。

④务必用相同功率的灯泡替换旧灯泡。

⑤若仅更换一侧的HID灯泡，刚开始会出现新灯泡与旧灯泡的亮度和发光颜色不同。新灯会发出一种黄/白光，人眼感觉这种颜色为绿色，这种颜色差异是完全正常的，因为HID前照灯在开始点亮100 h内变化特别大，称为颜色定位偏移。过了这段时间后，新灯泡的灯光颜色基本上与旧灯一样，人眼几乎分辨不出两者的差异。

⑥更换灯泡后，牢固安装灯座。如果没有安装牢固，车灯透镜可能沾上水雾，水也可能透过灯座周围的空隙渗入灯孔。

⑦报废HID前照灯灯泡时，不要将其损坏，否则可能会有玻璃碎片飞出而导致人员受伤。

⑧如果无法确定HID前照灯灯泡出现故障或通过目视检查不能判断，则通过更换功能正常的灯泡来检查其是否出现故障。

⑨不得在潮湿环境中（例如雨雾天、靠近喷淋系统或手上潮湿的情况下）检修HID总成，否则可能发生电击。

⑩组合开关切换至ON位置时，HID灯座处会出现高达25 000 V的瞬间高压。所以，在将HID灯泡安装在插座并完成前照灯组装之前，不得接通组合开关。

⑪在更换与检修HID灯前，要确信已拥有无线电发射装置（汽车音响）的防盗编码，然后记下无线电发射装置预设按钮的频率值，将组合开关置于OFF位置；最后，断开蓄电池的负极电缆连接线，再进行检修与更换。

⑫某些汽车的HID灯，即使点火开关和前照灯开关转至ON位置，前照灯也有时不能点亮。这种现象常常是在起动发动机时就接通前照灯，因发动机起动时电气系统提供脉冲电压偏低引起的。如果发动机已经起动再点亮前照灯，这种现象就不会发生。为了排除这种故障，前照灯控制模块必须使用更高的版本，并重新编程。重新编程能使前照灯多次接收脉冲电压，最终恢复正常工作。

2）灯光开关、继电器及线路的检查

①继电器的检查。将继电器线圈直接供电，检查继电器是否能正常工作。如不能正常工作，应更换继电器（见图6—4—15）。

②灯光开关的检查。可用万能表检查开关各挡位的通断情况。若与要求不符，应更换灯光开关（见图6—4—16）。

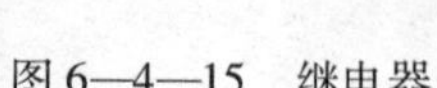

图 6—4—15 继电器

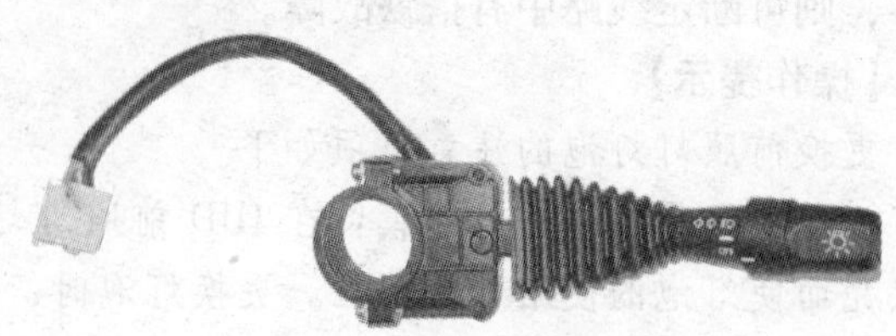

图 6—4—16 灯光开关

③线路的检查。可用万能表或试灯逐段检查线路，找出短路或断路部位。

（2）灯光亮度下降

若灯光亮度不够，多为蓄电池电量不足或发电机及调节器故障所引起的。另外，导线接头松动或接触不良、导线过细或搭铁不良、配光镜损坏、反射镜有尘垢、灯泡玻璃表面发黑、功率过低、灯丝没有位于反射镜焦点上，均可导致灯光暗淡。

检查时，首先检查蓄电池和发电机的工作状态。若不符合要求，应先恢复电源系统的正常工作电压。在电源正常的状态下，检查线路的连接情况及灯具是否良好。

（3）灯泡频繁烧坏

灯泡频繁烧坏一般是电压调节器（见图 6—4—17）调整不当或失调，使发电机输出电压过高造成的，应重新将工作电压调整到正常工作范围内。此外，灯具接触不良也有可能造成灯泡的频繁损坏。

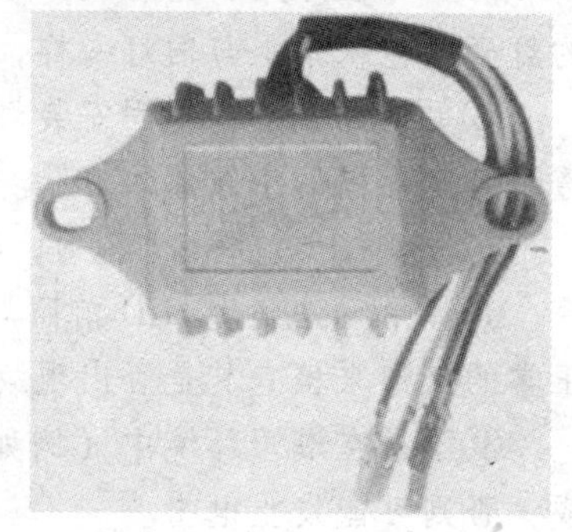

图 6—4—17 电压调节器

（4）前照灯变光时，远光灯或近光灯有一只不亮

故障原因：灯泡烧毁；接线板或插线器到灯泡的导线断路；灯泡与灯座间接触不良。

故障诊断与排除方法：首先，更换同型号的灯泡；其次，修理灯座、清除污垢、锈蚀，使其接触良好；最后，检修线路并接牢。

（5）接通远光或近光时，单侧前照灯正常，另一侧前照灯明显发暗

故障原因（以右侧正常时为例）：左前照灯搭铁不良；左前照灯散光玻璃或反光镜上积有灰尘；左前照灯灯泡玻璃表面发黑；导线接头松动或锈蚀，使线路电阻增大。

故障诊断与排除方法：首先检修左前照灯搭铁部位，若正常，拆开左前照灯进行清洁；否则更换同一型号的灯泡；最后检修线路，拧紧导线接头，清除锈蚀。

（6）前照灯远、近光不全

前照灯远近光不全是指灯光开关在前照灯挡位时，只有远光亮，而近光不亮，或只有近光亮而远光不亮。导致灯光不全的原因有变光开关损坏，远、近光的一条导线断路，双丝灯泡中某灯丝烧断。

故障诊断与排除方法：检查开关情况，视需要进行更换；检查前照灯线路，必要时修复或更换；更换同一型号的灯泡。

3. 汽车信号系统的常见故障及检修方法

汽车灯光信号有两种：一是闪烁信号，二是持续信号。常见的故障是信号灯不亮和信号灯不能正常工作。

（1）左右转向信号灯都不工作

故障原因：熔断器烧坏，转向闪光器失灵或损坏，转向灯开关有故障，配线与搭铁有故障。

按下列顺序，逐段检查线路，直到查出故障部位。电源→熔断器→闪光器→转向开关→转向指示灯和转向信号灯有无断路和短路→闪光器和开关有无损坏。

（2）左（右）转向时，转向灯闪光信号正常，而右（左）转向时闪光变快

故障原因：右（左）转向灯的功率小，右（左）转向灯可能有一只烧毁，线路中有接触不良处。

故障诊断与排除方法：检查转向信号灯开关、闪光器等接线是否松动，必要时紧固；检查转向灯灯泡功率是否与规定相同，左右灯泡是否一致，有无损坏。

（3）接通转向灯开关时，闪光器立即烧坏

故障原因、诊断与排除方法：转向灯开关接至某一处，转向灯间的电路中有短路和搭铁故障。找出短路、搭铁处，予以修复。

（4）制动信号灯不亮

故障原因：灯泡灯丝、灯线烧断，线路中有～断路处，制动开关失灵或损坏，制动灯搭铁不良。

故障诊断与排除方法：检查灯泡灯丝是否完好，如烧坏给予更换；检查搭铁是否良好，必要时重新搭铁；检查线路中有无断路，必要时更换断线；检查制动开关是否完好，如损坏则应更换。

（5）危险报警灯不工作

故障原因：熔断器烧断，转向灯闪光器有故障，转向灯/危险报警灯开关有故障，配线或接地有故障。

故障诊断与排除方法：更换熔断器；检修闪光器；检查转向灯/危险报警灯开关，必要时给予更换。

表6—4—3为COROLLA轿车灯光系统故障症状表，其症状现象基本上囊括了汽车灯光系统的所有故障。

表6—4—3　　COROLLA轿车灯光系统故障症状表

故障系统	故障症状	可 疑 部 位
上车照明系统（带自动灯控）	只有车内照明灯没有亮起	灯泡、车厢照明灯总成（后）、线束或连接器
	只有点火锁芯照明灯没有亮起（不带智能上车和起动系统）	点火开关照明灯、线束或连接器
	只有发动机开关照明灯没有亮起（带智能上车和起动系统）	发动机开关照明灯电路、主车身ECU（仪表板接线盒）
	上车照明系统工作不正常	DOME熔丝、门控开关电路、门锁位置开关电路、IG信号电路、ACC信号电路、车内照明灯电路、发动机开关照明电路、主车身ECU
仪表板照明灯	通过自动灯控或手动灯控点亮尾灯时，仪表板照明灯没有亮起	PANEL熔丝、线束或连接器

续表

故障系统	故障症状	可疑部位
梳妆灯	梳妆灯没有亮起	灯泡、遮阳板总成（梳妆灯开关）、线束或连接器
行李厢灯	行李厢灯没有亮起	灯泡、行李厢照明灯总成、行李厢门锁总成、线束或连接器
个人用灯	前排个人用灯没有亮起	个人用灯总成、线束或连接器
门控灯	门控灯不亮	灯泡、门控灯总成、前门门控灯开关、线束或连接器
自动灯控	自动灯控工作不正常	检查DTC、灯控开关电路、IG信号电路、主车身ECU
车灯自动关闭控制	车灯自动关闭控制工作不正常	灯控开关电路、门控灯开关电路（驾驶员侧）、IG信号电路、主车身ECU
前照灯光束高度自动控制系统	前照灯光束高度控制系统警告灯亮	检查DTC、警告灯电路、前照灯光束高度调整ECU
	前照灯光束高度控制不工作（警告灯熄灭）	检查失效保护功能、前照灯光束高度控制执行器电路、前照灯信号电路、前照灯光束高度调整ECU及电源电路、组合仪表
	将点火开关置于ON位置时，前照灯光束控制系统警告灯没有亮起	警告灯电路、前照灯光束高度调整ECU及电灯电路、组合仪表
	不能检测到DTC信息	诊断电路、前照灯光束高度调整ECU
	不能执行初始化	检查DTC、LVL端子电路、前照灯光束高度调整ECU
蓄电池节电控制	蓄电池节电功能不工作	门控灯开关电路、钥匙解锁警告开关电路、IG信号电路、主车身ECU

单元5　车载网络系统

学习目标

1. 了解车载网络系统的基本知识。
2. 了解车载网络系统的数据传输介质。
3. 掌握车载网络系统的原理。
4. 了解多媒体数据传输系统的特点与组成。
5. 掌握车载网络系统的故障诊断与检修方法。

随着越来越多的电子控制系统应用在汽车上，车载电子设备间的数据通信变得越来越重要。常规线路已不能满足车载电子设备间数据通信的要求，车载网络系统的诞生正好解决这一技术难题。

一、车载网络系统（见图 6—5—1）的基本知识

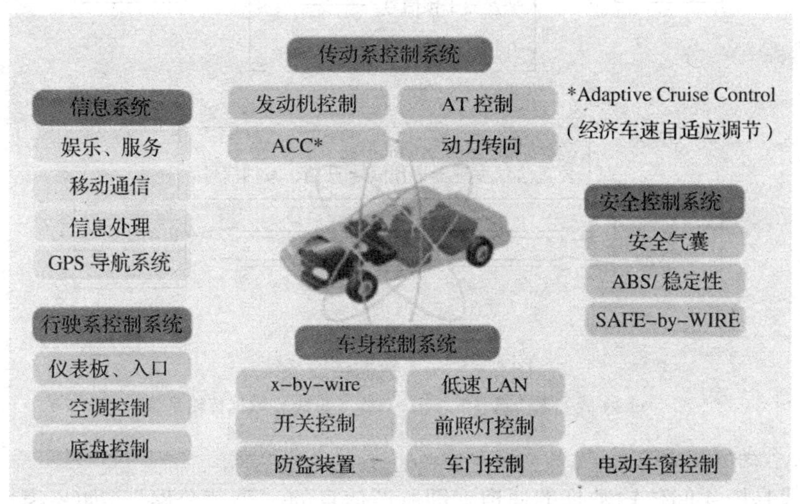

图 6—5—1 汽车网络系统

1. 多路传输

汽车网络系统可以实现多路传输。多路传输是指在同一通道或线路上同时传输多条信息。事实上数据是依次序传输的，但速度非常快，每个时间段以毫秒计，所以看上去似乎是同时传输的。每个时间段由其中一个信号占用，可以在同一个物理通信线路上传输多个数字信号，即多个信号分时使用同一物理传输介质，这就叫做分时多路传输（见图 6—5—2）。

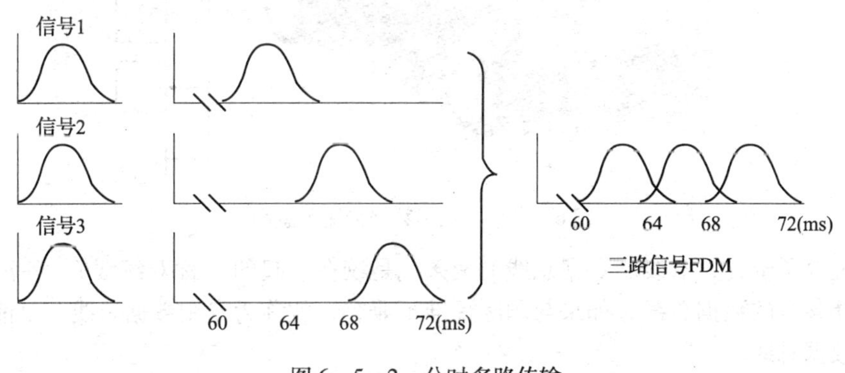

图 6—5—2 分时多路传输

由于常规线路系统各单元或传感器之间是通过独立的数据线进行交换信息的，而多路传输系统 ECU 之间所有信息都是通过两根数据线进行交换，所以比常规线路系统所用导线要少得多。目前汽车上采用的是多线或双线分时多路传输系统。多线和双线数据传输系统的原理如图 6—5—3 所示。

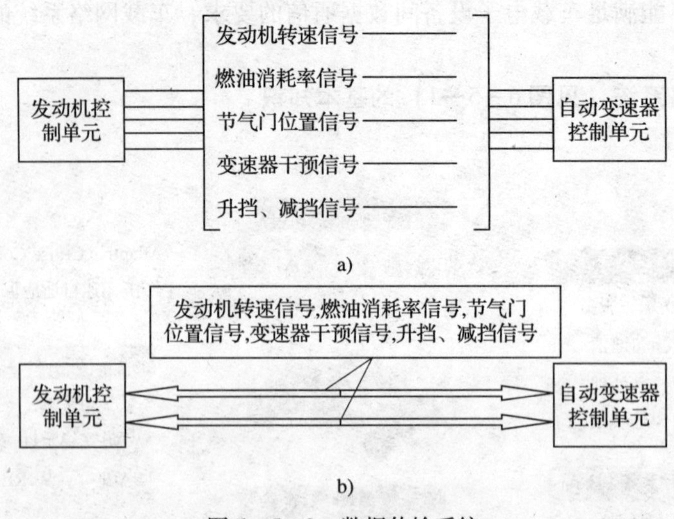

图6—5—3　数据传输系统

a）多线数据传输系统　b）双线（总线）数据传输系统

2. 数据总线（FlexRay）

数据总线是模块间传输数据的通道，即所谓信息的“高速公路”，如果模块可以通过总线发送数据，又可以从总线接收数据，则这样的数据总线就被称为双向数据总线，如图6—5—4所示，为汽车数据传输示意图。

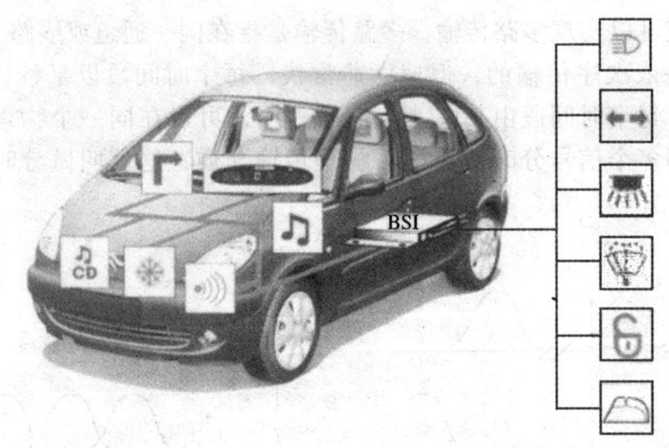

图6—5—4　汽车数据传输示意图

为了抗电子干扰，双线制数据总线的两条线是绞在一起的（称双绞线）。各汽车制造商一直在设计各自的数据总线，如果与国际标准不兼容，就称为专用数据总线。目前，大多数是专用的数据总线。

3. 模块/节点

模块是一种电子装置，可简单理解为电子控制单元（ECU）。简单的如温度或压力传感器，复杂的如计算机（微处理器）。计算机多路传输系统中的一些简单模块被称为节点。

4. 网络

网络是为了实现信息共享而把多条数据总线连在一起，或者把数据总线和模块作为一个系统（见图6—5—5）。雷克萨斯LS430的几条数据总线间共有29块相互交换信息的模块，如图 6—5—6 所示，几条数据总线连接 29 个模块，总线又连接到局域网上，其中 3 个是接线盒电子控制单元（ECU），两个作为前端模块，一个作为后端模块，其作用是提供诊断支持（包括插接位置及方式）。从物理意义上讲，汽车上许多模块和数据总线距离很近，因此被称为局域网（LAN）。

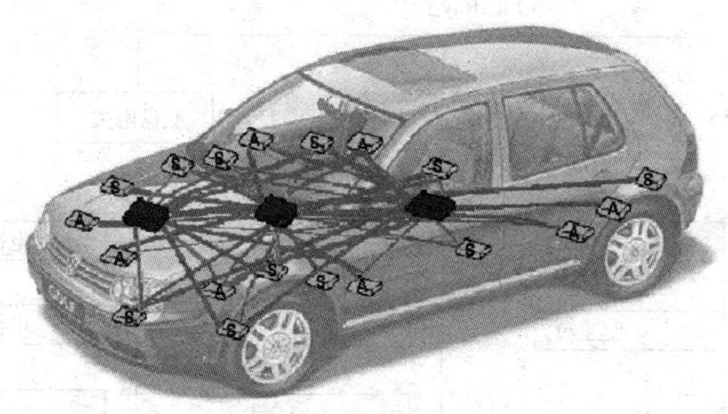

图 6—5—5　网络

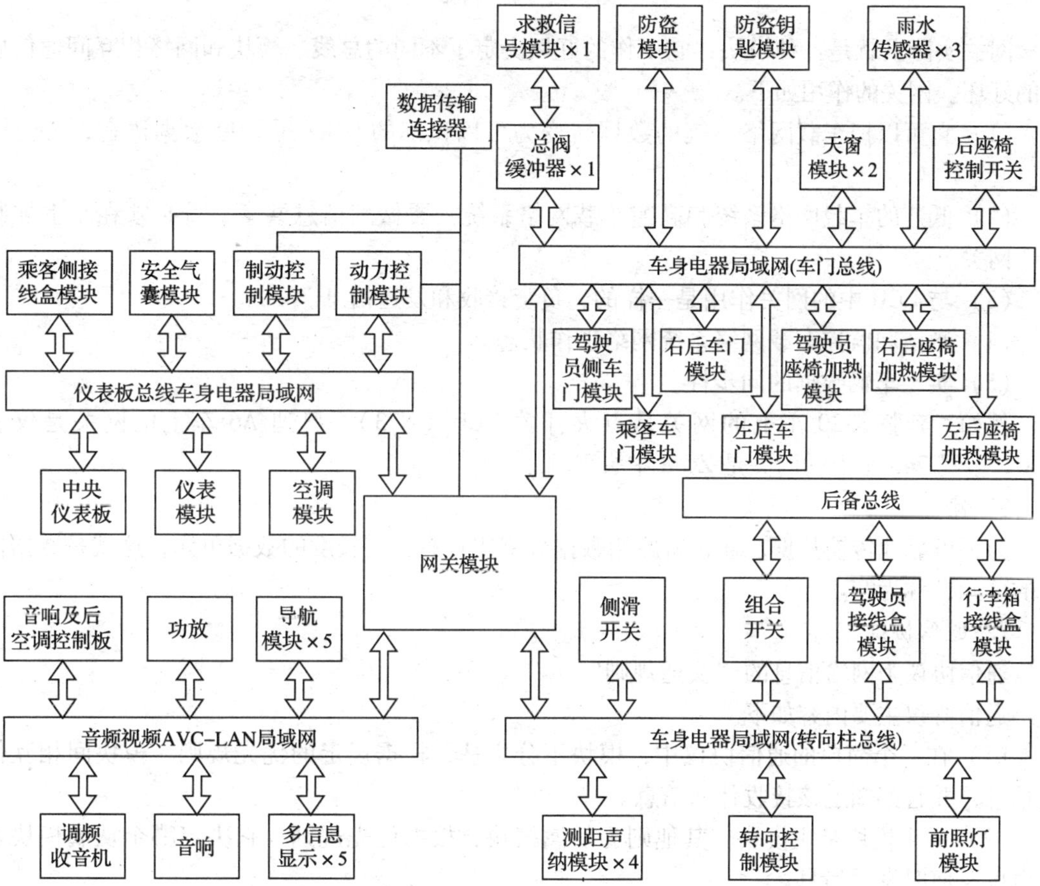

求救信号模块×1
防盗模块
防盗钥匙模块
雨水传感器×3
数据传输连接器
总阀缓冲器×1
天窗模块×2
后座椅控制开关
乘客侧接线盒模块
安全气囊模块
制动控制模块
动力控制模块
车身电器局域网(车门总线)
仪表板总线车身电器局域网
驾驶员侧车门模块
右后车门模块
驾驶员座椅加热模块
右后座椅加热模块
乘客车门模块
左后车门模块
左后座椅加热模块
中央仪表板
仪表模块
空调模块
网关模块
后备总线
音响及后空调控制板
功放
导航模块×5
侧滑开关
组合开关
驾驶员接线盒模块
行李箱接线盒模块
音频视频AVC-LAN局域网
车身电器局域网(转向柱总线)
调频收音机
音响
多信息显示×5
测距声纳模块×4
转向控制模块
前照灯模块

图 6—5—6　雷克萨斯 LS430 车载网络系统

5. 网关

车上安装有很多的总线和网络，必须用一种方法达到信息共享和不产生协议间的冲突。为了使采用不同协议及速度的数据总线间实现无差错数据传输，必须要用一种具有特殊功能的计算机，这种计算机就叫做网关（见图6—5—7）。

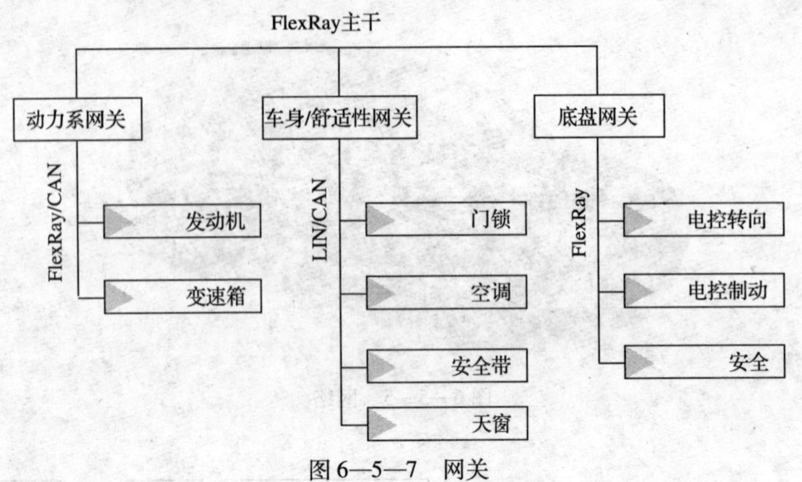

图6—5—7　网关

网关实际上就是一种模块，它工作的好坏决定了不同的总线、模块和网络相互间通信质量的好坏。网关的作用如下。

（1）它可以把车载网络系统的数据转变为可以识别的OBD Ⅱ诊断数据语言，方便诊断。

（2）低速的车载网络系统和高速车载网络系统需要做到信息共享，就必须在车上加装一个网关。

（3）与ECU中的网关作用是一样的，负责接收和发送信息。

（4）激活和监控车载网络系统网络工作状态。

（5）实现车辆数据的同步性。

例如，奔驰S320车上的网关是点火开关ECU（N73），奥迪A6车上的网关是仪表ECU，宝马745车上的网关是ZGM中央ECU。

6. 帧

为了可靠地传输数据，通常将原始数据分割成具有一定长度的数据单元，这就是数据传输的单元，称为帧。

7. 通信协议

通信协议为网络信息的“交通规则”。

通信协议主要内容如下。

（1）在一个简单的通信协议中，模块不分主从，根据规定的优先规则，模块间相互传递信息，并且都知道该接收什么信息。

（2）一个模块是主模块，其他则为从属模块，根据优先规则，它决定哪个从属模块发信息以及何时发送信息。

（3）通信协议中的仲裁系统按照每条信息的数字拼法为各数据传输设定优先规则。例如，以1结尾的数字信息要比以0结尾的有优先权。

知识与能力拓展

车载 ECU 网络通信协议

1）VAN。由法国标致—雪铁龙汽车集团与雷诺汽车公司和 JAEGER 公司联合开发，主要应用于车身系统。

2）CAN。由德国博世公司开发，应用于高速率网络传输。

3）J1850。由美国汽车工程师学会开发，应用于车身系统，汽车公司多采用这一交流协议。

4）A－BUS。由德国大众汽车公司开发，应用于低速率和高速率信息网络传输。

5）I－BUS。低速率网络信息传输，由德国宝马汽车公司开发。

6）ST－FIAT。由法国 SGS－THOMSON 公司和意大利菲亚特汽车公司联合开发，应用于低速率信息网络传输。

7）MI－BUS。由美国摩托罗拉公司开发，低速率信息网络传输，应用于汽车车身和空调系统。

8）BUS、A—BUS 在德国，宝马公司已经设计并采用 K－BUS，大众公司已经设计并采用 A－BUS。

9）BEAN。在日本，丰田公司已经设计并采用 BEAN（车身电子局域网络）。

10）J1850。在美国，福特公司、克莱斯勒公司和通用汽车公司已经设计 J1850 并使用不同的安装程序应用于同一种协议。

8. 总线速度

通常用比特率表示数据总线的速度。比特率是每秒传输的二进制的位数，其单位是位每秒（b/s）。

传输速度快并不能说明一切，高速数据总线及网络容易产生电噪声（电磁干扰），这种电噪声会导致数据传输出错。

解决的方法有：使用价格更高，功能更强大，结构更复杂的模块；使用带屏蔽的双绞线，但这将使价格升高。为了使价格适中，数据总线及网络应避免无谓的高速和复杂。一般设计总线的传输速度有 5 种基本形式，见表 6—5—1。

表 6—5—1　　总线传输速度的 5 种形式

等级	标准	传输速度（b/s）	应　用
Class A	UN，TTP/A	20 k 以下	车灯、照明、电动车窗、门锁、座椅调节等
Class B	低速 CAN，SAE J1850，VAN	20～125 k	车辆信息中心、故障诊断、仪表显示等系统
Class C	高速 CAN，TTP/C	125 k～1 M	电子式指示器、驱动信息、自动化温控、侦错诊断等状态信息应用
Class D	IDB－C，IDB－M（D2B，MOST，IDB1394），IDB－Wireless（Bluetooth）	10 M 以上	汽车导航系统、影音系统等多媒体应用
ClassE	FlexRay，Byteflight	1～10 M	引擎控制、ABS、传输控制、刹车控制等车辆安全的实时控制

二、车载网络系统的数据传输介质

1. 双绞线

双绞线是由两根各自封装在彩色塑料套内的铜线扭绞而成的，如图 6—5—8 所示。扭绞在一起的目的是降低它们之间的干扰。多对双绞线之外再套上一层保护套就构成了双绞线电缆。

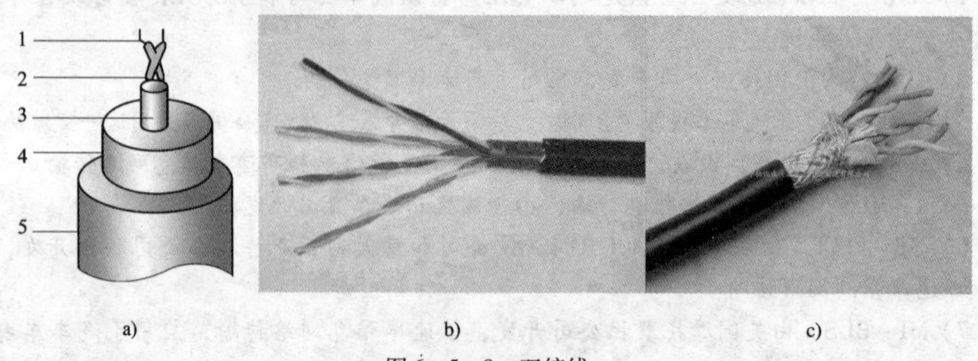

a) b) c)

图 6—5—8 双绞线

a）结构示意图 b）非屏蔽双绞线 c）屏蔽双绞线

1—内导线芯线 2—绝缘 3—箔屏蔽 4—铜屏蔽 5—外套

双绞线分为屏蔽型（STP）和非屏蔽型（UTP）两类。STP 是在 UTP 外面加上一层由金属丝纺织而成的屏蔽层构成的，以提高其抗电磁干扰能力。因此 STP 抗外界干扰的性能优于 UTP，但价格要比 UTP 贵。相互扭绞的一对双绞线可作为一条信息通路。在汽车网络中，许多汽车制造商都使用专用的双绞线。

2. 同轴电缆

同轴电缆如图 6—5—9 所示。电缆的中央是一条单根的铜导线，其外部被一层绝缘材料包围着，在这种绝缘介质的外部是一个网状金属屏蔽层。网状金属屏蔽层既可以屏蔽噪声，也可以作信号的地线，最外面一层是塑料封套。

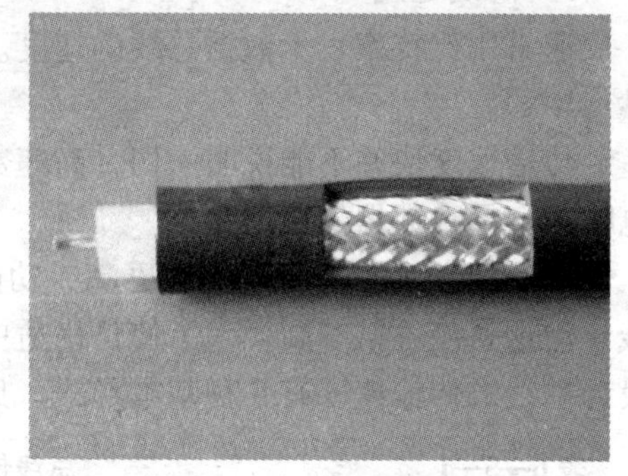

图 6—5—9 同轴电缆

3. 光纤

光纤是有线传输介质中性能最好的一类，如图 6—5—10 所示。它是一种直径为 50 ~ 100 μm 的传导光波的柔软介质，一般由玻璃纤维和塑料构成。在折射率较高的纤芯外面，再用折射率较低的包层包住，就构成了一条光波通道，再在包层外面加上一层保护套，构成了一根单芯光缆。

光纤以其抗电磁干扰能力强、信号传输速度快和音频响应好等优点，将逐渐取代传统的同轴电缆和双绞线。光纤传输数据原理如图 6—5—11 所示。

4. 无线电

蓝牙技术（短程无线通信技术）以低成本的近距离无线连接为基础，将取代目前多种电缆连接方式，使各种电子装置在无线状态下相互连接传递数据。

应用蓝牙技术，可以通过嵌入在电子装置上的一个写有程序的微电子芯片，使所有相关设备在有效范围内完成相互交换信息、传递数据的工作。

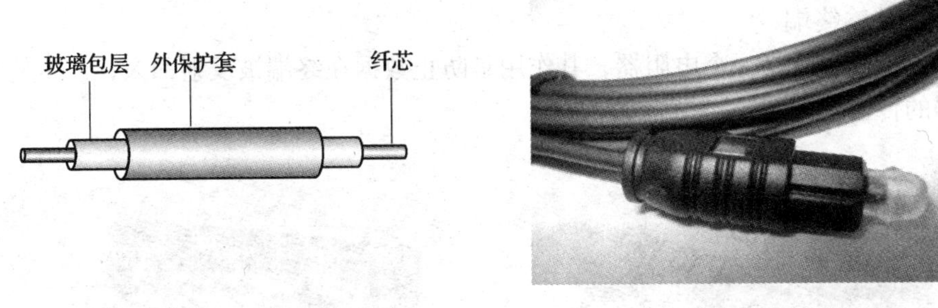

图 6—5—10　光纤

a）单芯光缆结构示意图　b）光纤

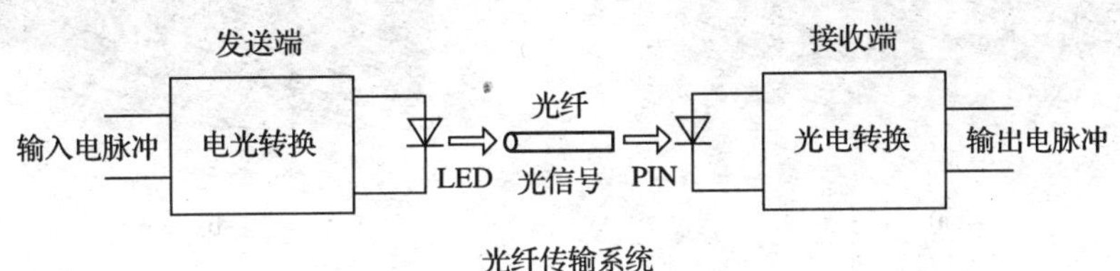

图 6—5—11　光纤传输数据原理

三、车载网络系统的原理

1. 车载网络系统数据传输系统的组成

车载网络系统由一个控制器、一个收发器、两个数据传输终端和两条数据传输线组成。除数据传输线外，其他元件都置于控制单元内部，如图 6—5—12 所示。

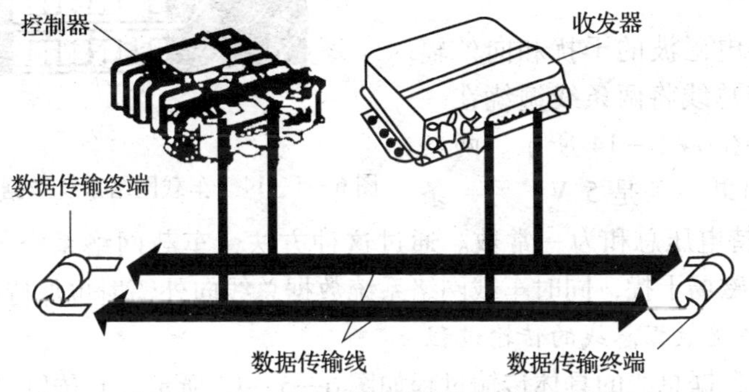

图 6—5—12　车载网络数据传输系统的组成

（1）车载网络系统控制器

车载网络系统控制器是用来接收控制单元中微处理器传来的数据，对这些数据进行处理并将其传入车载网络系统收发器。同样，车载网络系统控制器也接收由车载网络系统收发器传来的数据，对这些数据进行处理并将其传到控制单元中的微处理器。

（2）车载网络系统收发器

收发器是一个发送器和接收器的组合，它将车载网络系统控制器提供的数据转化成电信号并通过数据总线发送出去，同时，它也接收总线数据，并将数据传到车载网络系统控制器。

车载网络系统控制器和车载网络系统收发器外形如图 6—5—13 所示。

（3）数据传输终端

数据传输终端实际是一个电阻器，其作用是防止数据在终端被反射回来，产生的反射波会影响数据的传输。

a)

b)

图 6—5—13　车载网络系统控制器和车载网络系统收发器

a）车载网络系统控制器　b）车载网络系统收发器

（4）数据传输线

数据传输线是双向对数据进行传输的。两条传输线分别被称为车载网络系统高线和车载网络系统低线。

为了防止外界电磁波的干扰和向外辐射，车载网络系统总线将两条线缠绕在一起（双绞线），如图 6—5—14 所示。两条线的电位相反，如果一条是 5 V，另一条就是 0 V，始终保持电压总和为一常数。通过这种方法，车载网络系统数据总线得到了保护，免受外界的电磁场干扰，同时车载网络系统数据总线向外辐射也保持中性，即无辐射。

图 6—5—14　车载网络系统数据传输线（双绞线）

2. 车载网络系统数据总线的传输过程

车载网络系统数据总线的具体传输过程如图 6—5—15 所示，其传输过程如下。

（1）提供数据

控制单元向车载网络系统控制器提供数据用于传输。

（2）发出数据

车载网络系统收发器从车载网络系统控制器处接收数据，将其转化为电信号发出。数据以数据列的形式进行传输（如 0110100100111011），其格式如图6—5—16所示。

数据列包括开始区、状态区、校验区、数据区、安全区、确认区和结束区。各个区的作用如下。

开始区：标志数据列的开始。

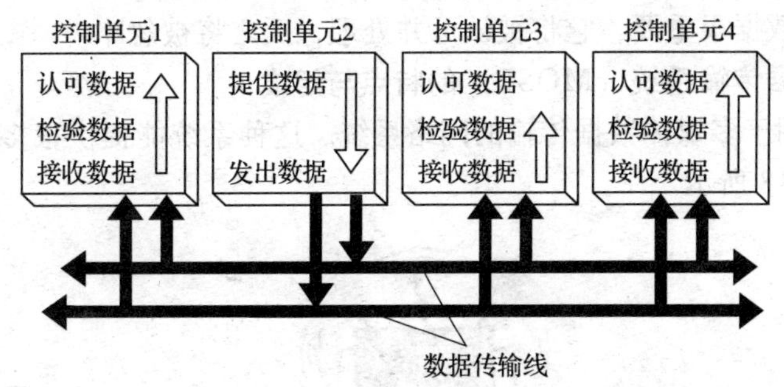

图 6—5—15　车载网络系统数据总线的具体传输过程

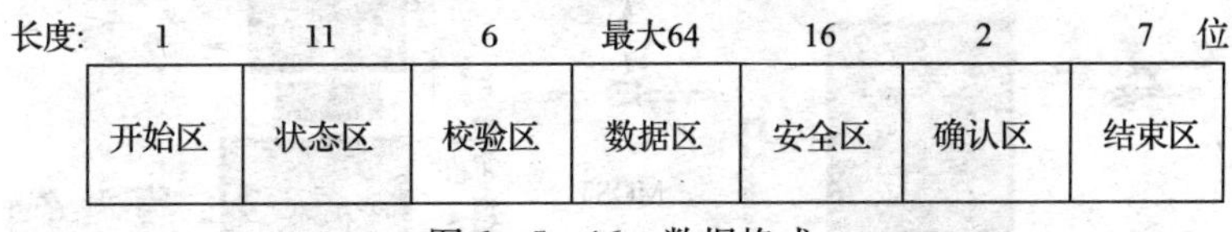

长度:	1	11	6	最大64	16	2	7 位
	开始区	状态区	校验区	数据区	安全区	确认区	结束区

图 6—5—16　数据格式

状态区：确认数据列的优先级别。如果两个或多个控制单元想在同时发出其数据列，则存在一个优先权的问题，如图 6—5—17 所示。一般是优先级较高的数据列先传输（由控制单元的程序设置好）。例如，车载网络系统驱动装置数据总线系统优先级依次为制动控制单元、发动机控制单元、自动变速器控制单元。

校验区：显示数据区中包含的数据数目。该区可以让接收者检验其是否收到传输来的全部信息。

数据区：传给其他控制单元的信息，其大小由总线的宽度决定。

安全区：检验传输错误。

确认区：是接收者发给发送者的信息，用来告知已正确地收到数据列。若有错误被检验到，则接收者迅速通知发送者，这样发送者将再次发送该数据列。

结束区：标志数据列的结束，这是显示错误以得到重新发送的最后可能区域。

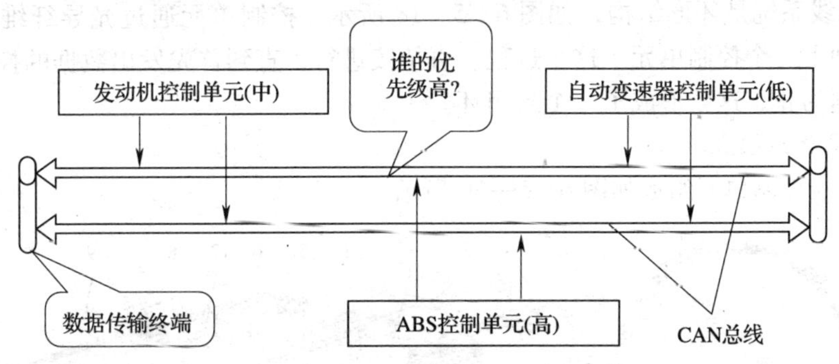

图 6—5—17　数据传输优先示意图

（3）接收数据

所有与车载网络系统数据总线一起构成网络的控制单元称为接收器。

（4）检验数据

控制单元对接收到的数据进行检测，看是否是其功能所需。

（5）认可数据

如果所接收的数据很重要，它将被认可并处理，反之将被忽略。

四、多媒体数据传输系统（MOST）的特点与组成

MOST 是一种用于多媒体数据传输的网络系统。这种系统能提供很多信息及娱乐多媒体服务，如图 6—5—18 所示。

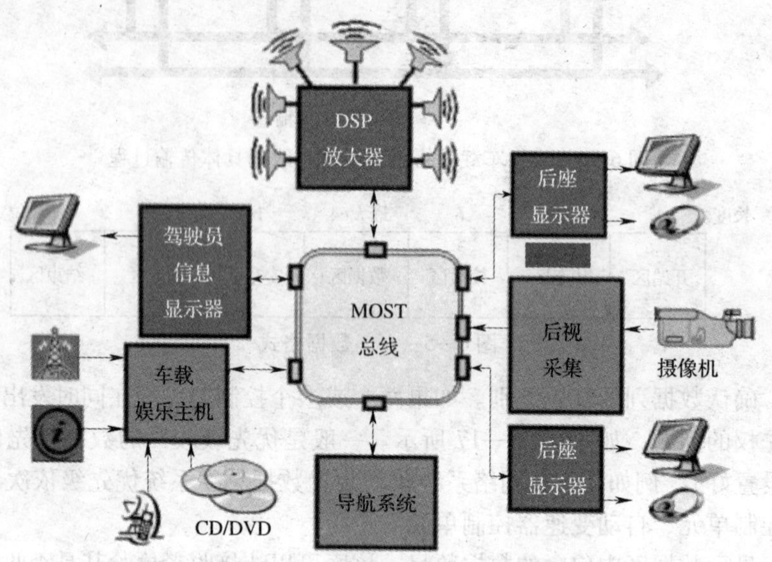

图 6—5—18　车载娱乐多媒体数据传输

1. MOST 总线特点

MOST 总线传输速率最大可达 21.2 Mb/s，可满足音频和视频所要求的数据传输。车载网络系统总线的传输速率仅为 1 Mb/s，因此只能用来传递控制信号。

MOST 总线（见图 6—5—19）通过光波进行数据传递，使用的导线少，且质量轻，不会产生电磁干扰，同时对电磁干扰也不敏感。

MOST 总线系统是环形结构，如图 6—5—18 所示。控制单元通过光导纤维沿环形方向将数据发送到下一个控制单元。这个过程一直持续进行，直到首先发出数据的控制单元又接收到这些数据为止，这就形成了一个封闭环。

2. MOST 总线组成

MOST 总线控制单元组成如图 6—5—20 所示。

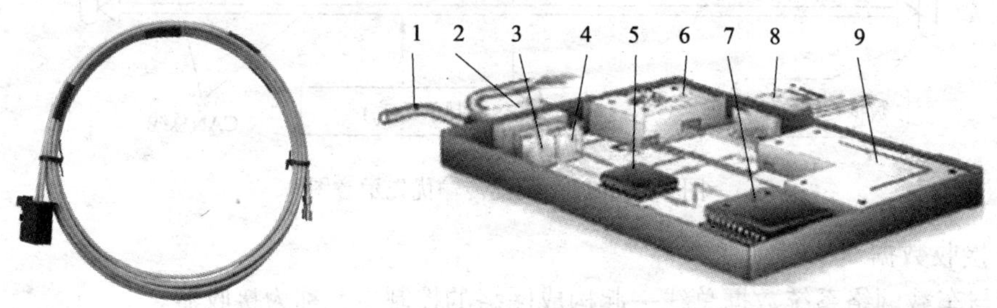

图 6—5—19　MOST 总线（光导纤维）

图 6—5—20　MOST 总线控制单元组成示意图

1—光导纤维　2—光导插头　3—发光二极管　4—光敏二极管　5—MOST 收发机　6—内部供电装置　7—标准微控制器　8—电气插头　9—专用部件

(1) 光导纤维

其作用是将在某一控制单元发射器内产生的光波传输到另一控制单元的接收器。

(2) 内部供电装置

由电气插头送入的电再由内部供电装置分送到各个部件，这样可单独关闭控制单元内某一部件，从而降低了静态电流。

(3) 电气插头

电气插头用于供电、自诊断以及输入、输出信号用电。

(4) 收发单元—光导发射器（FOT）

收发单元—光导发射器由一个光敏二极管和一个发光二极管组成，收到的光信号由光敏二极管转换成电压信号后传至 MOST 收发机，发光二极管的作用是把 MOST 收发机的电压信号再转换成光信号。产生的光波波长为 650 nm，是可见红光，数据经光波调制后传输。

(5) MOST 收发机

MOST 收发机由发射机和接收机组成。发射机将要发送的信息作为电压信号传至光导发射器。接收机接收来自光导发射器的电压信号并将所需要的数据传至控制单元内的“标准微控制器”。其他控制单元不需要的信息由收发机来传输，而不是将数据传到 CPU 上，这些信息将原封不动地发至下一个控制单元。

(6) 专用部件

专用部件用于控制某些专用功能，例如 CD 播放机和收音机调谐器。

(7) 标准微控制器（CPU）

CPU 是控制单元的核心元件，它的内部有一个微处理器，用于操纵控制单元的所有基本功能。

(8) 光敏二极管

光敏二极管的作用是将光波转换成电压信号。如图 6—5—21 所示。

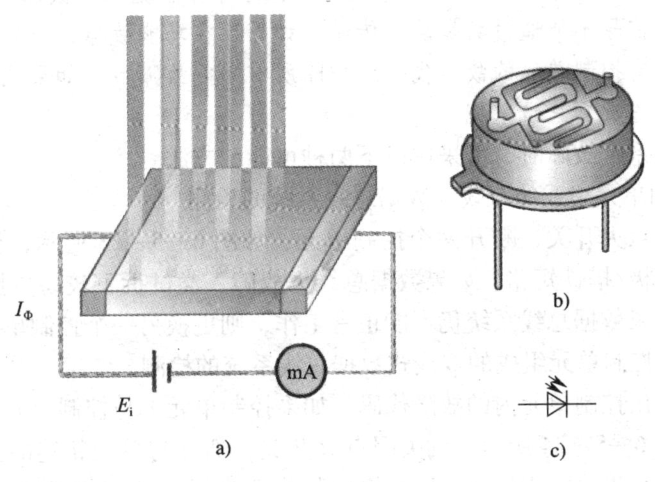

图 6—5—21　光敏二极管

a) 原理图　b) 外形图　c) 图形符号

（9）光导插头

光信号通过该开关进入控制单元，或将产生的光信号通过该开关传输到下一个总线用户。

五、车载网络系统的故障诊断与检修

1. 车载网络系统数据总线的故障特征

车载网络系统数据总线常见的故障现象如图 6—5—22 所示。

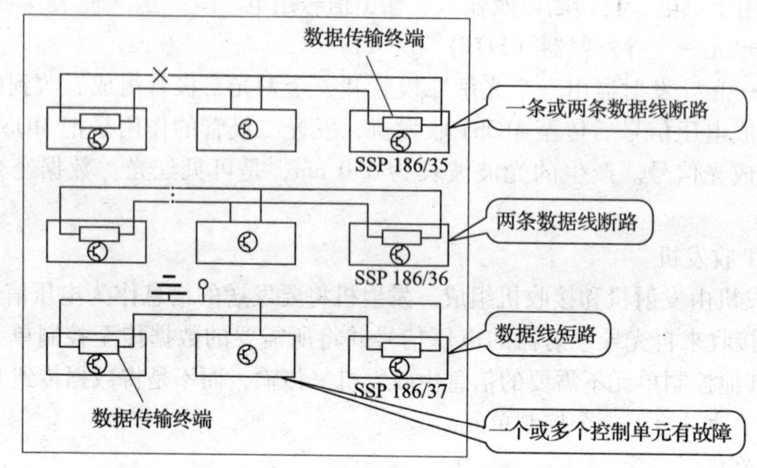

图 6—5—22　车载网络系统数据总线常见故障现象

2. 车载网络系统数据总线的波形图

可使用示波器检测车载网络系统的网络，根据波形判断故障位置。

3. 车载网络系统数据总线的检测方法

【操作提示】

在检查数据总线系统前，须保证所有与数据总线相连的控制单元无功能故障。功能故障是指不会直接影响数据总线系统，但会影响某一系统的功能流程的故障。例如传感器损坏，其结果就是传感器信号不能通过数据总线传递。如果存在功能故障，应先排除该故障，记录下该故障并消除所有控制单元的故障代码。排除所有功能故障后，如果控制单元间数据传递仍不正常，则应检查数据总线系统。

检查数据总线系统故障时，可采用以下两种可能的方法。

（1）两个控制单元组成的双线式数据总线系统的检测

检测时，关闭点火开关，断开两个控制单元，如图 6—5—23 所示，检查数据总线是否断路、短路或对正极/搭铁短路。如果数据总线无故障，尝试拆下较易更换（或较便宜）的一个控制单元；如果数据总线系统仍不能正常工作，则更换另一个控制单元。

（2）3 个以上控制单元组成的双线式数据总线系统的检测

检测时，先读出控制单元内的故障代码。如果控制单元 1 与控制单元 2 和控制单元 3 之间无法通信，如图 6—5—24 所示，则关闭点火开关，断开与总线相连的控制单元，检查数据总线是否断路。如果总线无故障，则更换控制单元 1；如果所有控制单元均不能发送和接收信号（故障存储器存储“硬件故障”），则关闭点火开关，断开与数据总线相连的控制单元，检测数据总线是否短路，是否对正极/搭铁短路。

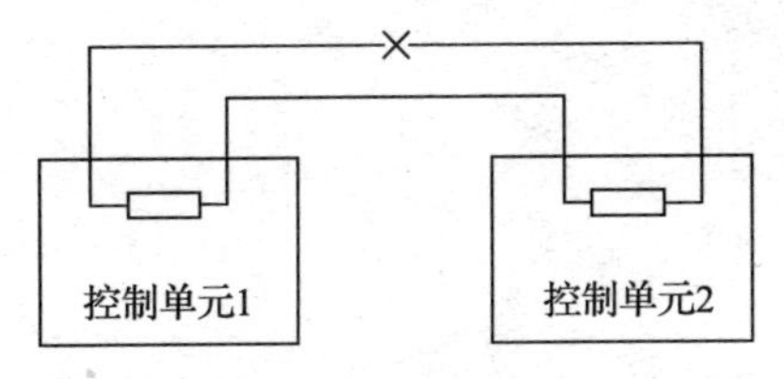

图 6—5—23 两个控制单元组成的双线式数据总线系统

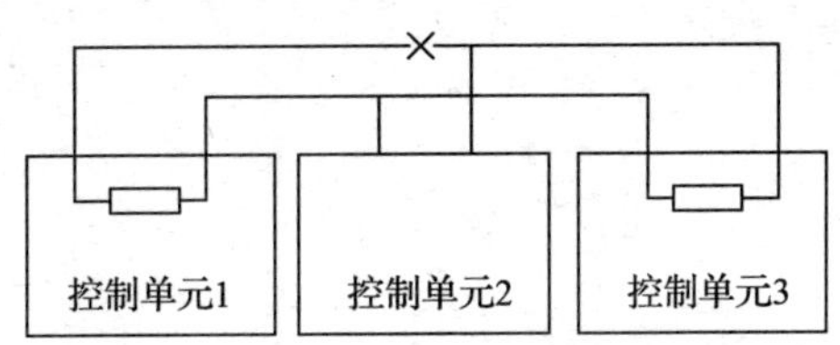

图 6—5—24 3 个控制单元组成的双线式数据总线系统

如果从数据总线上查不出引起硬件损坏的原因，则检查是否是由某一控制单元引起的故障。断开所有通过车载网络系统数据总线传递数据的控制单元，关闭点火开关，接上其中一个控制单元，连接解码器，打开点火开关，清除刚接上的控制单元的故障代码，用功能 06 来结束输出，关闭并再打开点火开关。打开点火开关 10 s 后用故障诊断仪读出刚接上的控制单元故障存储器内的内容。如显示“硬件损坏”，则更换刚接上的控制单元；如未显示，则接上下一个控制单元，重复上述过程。